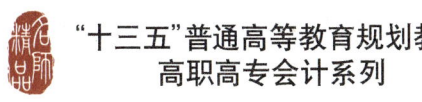 “十三五”普通高等教育规划教材

高职高专会计系列

# 财务会计岗位实训

主　　编　杨智慧　庄燕娜

副 主 编　张巧秀

行业指导　张　刚　卓庆辉

 立信会计出版社

LIXIN ACCOUNTING PUBLISHING HOUSE

图书在版编目(CIP)数据

财务会计岗位实训 / 杨智慧,庄燕娜主编. —上海：
立信会计出版社,2017.1
"十三五"普通高等教育规划教材
ISBN 978 - 7 - 5429 - 5235 - 6

Ⅰ.①财… Ⅱ.①杨…②庄… Ⅲ.①财务会计—高
等学校—教材 Ⅳ.①F234.4

中国版本图书馆 CIP 数据核字(2017)第 004949 号

策划编辑　　赵新民
责任编辑　　赵志梅
封面设计　　南房间

**财务会计岗位实训**

**Caiwu Kuaiji Gangwei Shixun**

| | | | | |
|---|---|---|---|---|
| 出版发行 | 立信会计出版社 | | | |
| 地　　址 | 上海市中山西路 2230 号 | 邮政编码 | 200235 | |
| 电　　话 | (021)64411389 | 传　真 | (021)64411325 | |
| 网　　址 | www.lixinaph.com | 电子邮箱 | lxaph@sh163.net | |
| 网上书店 | www.shlx.net | 电　话 | (021)64411071 | |
| 经　　销 | 各地新华书店 | | | |
| 印　　刷 | 常熟市华顺印刷有限公司 | | | |
| 开　　本 | 787 毫米×1 092 毫米 | 1/16 | | |
| 印　　张 | 25 | | | |
| 字　　数 | 555 千字 | | | |
| 版　　次 | 2017 年 1 月第 1 版 | | | |
| 印　　次 | 2019 年 3 月第 2 次 | | | |
| 印　　数 | 3 101—4 600 | | | |
| 书　　号 | ISBN 978 - 7 - 5429 - 5235 - 6/F | | | |
| 定　　价 | 42.00 元 | | | |

如有印订差错,请与本社联系调换

前言 Foreword

    本实训教材是由我院教师团队通过多次深入珠三角地区具有典型代表性的中小型工业制造企业、商品流通企业、会计中介机构等行业企业,进行走访调研,经过对不同企业财务部门的岗位设置及岗位工作任务的梳理、归纳、总结、提炼,以及根据企业财务部门对不同会计岗位职业能力的需求,开发、整合、设计并编写的财会类实训教材。

    本实训教材是以基于工作过程课程开发设计的理念为基础,根据企业财务部门对不同会计岗位职业能力的需求,以及财务会计不同岗位的实际工作过程,以工作岗位(任务)为载体组织实训内容,设计训练情境,强化会计各个工作岗位的实际工作操作技能为目的组织编写的岗位实训教材。

    本实训教材具备以下特色与亮点:

    1. 基于工作过程设计岗位项目,组织教材内容。

    基于工作过程系统化的财务会计实务训练,其训练内容的设计与实际工作岗位所要完成的工作任务完全对接。训练过程就是完成工作任务的过程,以此实现教学向岗位的迁移,充分体现了工学结合的教学模式。

    2. 以岗位任务为训练项目划分教材内容。

    本实训教材将训练内容以企业不同会计岗位的形式组织设计为 6 个岗位项目,每个岗位项目是以工作内容的难易程度并以学生的认知规律为导向组织排列的,每个工作岗位都是一个相对独立的训练园地,又具备相关性。训练内容非常清楚地体现会计岗位和工作内容的情境,对学生具有很大吸引力,并能调动学生自主学习的积极性。

3. 训练形式通俗易懂。

本实训教材通俗易懂,教师易引导,学生易训练。以"职业能力目标""典型工作任务""训练内容""训练难点""训练要求""训练目的""难点思考""知识链接""考证知识训练"作为每个项目训练的引导,有利于学生充分了解训练的意图、内容、目的,调动和激发学生的学习积极性和兴趣。

本实训教材以出纳核算、往来核算、投资核算、费用核算、财务成果核算、财务报表编制6个财务核算岗位为学生搭建会计岗位的工作框架,在训练中体验工作的内容和过程;并融合了相关职业资格证书对知识和技能的要求及训练内容。

负责编写本实训教材的是既具备多年实际工作经验,又具有丰富的教学经验且教学质量优秀的双师素质教师,具有教授、副教授、高级会计师、高级审计师、注册会计师、会计师等专业技术资格。

参加本实训教材的编写人员有:杨智慧、庄燕娜、刘锦铭、张巧秀、刘捷萍、杨红;另有珠海市德豪润达股份有限公司财务总监张刚、珠海市中拓正泰会计师(税务师)事务所所长卓庆辉,他们对岗位的设计、岗位的实训内容进行了专业指导。全书由杨智慧负责主编、设计、总纂定稿;庄燕娜担任第二主编,负责修正项目3、项目4和项目5并审核全书;张巧秀负责修正项目1、项目2和项目3;刘锦铭和杨红负责审核实训凭证,在此表示由衷的感谢。

本实训教材既可作为财会类专业、财经类专业、经济管理专业高职高专学生的实训教材,又可作为应用型本科院校的老师和学生的参考用书,还可作为财务管理从业人员的参考用书。

由于作者时间和水平有限,书中难免存在疏漏乃至错误,敬请读者不吝批评指正,以使本实训教材日臻完善。

杨智慧

# 目录 *Contents*

## 项目 3　投资核算岗位实操训练

> 主要训练:交易性金融资产、持有至到期投资、可供出售金融资产和长期股权投资的核算范围及特点;明确固定资产的初始计量、折旧及后续计量及处置的核算;无形资产的取得、摊销、期末无形资产处置的核算。

## 项目 4　费用核算岗位实操训练 ……………………………… 247

主要训练：工资薪金的管理和核算；短期借款和长期借款的核算；期间费用的管理和核算；几种常见税种的计算和核算。

## 项目5 财务成果核算岗位实操训练 ······················

> 主要训练:所有者权益的含义和内容;实收资本、资本公积、留存收益的核算;所得税费用和利润形成的核算;税后润和年终转账的核算。

名师精品·高职高专会计系列 Gaozhigaozhuan Kuaiji Xilie

# 项目 6　财务报表编制的训练 ············· 371

　　主要训练:资产负债表的编制;利润表的编制;现金流量表的编制。

# 出纳核算岗位实操训练

**职业能力目标：**

◆ 专业能力：学生通过采取系统的行动确定货币资金管理和核算的步骤；学生要注重货币资金管理的规章制度的学习和应用；熟练掌握凭证、账簿和工具的使用并熟练掌握货币资金的完整核算过程。

◆ 职业能力：鼓励以小组形式组织学生实训，有利于提高学生的团队工作计划和实施能力，并有利于提高学生的整体组织和管理能力；学生应扩展、延伸相应的知识和技能，并具备线上、线下收集相关信息的能力。

**典型工作任务：**

单据审核、票据开具、现金收支、现金存取、转账结算、货币资金清查等业务。

# 项目 1-1　岗位工作任务训练内容与难点

**1. 训练内容**
- ◆ 现金的使用范围和管理办法
- ◆ 银行存款的核算与管理办法
- ◆ 支付结算方法的适用范围与核算

**2. 训练难点**
- ◆ 现金的使用和核算

库存现金的使用范围、日常现金的管理和现金收支的规定。
- ◆ 不同支付结算方法的运用

银行基本结算方法的适用范围、结算程序和使用要求,要求认识不同种类结算方式的原始凭证,了解它们的特点,并能根据实际业务选择使用。
- ◆ 货币资金的清查

为保证货币资金的安全,要求定期进行货币资金的清查,并根据清查结果编制分录进行相应会计处理。

# 项目 1-2　岗位工作任务训练要求与目的

**1. 训练要求**

学生通过实训,掌握现金、银行存款日常收支的账务处理、现金清查和银行存款核对的方法、其他货币资金的内容及主要账务处理;熟悉现金、银行存款日记账的设置和登记、国家现行的有关现金、银行存款的管理制度;了解银行支付结算办法的种类及其相关规定。

**2. 训练目的**

学生通过对本项目的学习与训练,应熟练掌握货币资金的日常收支管理和相应的账务处理,并能灵活运用于工作任务中。

# 项目 1-3　岗位工作任务训练

### 任务 1　库存现金与银行存款核算的实操训练

甲企业银行存款对账单和银行存款日记账如表 1-1 和表 1-2 所示。甲企业 2017 年 12 月 31 日银行存款日记账的余额为 984 000 元,银行对账单的余额为 1 011 000元。

表 1-1

**银行存款对账单**                                                    单位:元

| 2017 年 | | 摘 要 | 结算凭证 | | 收入 | 支出 | 结余 | 复核 |
| 月 | 日 | | 种类 | 号数 | | | | |
|---|---|---|---|---|---|---|---|---|
| 12 | 30 | 承前页 | | | | | 943 000 | |
| | 31 | 销售商品 | 转账支票 | (略) | 45 000 | | | |
| | 31 | 借款存款 | 进账通知 | | 50 000 | | | |
| | 31 | 电汇 | 汇款单 | | 15 000 | | | |
| | 31 | 提取现金 | 现金支票 | | | 30 000 | | |
| | 31 | 支付材料款 | 托收单据 | | | 12 000 | | |
| 12 | 31 | 本月合计 | | | 110 000 | 42 000 | 1 011 000 | |

表 1-2

**银行存款日记账**                                                    单位:元

| 2017 年 | | 凭证 | | 摘 要 | 结算凭证 | | 收入 | 支出 | 结余 |
| 月 | 日 | 字 | 号 | | 种类 | 号数 | | | |
|---|---|---|---|---|---|---|---|---|---|
| 12 | 30 | | | 本日合计 | | | | | 943 000 |
| | 31 | 银收 | 97 | 销售商品 | 转账支票 | 略 | 45 000 | | |
| | 31 | 银付 | 56 | 支付材料款 | 转账支票 | | | 27 000 | |
| | 31 | 银收 | 98 | 短期借款 | 收账通知 | | 50 000 | | |
| | 31 | 银收 | 99 | 销售商品 | 转账支票 | | 3 000 | | |
| | 31 | 银付 | 57 | 提取现金 | 现金支票 | | | 30 000 | |
| | 31 | | | 本日合计 | | | 98 000 | 57 000 | 984 000 |
| | 31 | | | 本月合计 | | | | | 984 000 |

**要求:**

◇ 根据资料,编制"银行存款余额调节表"(见凭证 1-1)。

👉 **难点思考:**

1. 银行存款为什么要清查盘点?清查盘点的方法是什么?

2. 未达账项是怎么形成的?期末对账不平应该怎么调整?

👉 **知识链接:**

http://www.chinaacc.com/new/403/404/410/2007/4/qi575912463712470021 9152-0.htm(中华会计网校——会计实务—怎样编制银行存款额调节表)

## 任务 2　支付结算方式的认知与核算实操训练

甲企业为增值税一般纳税人,开户银行为中国工商银行桥南办事处(简称工行桥南办事处),账号为 6212263602031234 5678,核定的库存现金限额为 20 000 元。2018 年 1 月初,甲企业"库存现金"账户的余额是 12 000 元,"银行存款"账户的余额是 987 000 元。2018 年 1 月,该企业有关经济业务如下:

（1）1日，签发现金支票一张，提取现金8 000元，用于补充限额。（凭证1-2）

（2）2日，接到银行通知，已从本企业结算户存款中划付电信委托收款结算的上月行政管理部门电话费1 800元。（凭证1-3和凭证1-4）

（3）3日，向乙企业销售产品60台，单位价格2 000元，计120 000元，增值税额19 200元，总计139 200元。货已通过铁路发出，以转账支票代垫运费580元，到银行办理托收承付手续。（凭证1-5至凭证1-8）

（4）4日，向丙企业承付购料款，货款及增值税185 600元。（凭证1-9和凭证1-10）

（5）6日，委托银行电汇北京工行80 000元开立采购专户，并派王芳到北京采购。王芳预借差旅费3 000元，以现金支付。（凭证1-11至凭证1-13）

（6）8日，填银行汇票委托书，办理银行汇票30 000元。收款人为A公司；账号为3604715292；开户行为工行上海徐汇营业部。填银行手续费凭证，付手续费5.70元。（凭证1-14和凭证1-15）

（7）8日，收到王芳从广州寄回的购买A公司材料增值税专用发票，发票上注明价款60 000元，增值税额10 200元，已从当地采购专户支付。（凭证1-16）

（8）10日，职工王芳出差回来报销差旅费，原借支3 000元，实际报销3 200元，差额200元即用现金补付。广州的采购专户结束，余款划回。（凭证1-17和凭证1-18）

（9）12日，以银行汇票支付A公司购材料款23 200元，多余款已通过银行收回。（凭证1-19和凭证1-20）

（10）15日，向丁企业销售产品40台，单价2 000元，计80 000元，增值税额12 800元，合计92 800元，收到转账支票，填进账单存入银行。（凭证1-21至凭证1-23）

（11）17号，企业将200 000元款项划入证券公司账户。（凭证1-24和凭证1-25）

（12）26日，持有的B公司的50 000元银行承兑汇票到期，企业收到账款。（凭证1-26）

（13）29日，企业在现金清查中，发现现金短缺500元，原因待查。（凭证1-27）

（14）30日，上述短款原因已查明，是出纳员陈红工作失职造成的，陈红当即交回现金500元以作赔偿。（凭证1-28和凭证1-29）

**要求：**

◇ 根据经济业务填写空白原始凭证。

◇ 根据经济业务及原始凭证编制有关记账凭证。

◇ 根据记账凭证登记现金日记账、银行存款日记账及其他相关账簿。

☞ 难点思考：

1. 支付结算方式的种类有哪些？

2. 企业通常使用的支付结算方式是哪几种？为什么？

☞ 知识链接：

http://www.chinaacc.com/kuaijishiwu/cnjn/ni1501217973.shtml

（银行汇票和商业汇票有哪些区别）

# 项目 1-4  考证知识训练

**单项客观选择题**

1. 下列各项支出中,允许使用现金的有(　　)。
   A. 大批量购入材料　　　　　　　B. 向税务部门交纳增值税
   C. 出差人员必须携带的差旅费　　D. 向供电部门交纳电费

2. 企业一般不得从现金收入中直接支付现金,因特殊情况需要坐支现金的,应当事先报经(　　)审查批准。
   A. 上级部门　　　　　　　　　　B. 工商行政管理部门
   C. 税务部门　　　　　　　　　　D. 开户银行

3. 按照国家《银行账户管理办法》的规定,企业的工资、奖金等现金的支取,只能通过(　　)办理。
   A. 基本存款账户　　B. 一般存款账户　　C. 临时存款账户　　D. 专用存款账户

4. 银行汇票付款期限为自出票日起(　　)个月。
   A. 1　　　　　　B. 2　　　　　　C. 3　　　　　　D. 6

5. 银行承兑汇票承兑人是(　　)。
   A. 购货单位　　　　　　　　　　B. 购货单位的开户银行
   C. 销货单位　　　　　　　　　　D. 销货单位的开户银行

6. 下列支付结算方式中,需有签订购销合同才能使用的是(　　)。
   A. 银行汇票　　B. 银行本票　　C. 托收承付　　D. 支票

7. 商业汇票按(　　)不同,分为商业承兑汇票和银行承兑汇票。
   A. 收款人　　B. 付款人　　C. 承兑人　　D. 被背书人

8. 下列项目中,不通过"其他货币资金"科目核算的是(　　)。
   A. 银行汇票存款　　　　　　　　B. 银行本票存款
   C. 备用金　　　　　　　　　　　D. 存出投资款

9. 下列结算方式中,只能用于同城结算的结算方式是(　　)。
   A. 银行汇票　　B. 本票　　C. 委托收款　　D. 托收承付

10. 现金日记账是一种(　　)。
    A. 明细分类账　　B. 总分类账　　C. 序时明细账　　D. 备查账

11. 企业对无法查明原因的现金溢余,经批准后应转入(　　)科目。
    A. "主营业务收入"　　　　　　B. "其他业务收入"
    C. "其他应付款"　　　　　　　D. "营业外收入"

12. 对于银行已入账而企业尚未入账的未达账款,企业应当(　　)。
    A. 根据银行对账单入账
    B. 根据银行存款余额调节表入账
    C. 根据银行对账单和银行存款余额调节表自制凭证入账

D. 待有关结算凭证到达后入账

**多项客观选择题**

1. 下列存款中,应在"其他货币资金"账户核算的有(    )。
   A. 外币存款　　　　B. 银行汇票存款　　　　C. 信用卡存款
   D. 存出投资款　　　E. 一般存款账户存款

2. 下列结算方式中,同时适用于同城和异地结算的方式有(    )。
   A. 银行汇票结算方式　　　　　　B. 银行本票结算方式
   C. 商业汇票结算方式　　　　　　D. 委托收款结算方式
   E. 支票结算方式

3. 下列结算方式中,可用于异地结算的方式有(    )。
   A. 银行汇票结算方式　　　　　　B. 银行本票结算方式
   C. 商业汇票结算方式　　　　　　D. 委托收款结算方式
   E. 支票结算方式

4. 下列结算方式中,可用于同城结算的方式有(    )。
   A. 支票结算方式　　　　　　　　B. 汇兑结算方式
   C. 银行本票结算方式　　　　　　D. 委托收款结算方式
   E. 托收承付结算方式

5. 货币资金管理和控制应遵循的原则有(    )。
   A. 涉及货币资金的不相容职务分别由不同的人担任
   B. 现金支出业务和现金收入业务合并处理
   C. 实施内部稽核制度
   D. 实施定期轮岗制度

6. 下列行为中,不符合结算有关规定的有(    )。
   A. 用现金支付出差人员的差旅费
   B. 用现金支付向供销社采购的农副产品款
   C. 用信用卡结算 10 万元以上的商品交易款项
   D. 签发的支票金额超过企业的银行存款余额
   E. 从基本存款账户支取现金发放职工工资

7. 商业汇票的签发人可以是(    )。
   A. 购货单位　　　　　　　　　　B. 销货单位
   C. 购货单位开户银行　　　　　　D. 销货单位开户银行
   E. 被背书人

8. 下列项目中,通过"其他货币资金"账户核算的有(    )。
   A. 取得由本企业开户银行签发的银行本票
   B. 本企业签发并由开户银行承兑的商业汇票
   C. 取得由本企业开户银行签发的银行汇票
   D. 取得由购货单位签发并承兑的商业汇票

E. 开出转账支票

9. 按照《支付结算办法》，采用托收承付结算方式时，购货企业承付期可能是（  ）天。

    A. 3             B. 5             C. 7             D. 10

10. 下列票据中，可以背书转让的有（  ）。

    A. 现金支票     B. 转账支票     C. 银行汇票     D. 银行本票

    E. 商业汇票

11. 下列各项中，不符合企业会计制度做法的是（  ）。

    A. 属于无法查明的其他原因导致现金溢余，经批准处理后冲减管理费用

    B. 属于无法查明的其他原因导致现金短缺，经批准处理后计入管理费用

    C. 现金短缺属于责任人赔偿的部分，计入其他应收款

    D. 购买股票或债券的银行存款，计入存出投资款

12. 企业银行存款日记账与银行对账单不符的主要原因有（  ）。

    A. 企业已付银行未付的账项     B. 企业已收银行未收的账项

    C. 银行已付企业未付的账项     D. 银行已收企业未收的账项

    E. 企业或银行记账错误

### 客观判断题

1. 企业采用汇兑结算时，汇往外地的款项要先通过"其他货币资金——外埠存款"账户核算。 （  ）

2. 按货币资金的内部控制规范要求，出纳人员不得兼管稽核、会计档案保管、收入、支出、费用等账目登记工作。 （  ）

3. 每日终了，企业必须将现金日记账的余额与现金总账的余额及现金的实际库存数进行核对，做到账账、账实相符。 （  ）

4. 每个企业只能在银行开立一个基本存款账户，企业的工资、奖金等现金的支取只能通过该账户办理。 （  ）

5. 银行汇票可以用于转账，也可以用于提现。 （  ）

6. 同城或异地的商品交易、劳务供应均可采用银行本票结算方式进行结算。 （  ）

7. 商业承兑汇票的承兑人是购货企业的开户银行。 （  ）

8. 银行规定的限额以下的零星支出可以使用现金。 （  ）

9. 普通支票左上角划两条平行线的，只能用于转账，不得支取现金。 （  ）

10. 收款单位收到付款单位交来的银行汇票可以不送交银行办理转账结算，而是背书转让给另一单位用以购买材料。 （  ）

11. 委托收款和托收承付结算方式，都受结算金额起点的限制。 （  ）

12. 商业承兑汇票到期日付款人账户不足支付时，其开户银行应代为付款。 （  ）

13. 采用托收承付结算方式办理结算的款项必须是商品交易以及因商品交易而产生的劳务供应的款项，包括代销、寄销、赊销商品的款项。 （  ）

14. 空头支票就是空白支票。 （  ）

# 项目 1　实训附件(可裁剪)

凭证 1-1

## 银行存款余额调节表

2017 年 12 月 31 日　　　　　　　　　　　　　　单位:元

| 项　　目 | 金　　额 | 项　　目 | 金　　额 |
|---|---|---|---|
|  |  |  |  |
|  |  |  |  |
|  |  |  |  |
| 调节后的存款余额 |  | 调节后的存款余额 |  |

凭证 1-2

| 中国工商银行<br>现金支票存根（　）<br>BB/02 00000000<br><br>附加信息<br>——————————<br>——————————<br>出票日期　年　月　日<br>收款人：<br>金　额：<br>用　途：<br>单位主管　　会计 | 本支票付款期限十天 | ⑤⑤ 中国工商银行　现金支票（　）　地BB<br>名02 00000000<br><br>出票日期(大写)　　年　月　日　　付款行名称：<br>收款人：　　　　　　　　　　　　出票人账号：<br><br>人民币　亿 千 百 十 万 千 百 十 元 角 分<br>(大写)<br><br>用途————<br>上述款项请从<br>我账户内支付<br>出票人签章　　　　　　　　复核　　　　　　记账 |
|---|---|---|

深圳光华印制有限公司 · 2007 年印制

凭证 1-3

# 广州市电信局　电话费账单

## 2018 年 1 月

账号：XB280　　　　电话：×××××××

| 国内话费 | 国际话费 | 港澳话费 | 市内话费 | 手续费 | 合　计 |
|---|---|---|---|---|---|
| 500.00 | 300.00 | 200.00 | 800.00 |  | 1 800.00 |
|  |  |  |  |  |  |
|  |  |  |  |  |  |
|  |  |  |  |  |  |

凭证 1-4

# 专用委托收款结算凭证 （第三联）　委托号码：总字第 108 号

## 委托日期：2018 年 1 月 2 日

| 收款单位 | 全　　称 | 广州市电信局 | 付款单位 | 全　　称 | 甲企业 | | | | | | | | | |
|---|---|---|---|---|---|---|---|---|---|---|---|---|---|---|
|  | 账号或地址 | 304926 |  | 账　　号 | 009-1070-008900 | | | | | | | | | |
|  | 开户银行 | 中行环市办 |  | 开户银行 | 工行桥南办事处 | | | | | | | | | |
| 委托金额 | 人民币（大写） | 壹仟捌佰元整 | | | | 千 | 百 | 十 | 万 | 千 | 百 | 十 | 元 | 角 | 分 |
|  |  |  | | | | | | ¥ | 1 | 8 | 0 | 0 | 0 | 0 |
| 款项内容 | 1 月份电话费 | 委托收款凭据名称 | 账单 | 附寄单证张数 | 1 | | | | | | | | | |
| 备注 |  | 收款单位开户行盖章 2015 年 1 月 2 日 | | | 付款单位盖章 2015 年 1 月 2 日 | | | | | | | | | |

凭证 1-5

## 广东增值税专用发票

4400141170

No 03075378
4400141170
03075378

开票日期：2018 年 1 月 3 日

| 购货单位 | 名　　　称：乙企业<br>纳税人识别号：34137878CD12345678<br>地址、电话：广东省珠海市金湾区北翔 12 号 0756-7222398<br>开户行及账号：工行珠海市金湾支行 6212263602031235678 | 密码区 | （略） |
| --- | --- | --- | --- |

| 货物或应税劳务、服务名称 | 规格型号 | 单位 | 数量 | 单价 | 金额 | 税率 | 税额 |
| --- | --- | --- | --- | --- | --- | --- | --- |
| 实验台 | | 台 | 60 | 2 000.00 | 120 000.00 | 16% | 19 200.00 |
| 合计 | | | | | ￥120 000.00 | | ￥19 200.00 |

| 税价合计（大写） | ⊗壹拾肆万零肆佰元整 | （小写）￥139 200.00 |
| --- | --- | --- |

| 销货单位 | 名　　　称：甲企业<br>纳税人识别号：12345678AB12345678<br>地址、电话：广东省珠海市香洲区翠香路 53 号 0756-2234567<br>开户行及账号：工行桥南办事处 6212263602031235678 | 备注 | 甲企业<br>12345678AB12345678<br>发票专用章 |
| --- | --- | --- | --- |

收款人：　　　　　复核：　　　　　　　　开票人：　　　　　销货单位：（章）

第一联：记账联　销货方记账凭证

出纳核算岗位实操训练

---

凭证 1-6

## 运费垫支凭证

2018 年 1 月 3 日

单位:元

| 收货单位 | 运货单 | 货物名称 | 发运数量 | 运杂费 | 保险费 | 其他 | 合计金额（大写） | 经手人 |
| --- | --- | --- | --- | --- | --- | --- | --- | --- |
| 乙企业 | 0056278 | 试验台 | 60 台 | 380.00 | 200.00 | | 伍佰捌拾元整 | 吴 涛 |
| | | | | | | | | |
| | | | | | | | | |
| | | | | | | | | |
| | | | | | | | | |

凭证 1-7

## 托 收 凭 证（受理回单）　1

委托日期　2018 年 1 月 3 日

| 业务类型 | | 委托收款(□邮划、□电划)托收承付(□邮划、□电划) | | | | | | | | | | | | | | |
|---|---|---|---|---|---|---|---|---|---|---|---|---|---|---|---|---|
| 付款人 | 全　称 | | | | 收款人 | 全　称 | | | | | | | | | | |
| | 账　号 | | | | | 账　号 | | | | | | | | | | |
| | 地　址 | 省　市/县　开户行 | | | | 地　址 | 省　市/县　开户行　工行桥南办事处 | | | | | | | | | |

| 金额 | 人民币(大写) | 壹拾肆万零肆佰元整 | 亿 | 千 | 百 | 十 | 万 | 千 | 百 | 十 | 元 | 角 | 分 |
|---|---|---|---|---|---|---|---|---|---|---|---|---|---|
| | | | | ￥ | 1 | 3 | 9 | 2 | 0 | 0 | 0 | 0 | 0 |

| 款项内容 | | 托收凭据名称 | | 附寄单证张数 | |
|---|---|---|---|---|---|
| 商品发运情况 | | 铁路 | 合同名称号码 | 第 0984 号 | |

| 备注：验货付款 | 款项收妥日期： | |
|---|---|---|
| | | 收款人开户分行签章 |
| 复核　　记账 | 年 月 日 | 年 月 日 |

凭证 1-8

| 中国工商银行 转账支票存根（　） AB/02 00000000 附加信息 _____ _____ 出票日期　年 月 日 收款人： 金　额： 用　途： 单位主管　　会计 | 陕西××印务证券有限责任公司·2005 年印制 本支票付款期限十天 | 中国工商银行　转账支票（　）　地AB/名02 00000000 出票日期(大写)　年 月 日　付款行名称： 收款人：　　出票人账号： 人民币(大写) ＿＿＿＿＿＿＿　亿 千 百 十 万 千 百 十 元 角 分 用途＿＿＿＿ 以上款项请从我账户内支付 出票人签章 复核　　　　记账 |
|---|---|---|

凭证 1-9

# 托 收 凭 证（付款通知）　1

委托日期　2017 年 12 月 29 日

付款期限 2018 年 1 月 10 日

| 业务类型 | 委托收款(□邮划、□电划)托收承付(□邮划、□电划) | | | | | | | | | | | | | | | | |
|---|---|---|---|---|---|---|---|---|---|---|---|---|---|---|---|---|---|
| 付款人 | 全　称 | 甲企业 | | | | 收款人 | 全　称 | | | | | | | | | | |
| | 账　号 | 12345678900 | | | | | 账　号 | | | | | | | | | | |
| | 地　址 | 省　市/县　开户行　工行桥南办事处 | | | | | 地　址 | 省　市/县　开户行　工行岭南分行 | | | | | | | | | |
| 金额(大写) | 人民币<br>壹拾捌万伍仟陆佰元整 | | | | | | 亿 | 千 | 百 | 十 | 万 | 千 | 百 | 十 | 元 | 角 | 分 |
| | | | | | | | | ¥ | 1 | 8 | 5 | 6 | 0 | 0 | 0 | 0 | 0 |
| 款项内容 | | | 托收凭据名称 | 铁路托运 | | 附寄单证张数 | | 1 | | | | | | | | | |
| 商品发运情况 | | | | | 合同名称号码 | | | A0123 | | | | | | | | | |
| 备注： | | | 款项收妥日期 | | | 付款人注意：<br>1. 根据支付结算办法,上述委托收款(托收承付)款项在付款期限内未提出拒付,即视为同意付款,以此代付款通知。<br>2. 如需提出全部或部分拒付,应在规定期限内,将拒付理由书并附债务证明退交开户银行。 | | | | | | | | | | | |
| 付款人开户银行收到日期<br>　　　　　年 月 日<br>复核　　　记账 | | | 付款人开户银行签章<br>　　　　　年 月 日 | | | | | | | | | | | | | | |

此联付款人开户银行给付款人按期付款通知

---

凭证 1-10

# 广东增值税专用发票

4400141170

全国统一发票监制章<br>广 东<br>发 票<br>国家税务总局监制联

No 03075371<br>4400141170<br>03075371

开票日期：2018 年 1 月 3 日

税总局[2014] 10 号 海南华桥实业公司

| 购货单位 | 名　　称：甲企业<br>纳税人识别号：12345678AB12345678<br>地址、电话：广东省珠海市香洲区翠香路 53 号 0756-2234567<br>开户行及账号：工行桥南办事处 6212263602031234 5678 | | | | 密码区 | (略) | | |
|---|---|---|---|---|---|---|---|---|
| | 货物或应税劳务、服务名称 | 规格型号 | 单位 | 数量 | 单价 | 金额 | 税率 | 税额 |
| | 25 mm 圆钢 | | 吨 | 80 | 2 000.00 | 160 000.00 | 16% | 25 600.00 |
| | 合计 | | | | | ¥160 000.00 | | ¥185 600.00 |
| | 税价合计(大写) | ⊗壹拾捌万伍仟陆佰元整 | | | | (小写)¥185 600.00 | | |
| 销货单位 | 名　　称：丙企业<br>纳税人识别号：34207878CD12345678<br>地址、电话：广东省珠海市金湾区福顺路 23 号 0756-7225938<br>开户行及账号：工行海珠分行 6212263602031235678 | | | | 备注 | 丙 企 业<br>34207878CD12345678<br>发票专用章 | | |

收款人：　　　　　复核：　　　　　开票人：　　　　　销货单位：(章)

第三联：发票联 购货方记账凭证

凭证 1-11

# 借　据

部门:采购部　　　　　　　　2018 年 1 月 6 日　　　　　　No ××××××

| | |
|---|---|
| 今借到甲企业现金: | 3 000 元 |
| 人民币(大写): | 叁仟元整 |
| 用　　　　途: | 差旅费 |

负责人:　　财务主管:××　　部门主管:××　　会计:××　　出纳:××　　经手人:王芳

---

凭证 1-12

## 中国工商银行 电 汇 凭 证 (回　单)

委托日期:2018 年 1 月 6 日　　　　　第　号

| 汇款人 | 全　　称 | 甲企业 | 收款人 | 全　　称 | 甲企业 | | | | | | | | | |
|---|---|---|---|---|---|---|---|---|---|---|---|---|---|---|
| | 账　　号 | 12345678900 | | 账　　号 | 3929849085 | | | | | | | | | |
| | 汇出地点 | 省 广州 市/县 | | 汇入地点 | 省 北京 市/县 | | | | | | | | | |
| | 汇出行名称 | 工行桥南办事处 | | 汇入行名称 | 工行华西办事处 | | | | | | | | | |

| 金额 | 人民币(大写) | 捌万元整 | | 亿 | 千 | 百 | 十 | 万 | 千 | 百 | 十 | 元 | 角 | 分 |
|---|---|---|---|---|---|---|---|---|---|---|---|---|---|---|
| | | | | | | | ¥ | 8 | 0 | 0 | 0 | 0 | 0 | 0 |

支付密码

附加信息及用途　采购

汇出行签章

复核:　　　　记账:

---

凭证 1-13

## 中国工商银行邮、电、手续费收费凭证 (借方凭证)

2018 年 1 月 6 日

| 缴款人名称:甲企业 | 信(电)汇 笔　汇票 笔　其他 笔 |
|---|---|
| 账　　号:工行桥南办事处 12345678900 | 托收、委托 笔　支票 本　专用托收 笔 |

| 邮电金额 | | | | | 电报费金额 | | | | | 手续费金额 | | | | | 合计金额 | | | | | |
|---|---|---|---|---|---|---|---|---|---|---|---|---|---|---|---|---|---|---|---|---|---|
| 百 | 十 | 元 | 角 | 分 | 百 | 十 | 元 | 角 | 分 | 百 | 十 | 元 | 角 | 分 | 千 | 百 | 十 | 元 | 角 | 分 |
| | | | | | | | | | | | ¥ | 1 | 1 | 2 | 0 | | ¥ | 1 | 1 | 2 | 0 |

科　　目 _____
对方科目 _____
复核　　　记账
复票　　　制票

| 合计金额 | 人民币(大写) 壹拾壹元贰角整 |
|---|---|

凭证 1-14

## 中国工商银行汇票委托书 （存根）

委托日期：2018 年 1 月 8 日　　　　　　　第×××号

| 收 款 人 | A 公司 | | | 汇 款 人 | 甲企业 | | | | | | | | | | | |
|---|---|---|---|---|---|---|---|---|---|---|---|---|---|---|---|---|
| 账号或住址 | 3604715292 | | | 账号或住址 | 工行桥南办事处 12345678900 | | | | | | | | | | | |
| 兑付地点 | 上海徐汇区 | 兑付行 | 工行上海徐汇营业部 | 汇款用途 | 购买材料 | | | | | | | | | | | |
| | | | | | | 千 | 百 | 十 | 万 | 千 | 百 | 十 | 元 | 角 | 分 |
| 汇款金额 | 人民币（大写） | 叁万元整 | | | | | | ¥ | 3 | 0 | 0 | 0 | 0 | 0 | 0 |
| 备注： | | | | 科目 | | | | | | | | | | | | |
| | | | | 对方科目 | | | | | | | | | | | | |
| | | | | 财务主管：　　　复核：　　　经办： | | | | | | | | | | | | |

此联由汇款人留存作记账传票

-------- ✂ --------------------------------------------------- ✂ --------

凭证 1-15

## 中国工商银行邮、电、手续费收费凭证 （借方凭证）

2018 年 1 月 8 日

| 缴款人名称：甲企业 | | | | 信(电)汇　　笔　　汇票　　笔　　其他　　笔 | |
|---|---|---|---|---|---|
| 账　　　号：工行桥南办事处 12345678900 | | | | 托收、委托　　笔　支票　本　专用托收　笔 | |
| 邮电金额 | 电报费金额 | 手续费金额 | 合计金额 | 科　　目 _____ 对方科目 _____ | |
| | | | | 复核　　　　记账 复票　　　　制票 | |

凭证 1-16

# 北京市增值税专用发票

4400141170

No 03075374
4400141170
03075374

开票日期：2018 年 1 月 10 日

| 购货单位 | 名 称：甲企业<br>纳税人识别号：12345678AB12345678<br>地址、电话：广东省珠海市香洲区翠香路 53 号 0756-2234567<br>开户行及账号：工行桥南办事处 6212236020312345678 | | 密码区 | （略） | | |
|---|---|---|---|---|---|---|

| 货物或应税劳务、服务名称 | 规格型号 | 单位 | 数量 | 单价 | 金额 | 税率 | 税额 |
|---|---|---|---|---|---|---|---|
| 组合开关 | | 个 | 300 | 200.00 | 60 000.00 | 16% | 9 600.00 |
| 合计 | | | | | ￥60 000.00 | | ￥9 600.00 |

| 税价合计（大写） | ⊗陆万玖仟陆佰元整 | （小写）￥69 600.00 |
|---|---|---|

| 销货单位 | 名 称：A 公司<br>纳税人识别号：34235678CD12345678<br>地址、电话：广东省珠海市红洲区路 95 号 0756-2289556<br>开户行及账号：工行海珠分行 6212236020312568978 | | 备注 | A 公司<br>34235678CD12345678<br>发票专用章 |
|---|---|---|---|---|

收款人： 复核： 开票人： 销货单位：（章）

税总局[2014] 10 号 海南华森实业公司

第三联：发票联 购货方记账凭证

---

凭证 1-17

# 出差费报销单

报销部门：采购部    填报日期：2018 年 1 月 10 日（1 月 6 日至 1 月 10 日共 5 日）    单位：元

| 姓名 | | 王芳 | | | 出差事由 | | | |
|---|---|---|---|---|---|---|---|---|
| 项目 | 数量 | 地点 | 金额 | 项目 | 数量 | 地点 | 金额 | |
| 飞机票 | | | | 住宿费 | | 北京 | 800 | |
| 火车票 | 2 | 广州-北京 | 1 600 | 伙食补贴 | | | 300 | |
| 汽车票 | | | | 其他 | | | 500 | |
| 船 票 | | | | | | | | |
| 预支旅费 | 3 000 | 缴（补）现款 | 200 | 附单据 15 张 | 合计叁仟贰佰零拾零元零角零分 | | | |

主管：×× 审核：×× 出纳：×× 填报：王芳 经领人：王芳

凭证 1-18

## 中国工商银行　联行来账凭证

2018 年 1 月 10 日

| | | | | |
|---|---|---|---|---|
| 确认日期 | 20060709 | 来账业务凭证 | 4403739455 | 借/贷：贷 |
| 转账行行号 | 398459 | 往账行行号 | 964738 | |
| 付款人账号 | 12345678900 | 付款人户名 | 甲企业 | |
| 收款人账号 | 3929849085 | 收款人户名 | 甲企业 | |
| 转账金额 | ￥9 800.00 | 人民币 | 玖仟捌佰元整 | |

业务种类：　汇兑
　　　　　结束采购账户 退回余款

上述款项已代转账，如有疑问，请持此单来行面洽
开户单位　甲企业

第二联　客户入账通知

出纳核算岗位实操训练

------

凭证 1-19

## 广东增值税专用发票

4400141170

No 03075373
4400141170
03075373

开票日期：2018 年 1 月 12 日

| 购货单位 | 名　称：甲企业<br>纳税人识别号：12345678AB12345678<br>地址、电话：广东省珠海市香洲区翠香路 53 号 0756-2234567<br>开户行及账号：工行桥南办事处 6212263602031234 5678 | 密码区 | （略） |
|---|---|---|---|

| 货物或应税劳务、服务名称 | 规格型号 | 单 位 | 数 量 | 单价 | 金 额 | 税率 | 税 额 |
|---|---|---|---|---|---|---|---|
| 电阀 | | 个 | 200 | 100.00 | 20 000.00 | 16% | 3 200.00 |
| 合计 | | | | | ￥20 000.00 | | ￥3 200.00 |

| 价税合计（大写） | ⊗贰万叁仟贰佰元整 | （小写）￥23 200.00 |
|---|---|---|

| 销货单位 | 名　称：A 公司<br>纳税人识别号：34235678CD12345678<br>地址、电话：广东省珠海市红洲区路 95 号 0756-2289556<br>开户行及账号：工行珠海分行 6212263602031256 8978 | 备注 | A 公司<br>34235678CD12345678<br>发票专用章 |
|---|---|---|---|

收款人：　　　　　复核：　　　　　开票人：　　　　　销货单位：（章）

税总局 2014 10 号　海南华森发业公司

第三联：发票联　购货方记账凭证

凭证 1-20

银行汇票第四联

| 付款期限<br>壹个月 | 中国工商银行<br>**银 行 汇 票** | （多余款）4<br>收账通知 | 地BB 00000000<br>名01 |
|---|---|---|---|

出票日期 贰零壹捌年零壹月零捌日
（大写）　　　　　　　　　代理付款行：工行　　　　　行号：386

收款人：A公司　　　　　账号：工行上海徐汇营业部 3604715292

出票余额 人民币 叁万元整
（大写）

| 实际结算金额 | 人民币<br>（大写）贰万叁仟贰佰元整 | 千 | 百 | 十 | 万 | 千 | 百 | 十 | 元 | 角 | 分 |
|---|---|---|---|---|---|---|---|---|---|---|---|
| | | | | ￥ | 2 | 3 | 2 | 0 | 0 | 0 | 0 |

申请人：甲企业　　　　　　　账号：

出票行：工行桥南办事处　行号：12345678900

备 注：

出票行签章　　　　　年 月 日

| 密押 |
|---|
| 多余金额 |

| 千 | 百 | 十 | 万 | 千 | 百 | 十 | 元 | 角 | 分 |
|---|---|---|---|---|---|---|---|---|---|
| | | | | ￥ | 6 | 8 | 0 | 0 | 0 | 0 |

左列退回多余金额已收入你账户内

*此联出票行结清多余款后交申请人*

---

凭证 1-21

**广东增值税专用发票**

4400141170

No 03074231
4400141170
03074231

开票日期：2018 年 1 月 15 日

| 购货单位 | 名 称：<br>纳税人识别号：<br>地 址、电 话：<br>开户行及账号： | | | | | 密码区 | | | |
|---|---|---|---|---|---|---|---|---|---|
| 货物或应税劳务、服务名称 | 规格型号 | 单 位 | 数 量 | 单价 | 金 额 | 税率 | 税 额 | | |
| | | | | | | | | | |
| 税价合计（大写） | | | | | | （小写） | | | |
| 销货单位 | 名 称：<br>纳税人识别号：<br>地 址、电 话：<br>开户行及账号： | | | | | 备注 | | | |

收款人：　　　　　复核：　　　　　开票人：　　　　　销货单位：（章）

*税总局[2014] 10 号 海南华森实业公司*

*第一联：记账联 销货方记账凭证*

凭证 1-22

中国工商银行　**转 账 支 票**　（　）　A 02 5488498

出票日期(大写)　贰零壹捌 年零壹 月壹拾伍 日　付款行名称:中行沁江支行

收款人:甲企业　出票人账号:84783987

| 人民币(大写) | 玖万叁仟陆佰元整 | 亿 | 千 | 百 | 十 | 万 | 千 | 百 | 元 | 十 | 角 | 分 |
|---|---|---|---|---|---|---|---|---|---|---|---|---|
| | | | | | ¥ | 9 | 3 | 6 | 0 | 0 | 0 | 0 |

用途　购买产品

6618 2453 1892 1021

本支票付款期限十天

以上款项请从
我账户内支付
出票人签章

复核　　　记账

凭证 1-23

**××银行进账单** （回单）

年 月 日

| 付款人 | 全　称 | | 收款人 | 全　称 | | | | | | | | | | | |
|---|---|---|---|---|---|---|---|---|---|---|---|---|---|---|---|
| | 账　号 | | | 账　号 | | | | | | | | | | | |
| | 开户银行 | | | 开户银行 | | | | | | | | | | | |
| 金额 | 人民币(大写) | | | | 亿 | 千 | 百 | 十 | 万 | 千 | 百 | 十 | 元 | 角 | 分 |
| 票据种类 | | 票据张数 | | | | | | | | | | | | | |
| 票据号码 | | | | 开户银行签章 | | | | | | | | | | | |
| 复核: | 记账: | | | | | | | | | | | | | | |

此联是开户银行交给持票人的回单

出纳核算岗位实操训练

凭证 1-24

<table>
<tr><td colspan="2">

中国工商银行<br>
转账支票存根（ ）<br>
$\frac{AB}{02}$ 00000000<br><br>
附加信息 _____<br>
_____<br>
出票日期　年　月　日

| 收款人： |  |
| 金　额： |  |
| 用　途： |  |

单位主管　　会计

</td>
<td>

本支票付款期限十天

</td>
<td>

🔵 中国工商银行　转账支票（ ）　$\frac{地AB}{名02}$ 00000000<br><br>
出票日期(大写)　　年　月　日　　付款行名称：<br>
收款人：　　　　　　　　　　　　出票人账号：

| 人民币<br>(大写) | | 亿 | 千 | 百 | 十 | 万 | 千 | 百 | 十 | 元 | 角 | 分 |
|---|---|---|---|---|---|---|---|---|---|---|---|---|
|  | | | | | | | | | | | | |

用途 _____<br>
以上款项请从<br>
我账户内支付<br>
出票人签章<br><br>
　　　　　　　　复核　　　　　　　　记账

</td></tr>
</table>

凭证 1-25

## ××银行进账单　（回单）1

年　月　日

| 付款人 | 全　称 |  | 收款人 | 全　称 |  |  |  |  |  |  |  |  |  |  |  |
|---|---|---|---|---|---|---|---|---|---|---|---|---|---|---|---|
|  | 账　号 |  |  | 账　号 |  |  |  |  |  |  |  |  |  |  |  |
|  | 开户银行 |  |  | 开户银行 |  |  |  |  |  |  |  |  |  |  |  |
| 金额 | 人民币<br>（大写） |  |  |  | 亿 | 千 | 百 | 十 | 万 | 千 | 百 | 十 | 元 | 角 | 分 |
|  | 票据种类 |  | 票据张数 |  |  |  |  |  |  |  |  |  |  |  |  |
|  | 票据号码 |  |  |  |  |  |  |  |  |  |  |  |  |  |  |
|  |  |  |  |  | 开户银行签章 |  |  |  |  |  |  |  |  |  |  |
| 复核： |  | 记账： |  |  |  |  |  |  |  |  |  |  |  |  |  |

此联是开户银行交给持票人的回单

凭证 1-26

# 托 收 凭 证（汇款依据或收账通知） 4

委托日期 2018 年 1 月 26 日

付款期限 2018 年 1 月 26 日

| 业务类型 | 委托收款(□邮划、□电划)托收承付(□邮划、□电划) | | | | | | | | | | | | | |
|---|---|---|---|---|---|---|---|---|---|---|---|---|---|
| 付款人 | 全 称 | 大华公司 | | 收款人 | 全 称 | 甲企业 | | | | | | | | |
| | 账 号 | 479945932 | | | 账 号 | 12345678900 | | | | | | | | |
| | 地 址 | 省 市/县 开户行 工行章场办事处 | | | 地 址 | 省 市/县 开户行 工行桥南办事处 | | | | | | | | |

| 金额 | 人民币(大写) | 伍万元整 | | 亿 | 千 | 百 | 十 | 万 | 千 | 百 | 十 | 元 | 角 | 分 |
|---|---|---|---|---|---|---|---|---|---|---|---|---|---|---|
| | | | | | | | ¥ | 5 | 0 | 0 | 0 | 0 | 0 | 0 |

| 款项内容 | 贷款 | 托收凭据名称 | 银行承兑汇票 | 附寄单证张数 | 1 |
|---|---|---|---|---|---|
| 商品发运情况 | | 合同名称号码 | | | |

备注：

上列款项已划回收入你方账户

收款人开户银行签章

年 月 日

复核　　　记账

此联付款人开户银行给收款人开户银行作收账通知

出纳核算岗位实操训练

凭证 1-27

# 库存现金盘点报告表

2018 年 1 月 29 日

单位:元

| 实存金额 | 账存金额 | 对比结果 | | 备 注 |
|---|---|---|---|---|
| | | 长款 | 短款 | |
| 1 300 | 1 800 | | 500 | 原因:待查 |
| | | | | |
| | | | | |
| | | | | |

凭证 1-28

## 库存现金盘点报告表

2018 年 1 月 30 日

| 实存金额 | 账存金额 | 对比结果 | | 备 注 |
|---|---|---|---|---|
| | | 长款 | 短款 | |
| 1 300 | 1 800 | | 500 | 处理意见:由出纳陈红赔偿　周华 |
| | | | | |
| | | | | |
| | | | | |

出纳核算岗位实操训练

---

凭证 1-29

## 收　据

2018 年 1 月 30 日　　　　　　　　　　　　　　　　No. 95898

今收到：　陈红赔偿现金短款 500 元

人民币：　伍佰元整

付款内容：　现金盘点短款 200 元,经核查由陈红赔偿

单位盖章：　　　　　会计:××　　　　　出纳:陈红　　　　　经手人:陈红

第二联：收款单位

项 目 **2**

# 往来核算岗位实操训练

**职业能力目标：**

◆ 专业能力：学生通过采取系统的行动确定供销往来业务管理和核算的步骤；学生要注重供销往来业务管理核算的规章制度的学习和应用；熟练掌握凭证、账簿和工具的使用并熟练掌握供销往来业务的完整核算过程。

◆ 职业能力：鼓励以小组形式组织学生实训，有利于提高学生的团队工作计划和实施能力，并有利于提高学生的整体组织和管理能力；学生应扩展、延伸相应的知识和技能，并具备线上、线下收集相关信息的能力。

**典型工作任务：**

购销合同及单据审核、应收应付款的核算与催收催付、各种商业折扣的核算、存货的核算、退货补货的核算、票据开具、转账审核结算、运费审核与核算等业务。

# 项目 2-1 岗位工作任务训练内容与难点

**1. 训练内容**

◆ 存货的计价

◆ 原材料的采购、委托加工物资的核算

◆ 低值易耗品、包装物的核算

◆ 存货盘盈、盘亏的核算

◆ 商品销售收入、提供劳务收入、让渡资产使用权的核算

◆ 坏账准备的计提与坏账损失的核算

**2. 训练难点**

◆ 发出存货的计价

在实际成本核算方式下,企业可以采用的发出存货成本的计价方法包括个别计价法、先进先出法、月末一次加权平均法和移动加权平均法等。

◆ 期末存货的计价

资产负债表日,存货应当按照成本与可变现净值孰低计量。其中,可变现净值是指在日常活动中,存货的估计售价减去至完工时估计将要发生的成本、估计的销售费用以及相关税费后的金额。

◆ 原材料按计划成本的核算

日常工作中,企业发出的存货,可以按实际成本核算,也可以按计划成本核算。如采用计划成本核算,会计期末应调整为实际成本。

◆ 应收票据贴现的核算

应收票据贴现是指持票人在票据到期前,将持有的票据向贴现银行申请贴现,并取得所需款项的行为。贴息及贴现应得款项的计算有四个步骤:①计算应收票据的到期值;②计算贴现天数;③计算贴现息;④计算贴现值。

◆ 现金折扣销售业务的核算

对现金折扣的处理,通常有两种办法:总价法和净价法。我国《企业会计制度》规定应收账款采用总价法入账。

◆ 收入的核算

收入是企业在日常活动中所形成的、会导致所有者权益增加的、与投入资本无关的经济利益的总流入;收入仅限于企业销售商品、提供劳务、他人使用本企业资产的交易中形成的收入的会计核算和相关信息的披露。

◆ 应收款项坏账损失的核算

企业应当在资产负债表日对应收款项的账面价值进行检查,有客观证据表明该应收款项发生减值的,应当将该应收款项的账面价值减记至未来现金流量现值,减记的金额确认为减值损失,计提坏账准备。

# 项目 2-2　岗位工作任务训练要求与目的

**1. 训练要求**

学生通过对本项目的学习,应掌握不同存货以及相同存货在不同情况下的会计核算方法,了解预收账款和应付票据包括的具体内容、了解应收款项包括的具体内容;熟练掌握相关的会计核算;重点掌握材料采购、销售收入的核算以及应收款项坏账损失的核算。

**2. 训练目的**

学生通过本项目相关知识的具体操作训练,基本能理论联系实际,将理论知识更好地运用到实际工作中去。

# 项目 2-3　岗位工作任务训练

## 任务 1　企业存货计价的实操训练

**任务 1-1　存货发出计算的训练**

甲企业 2018 年 2 月 M 材料有关期初余额如表 2-1 所示。

表 2-1

**M 材料的期初余额**　　　　　　　　　　　　　单位:元

| 品　种 | 单　位 | 数　量 | 单　价 | 实际成本 |
|---|---|---|---|---|
| M 材料 | 千克 | 1 500 | 450 | 675 000 |
|  |  |  |  |  |
|  |  |  |  |  |

2 月份发生的有关经济业务如下:

(1) 3 日,甲企业从 A 公司购入 M 材料 500 千克,单价为 480 元,增值税额为 40 800 元,款项用转账支票支付,材料已验收入库。(凭证 2-1 至凭证 2-3)

(2) 9 日,基本生产车间生产领用 M 材料 1 200 千克。(凭证 2-4)

(3) 18 日,甲企业从 B 公司购入 M 材料 2 000 千克,单价为 490 元,增值税额为 166 600 元,款项用转账支票支付,材料已验收入库。(凭证 2-5 至凭证 2-7)

(4) 24 日,基本生产车间生产领用 M 材料 1 000 千克。(凭证 2-8)

**要求:**

◇ 月末根据材料明细账,分别按"先进先出法""月末一次加权平均法"及"移动加权平均法"确定该材料存货的本期发出成本和期末存货成本。

### 任务 1-2　存货购进、发出核算的训练

甲企业存货采用永续盘存制,发出及期末结存存货采用加权平均法计价。购进材料的运费按 10% 的扣除率计算增值税。3 月份该企业原材料有关期初余额如表 2-2 所示。

**表 2-2**

**原材料的期初余额**　　　　　　　　　　　　　　单位:元

| 品种 | 单位 | 数量 | 单价 | 计划成本 | 金额 | 材料成本差异 |
|------|------|------|------|----------|------|--------------|
| L | 千克 | 51 000 | 7.00 | 7.50 | 35 700 | −25 500 |
| | | | | | | |

2015 年 3 月份发生的有关经济业务如下:

(1)1 日,基本生产车间生产 A 产品领用 L 材料 10 000 千克。(凭证 2-9)

(2)2 日,从丁企业购入 L 材料 5 000 千克,价款为 30 000 元,增值税额为 4 800 元,含税运费为 1 100 元,款项用转账支票支付,材料未入库。(凭证 2-10 至凭证 2-12)

(3)5 日,2 日购入的材料验收入库。(凭证 2-13)

(4)10 日,基本生产车间生产 A 产品领用 L 材料 15 000 千克。(凭证 2-14)

(5)15 日,向丁企业购入 L 材料 10 000 千克,增值税专用发票注明价款为 65 000 元,增值税额为 10 400 元,含税运费为 1 100 元,企业开出一张票面价值为 76 500 元、期限为 3 个月的商业汇票,材料已验收入库。(凭证 2-15 至凭证 2-18)

(6)17 日,基本生产车间生产 B 产品领用 L 材料 15 000 千克。(凭证 2-19)

(7)20 日,向丁企业购入 L 材料 10 000 千克,增值税专用发票注明价款为 72 000 元,增值税额为 11 520 元,含税运费为 1 100 元,企业已汇付款项,材料尚未入库。(凭证 2-20 至凭证 2-22)

(8)23 日,仓库送来收料单,20 日购入的 L 材料验收入库,短缺 1 000 千克,应运输部门责任。(凭证 2-23 至凭证 2-25)

(9)26 日,基本生产车间生产 B 产品领用 L 材料 7 500 千克。(凭证 2-26)

(10)31 日,月末盘点,L 材料盘亏 1 000 千克,原因待查。(凭证 2-27)

(11)31 日,编制乙企业发料凭证汇总表,据以结转发出材料实际成本。(凭证 2-28)

**要求:**

◇ 按计划成本计价,根据经济业务编制记账凭证。

◇ 登记原材料明细账,材料成本差异明细账,并计算原材料的成本差异率。

◇ 月末根据材料明细账,按全月一次加权平均法计算材料平均单位成本和发出材料实际成本,并进行月结。

☞　**难点思考:**

存货采用不同的计价方法对存货期末价值有何影响?

☞　**知识链接:**

存货的计价方法无疑会影响存货的成本。

<u>先进先出法</u>　是假定先购入的存货先发出,所以该种方法计算出来的存货成本接

近于购货成本,使得期末的资产总值比较真实。

加权平均法　会使得本期的发出成本介于前期的购货成本与本期的购货成本之间,对期末存货的计价确定水平次于先进先出法。

个别计价法　是按照购入或者生产时确定的单位成本来确定期末结存存货的成本的,所以使用该种方法计算出来的期末存货价值更符合资产真实性。

## 任务2　采购和付款业务核算的实操训练

### 任务2-1　委托加工物资核算的训练

1. 甲企业按计划成本对原材料进行日常核算,2018年3月发生以下经济业务:

(1) 8日,委托乙企业加工材料一批,发出原材料M材料的成本为400 000元,成本差异率为2%。(凭证2-29)

(2) 15日,支付乙企业加工费为174 000(含增值税),适用的增值税税率为16%。(凭证2-30和凭证2-31)

(3) 28日,N材料加工完毕验收入库,其计划成本为550 000元。(凭证2-32)

**要求:**

◇ 按计划成本计价,根据经济业务编制记账凭证。

### 任务2-2　低值易耗品核算的训练

2. 甲企业按实际成本对低值易耗品进行日常核算,并采用五五摊销法,2018年4月发生以下经济业务:

(1) 1日,生产车间领用专用工具一批,实际成本为30 000元,领用时摊销其价值的一半。(凭证2-33)

(2) 30日,报废时摊销低值易耗品价值的另一半。(凭证2-34)

**要求:**

◇ 根据经济业务编制记账凭证。

### 任务2-3　包装物核算的训练

3. 甲企业对包装物采用计划成本核算,2018年4月份发生以下经济业务:

(1) 8日,从B公司购入一批甲包装物,货款为60 000元,增值税额为9 600元,计划成本为74 000元,包装物已验收入库,全部款项以银行存款支付。(凭证2-35至凭证2-37)

(2) 15日,销售商品领用不单独计价乙包装物,其计划成本为20 000元,材料成本差异率为-3%。(凭证2-38)

(3) 25日,为向C公司销售商品领用单独计价丙包装物,其计划成本为16 000元,销售收入为20 000元,增值税额为3 200元(款项已存入银行)。该包装物的材料成本差异率为3%。(凭证2-39至凭证2-41)

**要求:**

◇ 根据经济业务编制记账凭证。

☞ **难点思考：**

低值易耗品除了五五摊销法外，还可以采用一次摊销法，两者有什么优缺点？

☞ **知识链接：**

http://www.chinaacc.com/new/403/404/411/2008/5/lu42428126191580023736-0.htm(中华会计网校——低值易耗品摊销方法及其改进)

## 任务 3  销售和收款业务核算的实操训练

### 任务 3-1  计算题

1. 一张商业汇票，2016 年 6 月 7 日出票，9 月 8 日到期，计算票据天数。

2. 一张商业汇票，2015 年 2 月 1 日出票，期限为 100 天，计算票据到期日。

3. 一张商业汇票，2016 年 2 月 1 日出票，期限为 100 天，计算票据到期日。

4. 一张商业汇票，2020 年 2 月 1 日出票，期限为 100 天，计算票据到期日。

5. 一张商业汇票，2016 年 6 月 8 日出票，期限为 3 个月，计算票据到期日。

6. 一张商业汇票，面值为 10 000 元，年利率为 4％，期限为 60 天。计算应收利息和到期值。

7. 一张商业汇票，面值为 8 000 元，月利率为 3.9‰，期限为 150 天。计算应收利息和到期值。

8. 一张商业汇票，面值为 8 000 元，月利率为 3.9‰，期限为 5 个月。计算应收利息和到期值。

9. 一张商业汇票，面值为 10 000 元，月利率为 3.5‰，2018 年 3 月 5 日出票，8 月 10 日到期。计算票据天数、应收利息和到期值。

10. 一张商业汇票，面值为 10 000 元，票面利率为 4％，2018 年 1 月 28 日出票，期限为 5 个月。计算应收利息和到期值。

### 任务 3-2  不带息商业汇票核算的训练

1. 甲企业 2018 年 4 月发生以下经济业务：

(1) 1 日，销售一批产品给 A 公司，售价为 500 万元，应收取的增值税额为 80 万元，产品已经发出，货款尚未收到。(凭证 2-42)

(2) 5 日，双方协商采用商业汇票结算方式，甲企业收到 A 公司无息的商业承兑汇票，付款期为 3 个月，面值为 580 万元。(凭证 2-43)

(3) 甲企业于 4 月 5 日将该商业承兑汇票到银行贴现，贴现息为 0.5 万元，贴现值已存入银行。(凭证 2-44)

(4) 7 日，甲企业收到银行通知，付款单位无力支付已贴现的商业承兑汇票，款项已从甲企业的银行账户收取。(凭证 2-45)

(5) 20 日，经双方协商，甲企业收到 A 公司新开出期限为 3 个月，面值为 580 万元的商业承兑汇票。(凭证 2-46)

**要求：**

◇ 根据经济业务及原始凭证编制记账凭证。

◇ 说明各项业务的办理程序。

### 任务 3-3　带息商业汇票核算的训练

2. 甲企业 2018 年发生以下经济业务

（1）2 月 1 日，甲企业销售一批商品给丙企业，销售收入为 60 000 元，增值税额为 9 600 元，丙企业交来一张期限为 4 个月，票面利率为 5% 的商业承兑汇票。（凭证 2-47 和凭证 2-48）

（2）3 月 1 日，甲企业销售一批商品给乙企业，销售收入为 70 000 元，增值税额为 11 200 元，商品已经发出。乙企业交来一张期限为 6 个月，票面利率为 4% 的商业承兑汇票。（凭证 2-49 和凭证 2-50）

（3）5 月 1 日，甲企业将丙企业交来的票据向银行贴现，贴现率为 8%。（凭证 2-51）

（4）6 月 1 日，甲企业将乙企业交来的票据向银行贴现，贴现率为 6%。（凭证 2-52）

（5）9 月 1 日，由于承兑人乙企业银行账户不足支付，银行将已贴现的票据退回甲企业，同时从甲企业账户划款。（凭证 2-53）

**要求：**

◇ 通过计算，完成贴现凭证的填制。

◇ 根据上述资料编制甲企业相关业务的记账凭证。

### 任务 3-4　应收账款核算的训练

3. 甲企业 2018 年 4 月份发生下列经济业务：

（1）1 日，向 A 公司销售商品一批，产品成本为 40 000 元，售价为 70 000 元，增值税税率为 16%，商业折扣为 10%，货款尚未收到。（凭证 2-54 和凭证 2-55）

（2）2 日，向乙企业赊销一批商品，总成本为 250 000 元，售价为 600 000 元，增值税税率为 16%，付款条件是"2/10,n/30"，采用"总价法"进行会计核算。折扣不考虑增值税。（凭证 2-56 和凭证 2-57）

（3）6 日，收到 A 公司的销货款。（凭证 2-58）

（4）10 日，收到乙企业的赊销款。（凭证 2-59）

（5）12 日，向丙企业赊销商品一批，该商品总成本为 60 000 元，报价为 150 000 元，增值税税率为 16%，商业折扣为 10%，付款条件为"3/10,2/20,n/30"，采用总价法进行会计核算。折扣不考虑增值税。（凭证 2-60 和凭证 2-61）

（6）30 日，收到丙企业的赊销款。（凭证 2-62）

**要求：**

◇ 根据经济业务填制原始凭证。

◇ 根据原始凭证编制有关记账凭证。

◇ 根据记账凭证登记银行存款日记账、应收账款明细账。

### 任务 3-5　预付账款和其他应收款核算的训练

4. 甲企业为增值税一般纳税人，2018 年 4 月发生下列经济业务：

（1）1日，为购进P材料预付给A公司120 000元，签发转账支票支付。（凭证2-63）

（2）3日，从A公司购进P材料1 000千克，单价为90元，计90 000元，增值税额为14 400元。货款以预付账款结算。多余款项收存银行。（凭证2-64至凭证2-66）

（3）5日，乙企业发来Q材料，共计进价100 000元，增值税额16 000元，上月预付乙企业80 000元，差额填制信汇凭证结清。（凭证2-67至凭证2-69）

（4）8日，经理王平出差，预借差旅费3 000元，出纳人员付给现金。（凭证2-70）

（5）10日，财会人员李青出差归来，报销差旅费1 200元，差额300元交回现金。（凭证2-71）

（6）11日，签发转账支票支付水电费6 000元，其中：车间耗用4 000元，行政部门耗用1 700元，为青年职工王娟垫付300元。（凭证2-72和凭证2-73）

（7）上月末财产清查中发现的原材料短少600元，已列入"待处理财产损溢——待处理流动资产损溢"账户。经查明，属保管员张元责任，责令其赔偿，但赔款尚未收到。（凭证：2-74）

（8）15日，发放本月工资32 000元，扣除垫款、赔款后，其余签发现金支票转入个人工资账户。（凭证2-75和凭证2-76）

（9）20日，购入P材料20 000元，增值税额为3 200元，随货借入丙企业包装物一批，押金1 000元，均以转账支票支付。（凭证2-77至凭证2-79）

（10）22日，上述P材料入库，包装物退出，收回押金。（凭证2-80和凭证2-81）

（11）25日，为业务部门核定备用金1 000元，以现金支票支付。（凭证2-82和凭证2-83）

（12）26日，业务部门以发票报销办公用品费用，共计580元，以现金补足其备用金。（凭证2-84和凭证2-85）

**要求：**

◇ 填写以上空白原始凭证。

◇ 根据经济业务及原始凭证编制有关记账凭证。

◇ 根据记账凭证登记现金日记账、银行存款日记账及其他相关账簿。

### 任务3-6 坏账准备计提与核算的训练

5. 甲企业采用"应收款项余额百分比法"计提坏账准备，提取率为1%。假设该公司应收款项全部为应收账款，有关资料如下：

（1）2015年1月1日，"坏账准备"账户的贷方余额为7 000元；1月31日，"应收账款"账面余额为1 000 000元。（凭证2-86）

（2）2015年2月6日，应收乙企业的货款5 000元确认为坏账。（凭证2-87）

（3）2015年2月28日，"应收账款"账户的余额为400 000元。（凭证2-88）

（4）2015年3月8日，已注销的坏账又收回。（凭证：2-89）

（5）2015年3月10日，应收乙企业的货款10 000元确认为坏账。（凭证2-90）

（6）2015年3月31日，"应收账款"账户的余额为800 000元。（凭证2-91）

（7）2015年4月15日，应收丙企业的货款3000元确认为坏账。（凭证2-92）

(8) 2015 年 4 月 30 日,"应收账款"账户的余额为 500 000 元。(凭证 2-93)

**要求:**

◇ 根据经济业务填制原始凭证。

◇ 根据经济业务及原始凭证编制有关记账凭证。

◇ 根据记账凭证登记相关账簿。

☞ **难点思考:**

1. 确认坏账损失会影响应收账款的账面价值吗?

2. 转销的应收账款以后又收回的,会影响应收账款的账面价值吗?

☞ **知识链接:**

http://bbs.chinaacc.com/forum-2-27/topic-1945733.html(中华会计网校论坛——账面价值与账面余额的区别)

# 项目 2-4 考证知识训练

**单项客观选择题**

1. 某企业月初结存材料的计划成本为 100 000 元,成本差异为节约 1 000 元;本月入库材料的计划成本为 100 000 元,成本差异为超支 400 元。当月生产车间领用材料的计划成本为 150 000 元。假定该企业按月末计算的材料成本差异率分配和结转材料成本差异,则当月生产车间领用材料应负担的材料成本差异为( )元。

   A. 450          B. -450          C. 1 050          D. -1 050

2. 某企业月初结存材料的计划成本为 30 000 元,成本差异为超支 200 元;本月入库材料的计划成本为 70 000 元,成本差异为节约 700 元。当月生产车间领用材料的计划成本为 60 000 元。当月生产车间领用材料应负担的材料成本差异为( )元。

   A. -300          B. 300          C. -540          D. 540

3. 企业对于已记入"待处理财产损溢"账户的存货盘亏及毁损事项进行会计处理时,应计入管理费用的是( )。

   A. 管理不善造成的存货净损失          B. 自然灾害造成的存货净损失

   C. 应由保险公司赔偿的存货损失          D. 应由过失人赔偿的存货损失

4. 企业对随同商品出售而不单独计价的包装物进行会计处理时,该包装物的实际成本应结转到( )账户。

   A. "制造费用"          B. "销售费用"

   C. "管理费用"          D. "其他业务成本"

5. 企业委托外单位加工的物资,不应计入其实际成本的税金为( )。

   A. 用于应交增值税项目并取得了增值税专用发票的一般纳税人企业的加工物资所应负担的增值税

   B. 用于非应纳增值税项目或免征增值税项目,以及未取得增值税专用发票的一般

纳税人企业

    C. 小规模纳税人企业的加工物资

    D. 收回后直接用于销售的加工物资所负担的消费税

6. 不包括在企业库存商品的产品为（　　）。

    A. 存放在门市部准备出售的商品

    B. 接受外来原材料加工制造的代制品

    C. 已完成销售手续、但购买单位在月末未提取的产品

    D. 为外单位加工修理的代修品等

7. 在物价持续上涨的情况下，下列各种存货计价方法中，能使企业计算出来的当期利润最大的计价方法是（　　）。

    A. 先进先出法    B. 个别计价法    C. 加权平均法    D. 移动平均法

8. 某企业材料采用计划成本计价，某日外购一批原材料，实际成本为 5 万元，该批原材料计划成本为 5.3 万元。"原材料"账户借方应记录的金额为（　　）万元。

    A. 5.3    B. 5    C. 0.3    D. －0.3

9. 下列各种存货发出的计价方法中，不利于存货成本日常管理与控制的方法是（　　）。

    A. 先进先出法                B. 移动加权平均法

    C. 月末一次加权平均法       D. 个别计价法

10. 企业进行存货清查盘点中盘亏的存货，经查实确认应当由保险公司赔偿的金额，在报经批准后应该作为（　　）处理。

    A. 主营业务成本    B. 营业外支出    C. 管理费用    D. 其他应收款

11. 企业期末存货应按成本与可变现净值孰低计量，其中可变现净值是指（　　）。

    A. 存货的售价                B. 存货的合同价

    C. 存货的预计未来净现金流量    D. 存货的公允价值

12. 某小规模纳税人企业因洪水造成一批库存材料毁损，其实际成本为 100 000 元，应由保险公司赔偿 70 000 元，残料价值为 1 000 元。该批毁损材料应记入"营业外支出"账户的金额为（　　）元。

    A. 100 000    B. 31 000    C. 30 000    D. 29 000

13. 某企业"坏账准备"账户的年初贷方余额为 4 000 元，"应收账款"和"其他应收款"账户的年初余额分别为 30 000 元和 10 000 元。当年，不能收回的应收账款 2 000 元确认为坏账损失。"应收账款"和"其他应收款"账户的年末余额分别为 50 000 元和 20 000 元。假定该企业年末确定的坏账提取比例为 10%。该企业年末应提取的坏账准备为（　　）元。

    A. 1 000    B. 3 000    C. 5 000    D. 7 000

14. 预付账款不多的企业，可以不设"预付账款"账户，而将预付的款项记入（　　）。

    A. "应付账款"账户的借方        B. "应收账款"账户的借方

    C. "应付账款"账户的贷方        D. "应收账款"账户的贷方

15. 某企业年末"应收账款"账户余额为 100 000 元，"坏账准备"账户贷方余额为 1 000 元，按 5% 提取坏账准备，则应补提的坏账准备为（　　）元。

A. 4 000　　　　B. 2 000　　　　C. 5 000　　　　D. 3 500

16. 2018 年 6 月 30 日,某企业"应收账款"账户余额为 240 000 元,"其他应收款"账户余额为 30 000 元,"应收票据"账户余额为 150 000 元,"预付账款"账户余额为 40 000元,则该企业计提坏账基数为(　　)元。

A. 240 000　　　B. 270 000　　　C. 420 000　　　D. 460 000

17. 企业提取坏账准备应编制的会计分录是(　　)。

A. 借:应收账款

贷:坏账准备

B. 借:坏账准备

贷:资产减值损失——计提的坏账准备

C. 借:坏账准备

贷:应收账款

D. 借:资产减值损失——计提的坏账准备

贷:坏账准备

18. 企业对应收款项计提的坏账准备应计入当期损益,并通过(　　)账户进行核算。

A. "管理费用"　　　　　　　　　B. "资产减值损失"

C. "财务费用"　　　　　　　　　D. "主营业务成本"

19. 某企业采用账龄分析法估计坏账损失。2018 年 12 月 31 日,计提坏账准备前"坏账准备"账户贷方余额为 26 000 万元。当日,"应收账款"账户余额为 1 800 000 万元,其中,未到期的应收账款为 800 000 万元,估计损失率 0.5%;过期 6 个月以内的应收账款为 600 000 万元,估计损失率 2%;过期 6 个月以上的应收账款为 400 000 万元,估计损失率 3%。则该企业 2018 年 12 月 31 日应补提坏账准备的金额为(　　)万元。

A. 2 000　　　　B. 26 000　　　C. 28 000　　　D. 54 000

20. 甲企业采用托收承付结算方式向乙企业销售商品,货款为 100 000 元,应收取的增值税额为 17 000 元,以银行存款代乙企业垫付运杂费 1 500 元,甲企业按规定确认收入时,应同时确认的"应收账款"的金额为(　　)元。

A. 100 000　　　B. 117 000　　　C. 101 500　　　D. 118 500

21. 商业汇票的付款期限由交易双方商定,但最长不得超过(　　)个月。

A. 3　　　　　　B. 6　　　　　　C. 9　　　　　　D. 12

22. 某企业于 2018 年 10 月 8 日销售商品 100 件,增值税专用发票上注明的价款为 10 000元,增值税额为 1 700 元。企业为了及早收回货款而在合同中规定的现金折扣条件为"2/10,1/20,n/30"。假定计算现金折扣时不考虑增值税。如买方在 2015 年 10 月 24 日付清货款,则该企业实际收款金额为(　　)元。

A. 11 466　　　B. 11 500　　　C. 11 583　　　D. 11 600

**多项客观选择题**

1. 企业进行清查时,对于盘亏的存货,应先记入"待处理财产损溢"账户,报经批准后根据不同的原因可以分别转入（　　）账户。

　　A. "管理费用"　　　　B. "销售费用"　　　　C. "营业外支出"　　　D. "其他应收款"

2. 下列各项中，构成工业企业外购存货入账价值的有（　　）。

　　A. 买价　　　　　　　　　　　　　B. 运杂费

　　C. 运输途中的合理损耗　　　　　D. 入库前的挑选整理费用

3. 原材料按实际成本计价核算的情况下，涉及的账户有（　　）。

　　A. "原材料"　　　　　　　　　　　B. "材料采购"

　　C. "在途物资"　　　　　　　　　　D. "材料成本差异"

4. 商品流通企业存货的采购成本由（　　）等构成。

　　A. 采购价格　　　　　　　　　　　B. 进口关税和其他税金

　　C. 运输费　　　　　　　　　　　　D. 装卸费

5. 工业企业的库存商品包括（　　）。

　　A. 企业自行加工制造的商品产品

　　B. 接受外来原材料加工制造的代制品

　　C. 为外单位加工修理的代修品

　　D. 已完成销售手续、购货单位尚未提走的商品

6. 下列各项中，构成外购存货实际成本的有（　　）。

　　A. 买价　　　　　　　　　　　　　B. 运输途中的各项损耗

　　C. 入库前的挑选整理费用　　　　　D. 委托加工物资的运杂费

7. 下列各项中，属于包装物核算范围的有（　　）。

　　A. 生产过程中用于包装产品作为产品组成部分的包装物

　　B. 随同商品出售而不单独计价的包装物

　　C. 随同商品出售而单独计价的包装物

　　D. 出租或出借给购买单位使用的包装物

8. 企业发出材料的核算，可以采用的方法有（　　）。

　　A. 先进先出法　　　　B. 后进先出法　　　　C. 移动加权平均法　　D. 个别计价法

9. 企业购进材料一批，已验收入库，但结算凭证未到，货款尚未支付，会计处理是（　　）。

　　A. 材料验收入库时，即入账　　　　B. 材料验收入库时，先不入账

　　C. 月末暂估入账　　　　　　　　　D. 下月初用红字冲回

10. "材料成本差异"账户借方核算的内容有（　　）。

　　A. 入库材料成本超支差异

　　B. 发出材料应负担的节约差异

　　C. 入库材料成本节约差异

　　D. 调整库存材料计划成本时，调整减少的计划成本

11. 期末通过比较，发现存货的成本低于可变现净值，则可能（　　）。

　　A. 将其差额部分冲减"存货跌价准备"

　　B. 增加"存货跌价准备"

C. 不进行账务处理

D. 减记"存货跌价准备"至零

12. 对持有以备出售的存货,下列有关存货可变现净值的说法中,正确的有(    )。

    A. 如果企业持有存货的数量多于销售合同订购数量,超出部分的可变现净值仍以合同规定价格为计量基础

    B. 没有销售合同约定的存货,其可变现净值应当以一般销售价格作为计量基础

    C. 用于出售的材料等,应当以市场价格作为其可变现净值的计量基础

    D. 有合同约定的存货,通常按合同价格为计量基础

13. 企业因销售商品发生的应收账款,其入账价值应当包括(    )。

    A. 销售商品的价款               B. 增值税销项税额

    C. 代购货方垫付的包装费       D. 代购货方垫付的运杂费

14. 银行承兑汇票到期,如果承兑申请人无力支付票款,则(    )。

    A. 由银行将汇票退给收款人,由购销双方自行处理

    B. 由承兑银行凭票将款项无条件转给销货企业

    C. 承兑银行对承兑申请人执行扣款,并对尚未扣回的金额计收罚息

    D. 允许付款人延期付款,但不得超过 1 个月

15. 按现行制度规定,以下各项应通过"其他应收款"账户核算的有(    )。

    A. 应收的各种赔款、罚款

    B. 应收的出租包装物租金

    C. 租用包装物支付的押金

    D. 应向职工收取的各种垫付款项和备用金

16. 下列各项中,应记入"坏账准备"账户贷方的有(    )。

    A. 年末按应收账款余额的一定比例计提的坏账准备

    B. 收回过去已经确认并转销的坏账

    C. 经批准转销的坏账

    D. 确实无法支付的应付账款

17. 企业收回已转销的坏账时,应编制的会计分录有(    )。

    A. 借:应收账款                 B. 借:银行存款

         贷:坏账准备                 贷:坏账准备

    C. 借:应收账款                 D. 借:银行存款

         贷:资产减值损失            贷:应收账款

18. 下列各项中,会引起期末应收账款账面价值发生变化的有(    )。

    A. 收回应收账款               B. 收回已转销的坏账

    C. 计提应收账款坏账准备      D. 结转到期不能收回的应收票据

19. 企业将无息票据贴现时,影响贴现利息计算的因素有(    )。

    A. 票据面值    B. 票据期限    C. 贴现利率    D. 企业持票天数

20. 下列有关应收票据会计处理的表述中,正确的有(    )。

    A. 应收票据按票面价值入账

B. 到期不能收回的应收票据应转入应收账款

C. 带息应收票据计提的利息应冲减财务费用

D. 带息应收票据计提的利息应增加应收票据的账面余额

21. 下列有关应收账款会计处理的表述中,正确的有(    )。

    A. 现金折扣应计入应收账款入账价值

    B. 应收账款的账面余额等于其账面价值

    C. 商业折扣不应计入应收账款入账价值

    D. 应收账款可以按销货百分比法计提坏账准备

22. 下列各项中,属于企业应收款项的有(    )。

    A. 应收票据      B. 应收账款      C. 预付账款      D. 其他应收款

**客观判断题**

1. 为执行销售合同或者劳务合同而持有的存货,其可变现净值应当以估计售价减去估计的销售费用和相关税费等的金额确定。（    ）

2. 企业采用先进先出法计算发出存货的成本,如果本期发出存货的数量超过本期第一次购进存货的数量(假定本期期初无库存),超过部分仍应按本期第一次购进存货的单位成本计算发出存货的成本。（    ）

3. 工业企业购进原材料时,运输途中发生的所有损耗,都应计入购进材料的实际成本。（    ）

4. 企业在存货采购入库后发生的所有储存费用,应在发生时计入当期损益。（    ）

5. 企业接受的投资者投入的商品应是按照该商品在投出方的账面价值入账。（    ）

6. 采用计划成本进行材料日常核算的,结转入库材料的材料成本差异时,无论是节约差异还是超支差异,均记入"材料成本差异"账户的借方。（    ）

7. 按照谨慎性企业可以合理估计可能发生的损失和费用,因此企业可以任意提取各种准备。（    ）

8. 在物价持续下跌的情况下,企业采用先进先出法计量发出存货的成本,当月发出存货单位成本小于月末结存存货的单位成本。（    ）

9. 在物价持续上涨的情况下,企业采用先进先出法计算的发出存货的成本将高于采用加权平均法计算的发出存货的成本。（    ）

10. 坏账准备是企业应收款项的抵减项目。（    ）

11. 某商场采用售价金额核算法对库存商品进行核算,月初库存商品的售价金额是 9 万元,"商品进销差价"账户月初余额是 3 万元,本月购进商品的进价成本是 8 万元,售价金额是 11 万元,本月的销售收入是 15 万元,假定不考虑增值税,该商场月末库存商品的实际成本为 3.5 万元。（    ）

12. 期末每期都应当重新确定存货的可变现净值,如果以前减记存货价值的影响因素已经消失,则减记的金额应当予以恢复,并在原已计提的存货跌价准备的金额内转回。（    ）

13. "材料成本差异"是原材料按实际成本计价核算时涉及的会计账户。（    ）

14. 存货计价方法的选择不仅影响着资产负债表中资产总额的多少,而且也影响利润表中的净利润。（ ）

15. 在成本与可变现净值孰低法下,对成本与可变现净值进行比较确定当期存货跌价准备金额时,一般应当分别单个存货项目进行比较。（ ）

16. 无论企业对存货采用实际成本法核算,还是采用计划成本法核算,资产负债表上的存货项目反映的都是存货的实际成本。（ ）

17. 自然灾害或意外事故以外的原因造成的存货毁损发生的净损失,均应计入管理费用。（ ）

18. 对于企业库存的材料,应当以材料的市场价格减去估计的销售费用和相关税费后的金额作为其可变现净值。（ ）

19. 企业采用成本与可变现净值孰低法确定存货的期末价值时,当存货的成本低于其可变现净值时,期末存货应按其成本计价。（ ）

20. 企业存在确实无法收回的应收款项时,应当按管理权限报经批准后作为坏账损失处理,并直接确认损失。（ ）

21. 企业按年末应收款余额的一定比例计算的坏账准备金额,应等于年末结账后"坏账准备"账户余额。（ ）

22. 在存在现金折扣的情况下,若采用总价法核算,应收账款应按销售收入和扣除预计的现金折扣金额确认。（ ）

23. 到期不能收回的带息应收票据,转入"应收账款"账户核算后,期末不再计提利息,其所包含的利息,在有关备查簿中进行登记,待实际收到时再冲减收到当期的财务费用。（ ）

24. 企业将持有的应收票据背书转让用以购买所需物资时,应将"应收票据"账户的余额转入"应付票据"账户。（ ）

25. 如果当期按应收款项计算应提坏账准备金额为零,应将"坏账准备"账户的余额全部冲回。（ ）

26. 企业有应收票据无论是带息票据,还是不带息票据,在年末资产负债表中均应以原账面余额反映。（ ）

27. 企业无息票据的贴现所得一定小于票据面值,而带息票据的贴现所得则不一定小于票据面值。（ ）

28. 应收票据的利息收入,一般可在实际收款时确认。但是,金额较大的,应按权责发生制原则在票据到期前的各期限期末确认。（ ）

29. 企业贴现的商业汇票到期,如果承兑人的银行账户不足支付,银行将从贴现企业的账户中将票款划回,收款企业应按所付票据本息转作应收账款。（ ）

30. 企业在销售商品的过程中,代购货单位垫付的包装费、运杂费不得计入应收账款,而应计入其他应收款。（ ）

31. 企业将带息应收票据背书转让时,应按应收票据的账面余额结转应收票据,尚未计提的利息不再计提,但应在有关备查簿中进行登记。（ ）

32. 应收票据贴现是指持票人因急需资金,将到期的商业汇票背书后转让给银行,银行

受理后,从票据金额中扣除按银行的贴现率计算确定的贴息后,将余额付给贴现企业的业务活动。 （　　）

33. 企业计提坏账准备的方法由企业自行确定。但是坏账准备计提方法一经确定,不得随意变更。如需变更,应在会计报表附注中予以说明。 （　　）

34. 企业发生的销货退回,无论是属于本年度销售的,还是以前年度销售的,都应冲减退回年度的主营业务收入及相关的成本费用。 （　　）

35. 如果企业保留与商品所有权相联系的继续管理权,则在发出商品时不能确认该项商品销售收入。 （　　）

# 项目 2　实训附件(可裁剪)

凭证 2-1

 广东增值税专用发票

 4400141170

No 03074231
4400141170
03074231

开票日期：2018 年 2 月 3 日

| 购货单位 | 名　称：甲企业<br>纳税人识别号：12345678AB12345678<br>地址、电话：广东省珠海市香洲区翠香路 53 号 0756-2234567<br>开户行及账号：工行桥南办事处 62122636020312345678 | | | | 密码区 | （略） | | |
|---|---|---|---|---|---|---|---|---|
| 货物或应税劳务、服务名称 | 规格型号 | 单位 | 数量 | 单价 | 金额 | 税率 | 税额 |
| M 材料 | | 千克 | 500 | 480.00 | 240 000.00 | 16% | 38 400.00 |
| 合计 | | | | | ￥240 000.00 | | ￥38 400.00 |
| 价税合计(大写) | ⊗贰拾柒万捌仟肆佰元整 | | | | (小写)￥278 400.00 | | |
| 销货单位 | 名　称：A 公司<br>纳税人识别号：34235678CD12345678<br>地址、电话：广东省海珠市红洲区路 95 号 0756-2289556<br>开户行及账号：工行海珠分行 62122636020312568978 | | | | 备注 | A 公司<br>34235678CD12345678<br>发票专用章 | | |

收款人：　　　　　复核：　　　　　　　　　　开票人：　　　　　销货单位：(章)

第三联：发票联　购货方记账凭证

税总局[2014]10 号　海南华泰实业公司

往来核算岗位实操训练

凭证 2-2

| 中国工商银行<br>转账支票存根( )<br>AB<br>02 00000000<br><br>附加信息<br><br><br>出票日期　年　月　日<br>收款人：<br>金　额：<br>用　途：<br>单位主管　　会计 | 🏦 中国工商银行　转账支票( )　地AB<br>名02 00000000<br>出票日期(大写)　　年 月 日　付款行名称：<br>收款人：　　　　　　　　出票人账号：<br>人民币<br>(大写)　　　　　　　　　亿千百十万千百十元角分<br>用途<br>以上款项请从<br>我账户内支付<br>出票人签章<br>　　　　　　复核　　　　　记账 |
|---|---|

西发西钞证券有限责任公司·2005 年印制

本支票付款期限十天

53

凭证 2-3

# 材料入库验收单

| 类别 | 原料及主要材料 |
|---|---|
| 发票编号 | |

| 编号 | |
|---|---|
| 来源 | |

验收日期：　　年　月　日

| 品名 | 规格 | 单位 | 数量 | | 实际价格 | | | | 计划价 | |
|---|---|---|---|---|---|---|---|---|---|---|
| | | | 来料数 | 实际数 | 单价 | 总价 | 运杂费 | 合计 | 单价 | 总价 |
| | | | | | | | | | | |
| | | | | | | | | | | |
| | | | | | | | | | | |
| | | | | | | | | | | |
| | | | | | | | | | | |
| | | | | | | | | | | |
| | | | | | | | | | | |

供销主管：　　　　　　验收主管：　　　　　　采购：　　　　　　制单：

---

凭证 2-4

# 材料出仓单

2018 年 2 月 9 日　　　　　　第　号

| 编号 | 材料 | 名称 | 单位 | 规格 | 数量 | 单价 | 金额 | | | | | | | |
|---|---|---|---|---|---|---|---|---|---|---|---|---|---|
| | | | | | | | 十万 | 千 | 百 | 十 | 元 | 角 | 分 |
| | | | | | | | | | | | | | |
| | | | | | | | | | | | | | |
| | | | | | | | | | | | | | |
| 合　计 | | | | | | | | | | | | | |

记账：　　　　　　保管：　　　　　　制票：

第三联：财务　附件　张

凭证 2-5

## 广东增值税专用发票

4400141170

No 03074320
4400141170
03074320

全国增值税发票查验章
广东
发票 国家税务总局监制章

开票日期：2018 年 2 月 3 日

| 购货单位 | 名　　　称：甲企业<br>纳税人识别号：12345678AB12345678<br>地址、电话：广东省海珠市香洲区翠香路 53 号 0756-2234567<br>开户行及账号：工行桥南办事处 62122636020312345678 | | | | 密码区 | （略） | | |
|---|---|---|---|---|---|---|---|---|
| 货物或应税劳务、服务名称 | 规格型号 | 单位 | 数量 | 单价 | 金额 | 税率 | 税额 |
| M 材料<br>合计 | | 千克 | 2 000 | 490.00 | 980 000.00<br>¥980 000.00 | 16% | 156 800.00<br>¥156 800.00 |
| 价税合计（大写） | ⊗壹佰壹拾叁万陆仟捌佰元整 | | | | （小写）¥1 136 800.00 | | |
| 销货单位 | 名　　　称：B 公司<br>纳税人识别号：12345678CD12345678<br>地址、电话：广东省海珠市香洲区路 53 号 0756-2234567<br>开户行及账号：工行海珠分行 62122636020312345678 | | | | 备注 | B 公司<br>12345678CD12345678<br>发票专用章 | | |

收款人：　　　　　复核：　　　　　开票人：　　　　　销货单位：（章）

---

凭证 2-6

| 中国工商银行<br>转账支票存根（　）<br>AB<br>02 00000000<br><br>附加信息<br>_____<br>_____<br><br>出票日期　年　月　日<br>收款人：<br>金　额：<br>用　途：<br>单位主管　　会计 | 中国工商银行　转账支票（　）　地AB 00000000<br>名 02<br><br>出票日期（大写）　年　月　日　付款行名称：<br>收款人：　　　　　出票人账号：<br>人民币　　　　　亿千百十万千百十元角分<br>（大写）<br>用途　　　　_____<br>以上款项请从<br>我账户内支付<br>出票人签章<br>复核　　　　　记账 |
|---|---|

凭证 2-7

# 材料入库验收单

| 类别 | 原料及主要材料 | | 编号 | |
|------|------|------|------|------|
| 发票编号 | | | 来源 | |

验收日期：　　年　月　日

| 品名 | 规格 | 单位 | 数量 | | 实际价格 | | | | 计划价 | |
|------|------|------|------|------|------|------|------|------|------|------|
| | | | 来料数 | 实际数 | 单价 | 总价 | 运杂费 | 合计 | 单价 | 总价 |
| | | | | | | | | | | |
| | | | | | | | | | | |
| | | | | | | | | | | |
| | | | | | | | | | | |
| | | | | | | | | | | |
| | | | | | | | | | | |
| | | | | | | | | | | |

供销主管：　　　　　　　验收主管：　　　　　　　采购：　　　　　　　制单：

------------------✄------------------------------------✄------------------

凭证 2-8

# 材料出仓单

2018 年 2 月 24 日　　　　　　　第　号

| 编号 | 材料 | 名称 | 单位 | 规格 | 数量 | 单价 | 金额 | | | | | | | |
|------|------|------|------|------|------|------|---|---|---|---|---|---|---|---|
| | | | | | | | 十 | 万 | 千 | 百 | 十 | 元 | 角 | 分 |
| | | | | | | | | | | | | | | |
| | | | | | | | | | | | | | | |
| | | | | | | | | | | | | | | |
| | | | | | | | | | | | | | | |
| 合　计 | | | | | | | | | | | | | | |

记账：　　　　　　　保管：　　　　　　　制票：

凭证 2-9

# 材 料 出 仓 单

2018 年 3 月 1 日　　　　　　　　　第　号

| 编号 | 材料 | 名称 | 单位 | 规格 | 数量 | 单价 | 金　额 | | | | | | | |
|---|---|---|---|---|---|---|---|---|---|---|---|---|---|---|
| | | | | | | | 十万 | 千 | 百 | 十 | 元 | 角 | 分 | |
| | | | | | | | | | | | | | | |
| | | | | | | | | | | | | | | |
| | | | | | | | | | | | | | | |
| | | | | | | | | | | | | | | |
| 合　计 | | | | | | | | | | | | | | |

记账：　　　　　　　　保管：　　　　　　　　制票：

凭证 2-10

| 中国工商银行<br>转账支票存根（　）<br>AB<br>02 00000000<br><br>附加信息<br><br>_____<br>_____<br><br>出票日期　年 月 日<br>收款人：<br>金　额：<br>用　途：<br>单位主管　会计 | 本支票付款期限十天 | （53）中国工商银行　转账支票（　）　　地AB<br>名02 00000000<br><br>出票日期(大写)　　年 月 日　付款行名称：<br>收款人：　　　　　　　　　　出票人账号：<br><br>人民币（大写）_____ 亿 千 百 十 万 千 百 十 元 角 分<br><br>用途_____　　　_____<br>以上款项请从<br>我账户内支付<br>出票人签章<br><br>复核　　　　　　　　记账 |
|---|---|---|

凭证 2-11

## 广东增值税专用发票

4400141170

No 03074358
4400141170
03074358

开票日期：2018 年 3 月 2 日

| 购货单位 | 名　　　称：甲企业<br>纳税人识别号：12345678AB12345678<br>地址、电话：广东省海珠市香洲区翠香路 53 号 0756-2234567<br>开户行及账号：工行桥南办事处 6212263602031234567 | | | | 密码区 | （略） | | |
|---|---|---|---|---|---|---|---|---|

| 货物或应税劳务、服务名称 | 规格型号 | 单位 | 数量 | 单价 | 金额 | 税率 | 税额 |
|---|---|---|---|---|---|---|---|
| L 材料 | | 千克 | 5 000 | 6.00 | 30 000.00 | 16% | 4 800.00 |
| 合计 | | | | | ￥30 000.00 | | ￥4 800.00 |

| 税价合计（大写） | ⊗叁万肆仟捌佰元整 | （小写）￥34 800.00 |
|---|---|---|

| 销货单位 | 名　　　称：丁企业<br>纳税人识别号：34207878CD12345678<br>地址、电话：广东省海珠市金湾区福顺路 23 号 0756-7225938<br>开户行及账号：工行海珠分行 6212263602031235678 | 备注 | 丁企业<br>34207878CD12345678<br>发票专用章 |
|---|---|---|---|

收款人：　　　　复核：　　　　开票人：　　　　销货单位:(章)

---

凭证 2-12

## 广东增值税专用发票

4400141170

No 02084329
4400141170
02084329

开票日期：2018 年 3 月 2 日

| 购货单位 | 名　　　称：甲企业<br>纳税人识别号：12345678AB12345678<br>地址、电话：广东省海珠市香洲区翠香路 53 号 0756-2234567<br>开户行及账号：工行桥南办事处 6212263602031234567 | | | | 密码区 | （略） | | |
|---|---|---|---|---|---|---|---|---|

| 货物或应税劳务、服务名称 | 规格型号 | 单位 | 数量 | 单价 | 金额 | 税率 | 税额 |
|---|---|---|---|---|---|---|---|
| 运费 | | | | 1 000.00 | 1 000.00 | 10% | 100.00 |
| 合计 | | | | | ￥1 000.00 | | ￥100.00 |

| 税价合计（大写） | ⊗壹仟壹佰元整 | （小写）￥1 100.00 |
|---|---|---|

| 销货单位 | 名　　　称：海珠市路路通货运公司<br>纳税人识别号：12345678CD25345678<br>地址、电话：广东省海珠市吉大区诚丰 53 号 0756-2275696<br>开户行及账号：工行海珠分行 6212263602031234396 | 备注 | 珠海市路路通货运公司<br>12345678CD25345678<br>发票专用章 |
|---|---|---|---|

收款人：　　　　复核：　　　　开票人：　　　　销货单位:(章)

凭证 2-13

# 材料入库验收单

| 类别 | 原料及主要材料 |
|---|---|
| 发票编号 | |

| 编号 | |
|---|---|
| 来源 | |

验收日期：　　　年　月　日

| 品名 | 规格 | 单位 | 数量 | | 实际价格 | | | | 计划价 | |
|---|---|---|---|---|---|---|---|---|---|---|
| | | | 来料数 | 实际数 | 单价 | 总价 | 运杂费 | 合计 | 单价 | 总价 |
| | | | | | | | | | | |
| | | | | | | | | | | |
| | | | | | | | | | | |
| | | | | | | | | | | |
| | | | | | | | | | | |
| | | | | | | | | | | |
| | | | | | | | | | | |

供销主管：　　　　　　验收主管：　　　　　　采购：　　　　　　制单：

凭证 2-14

# 材 料 出 仓 单

2018 年 3 月 10 日　　　　　第　　号

| 编号 | 材料 | 名称 | 单位 | 规格 | 数量 | 单价 | 金　额 | | | | | | | |
|---|---|---|---|---|---|---|---|---|---|---|---|---|---|
| | | | | | | | 十 | 万 | 千 | 百 | 十 | 元 | 角 | 分 |
| | | | | | | | | | | | | | |
| | | | | | | | | | | | | | |
| | | | | | | | | | | | | | |
| | | | | | | | | | | | | | |
| 合　　计 | | | | | | | | | | | | | |

第三联：财务　附件　张

记账：　　　　　　保管：　　　　　　制票：

凭证 2-15

## 广东增值税专用发票

4400141170

No 03076184
4400141170
3076184

开票日期：2018 年 3 月 15 日

| 购货单位 | 名　称：甲企业 | | | | 密码区 | | | |
|---|---|---|---|---|---|---|---|---|
| | 纳税人识别号：12345678AB12345678 | | | | | （略） | | |
| | 地址、电话：广东省海珠市香洲区翠香路 53 号 0756-2234567 | | | | | | | |
| | 开户行及账号：工行桥南办事处 62122636020312345678 | | | | | | | |

| 货物或应税劳务、服务名称 | 规格型号 | 单位 | 数量 | 单价 | 金　额 | 税率 | 税　额 |
|---|---|---|---|---|---|---|---|
| L 材料 | | 千克 | 10 000 | 6.50 | 65 000.00 | 16% | 10 400.00 |
| 合计 | | | | | ￥65 000.00 | | ￥10 400.00 |

| 价税合计（大写） | ⊗柒万伍仟肆佰元整 | （小写）￥75 400.00 |
|---|---|---|

| 销货单位 | 名　称：丁企业 | 备注 | 丁企业 |
|---|---|---|---|
| | 纳税人识别号：34207878CD12345678 | | 34207878CD12345678 |
| | 地址、电话：广东省海珠市金湾区福顺路 23 号 0756-7225938 | | 发票专用章 |
| | 开户行及账号：工行海珠分行 6212263602031235678 | | |

收款人：　　　　　复核：　　　　　　　　　　开票人：　　　　　　　　　销货单位：（章）

税总局[2014] 10 号　海南华森实业公司

第三联：发票联　购货方记账凭证

---

✄ ----------------------------------------------------- ✄

凭证 2-16

## 广东增值税专用发票

4400141170

No 02085689
4400141170
2085689

开票日期：2018 年 3 月 15 日

| 购货单位 | 名　称：甲企业 | | | | 密码区 | | | |
|---|---|---|---|---|---|---|---|---|
| | 纳税人识别号：12345678AB12345678 | | | | | （略） | | |
| | 地址、电话：广东省海珠市香洲区翠香路 53 号 0756-2234567 | | | | | | | |
| | 开户行及账号：工行桥南办事处 62122636020312345678 | | | | | | | |

| 货物或应税劳务、服务名称 | 规格型号 | 单　位 | 数　量 | 单价 | 金　额 | 税率 | 税　额 |
|---|---|---|---|---|---|---|---|
| 运费 | | | | 1 000.00 | 1 000.00 | 10% | 100.00 |
| 合计 | | | | | ￥1 000.00 | | ￥100.00 |

| 价税合计（大写） | ⊗壹仟壹佰元整 | （小写）￥1 100.00 |
|---|---|---|

| 销货单位 | 名　称：海珠市路路通货运公司 | 备注 | 海珠市路路通货运公司 |
|---|---|---|---|
| | 纳税人识别号：12345678CD25345678 | | 12345678CD25345678 |
| | 地址、电话：广东省海珠市吉大区诚丰 53 号 0756-2275696 | | 发票专用章 |
| | 开户行及账号：工行海珠分行 6212263602031234396 | | |

收款人：　　　　　复核：　　　　　　　　　　开票人：　　　　　　　　　销货单位：（章）

税总局[2014] 10 号　海南华森实业公司

第三联：发票联　购货方记账凭证

凭证 2-17

## 商业承兑汇票　　2

$\dfrac{AB}{01}$　00000000

出票日期
（大写）　　年　月　日

| 付款人 | 全　称 | | 收款人 | 全　称 | |
|---|---|---|---|---|---|
| | 账　号 | | | 账　号 | |
| | 开户银行 | | | 开户银行 | |

| 出票金额 | 人民币（大写） | | 亿 千 百 十 万 千 百 十 元 角 分 |
|---|---|---|---|

| 汇票到期日（大写） | | 付款人开户行 | 行号 | |
|---|---|---|---|---|
| 交易合同号码 | | | 地址 | |

本汇票已经承兑，到期无条件支付票款。

本汇票请予以承兑于到期日付款。

承兑日期　年　月　日

承兑人签章

出票人签章

------------------------✂------------------------✂

凭证 2-18

## 材料入库验收单

| 类别 | 原料及主要材料 |
|---|---|
| 发票编号 | |

| 编号 | |
|---|---|
| 来源 | |

验收日期：　　年　月　日

| 品名 | 规格 | 单位 | 数量 | | 实际价格 | | | | 计划价 | |
|---|---|---|---|---|---|---|---|---|---|---|
| | | | 来料数 | 实际数 | 单价 | 总价 | 运杂费 | 合计 | 单价 | 总价 |
| | | | | | | | | | | |
| | | | | | | | | | | |
| | | | | | | | | | | |
| | | | | | | | | | | |
| | | | | | | | | | | |
| | | | | | | | | | | |

供销主管：　　　　　验收主管：　　　　　采购：　　　　　制单：

凭证 2-19

# 材料出仓单

年 月 日　　　　　　　　　　第 号

| 编号 | 材料 | 名称 | 单位 | 规格 | 数量 | 单价 | 金 额 | | | | | | |
|---|---|---|---|---|---|---|---|---|---|---|---|---|---|
| | | | | | | | 十万 | 千 | 百 | 十 | 元 | 角 | 分 |
| | | | | | | | | | | | | | |
| | | | | | | | | | | | | | |
| | | | | | | | | | | | | | |
| | | | | | | | | | | | | | |
| 合　计 | | | | | | | | | | | | | |

记账：　　　　　　　　保管：　　　　　　　　制票：

第三联：财务　附件　张

------------------------------- ✂ -------------------------------

凭证 2-20

# 广东增值税专用发票

No 03076184

4400141170

4400141170
3076184

开票日期：2018 年 3 月 20 日

| 购货单位 | 名　　称：甲企业<br>纳税人识别号：12345678AB12345678<br>地址、电话：广东省海珠市香洲区翠香路 53 号 0756-2234567<br>开户行及账号：工行桥南办事处 6212263602031234 5678 | 密码区 | （略） |
|---|---|---|---|

| 货物或应税劳务、服务名称 | 规格型号 | 单 位 | 数 量 | 单价 | 金 额 | 税率 | 税 额 |
|---|---|---|---|---|---|---|---|
| L 材料 | | 千克 | 10 000 | 7.20 | 72 000.00 | 16% | 11 520.00 |
| 合计 | | | | | ￥72 000.00 | | ￥11 520.00 |

| 税价合计(大写) | ⊗ 捌万叁仟伍佰贰拾元整 | （小写）￥83 520.00 |
|---|---|---|

| 销货单位 | 名　　称：丁企业<br>纳税人识别号：34207878CD12345678<br>地址、电话：广东省海珠市金湾区福顺路 23 号 0756-7225938<br>开户行及账号：工行海珠分行 6212263602031235678 | 备注 | 丁企业<br>34207878CD12345678<br>发票专用章 |
|---|---|---|---|

收款人：　　　　复核：　　　　开票人：　　　　销货单位：(章)

第三联：发票联　购货方记账凭证

税总局 [2014] 10 号 海南华森实业公司

凭证 2-21

## 广东增值税专用发票

No 02085689
4400141170
2085689

4400141170

（全国统一票样监制章 广东 发票 国家税务总局监制）

开票日期：2018 年 3 月 20 日

| 购货单位 | 名　称：甲企业 纳税人识别号：12345678AB12345678 地　址、电话：广东省海珠市香洲区翠香路 53 号 0756-2234567 开户行及账号：工行桥南办事处 62122636020312345678 | 密码区 | （略） |

| 货物或应税劳务、服务名称 | 规格型号 | 单 位 | 数 量 | 单 价 | 金 额 | 税率 | 税 额 |
|---|---|---|---|---|---|---|---|
| 运费 | | | | 1 000.00 | 1 000.00 | 10% | 100.00 |
| 合计 | | | | | ￥1 000.00 | | ￥100.00 |

| 税价合计（大写） | ⊗壹仟壹佰元整 | （小写）￥1 100.00 |

| 销货单位 | 名　称：海珠市路路通货运公司 纳税人识别号：12345678CD25345678 地　址、电话：广东省海珠市吉大区诚丰 53 号 0756-2275696 开户行及账号：工行海珠分行 62122636020312344396 | 备注 | （海珠市路路通货运公司 12345678CD25345678 发票专用章） |

收款人：　　　　　复核：　　　　　开票人：　　　　　销货单位：（章）

✂ - - - - - - - - - - - - - - - - - - - - - - - - - - - - - - - - - - - - - - ✂

凭证 2-22

## 中国工商银行　信汇凭证　（回单）

委托日期：2018 年 3 月 20 日　　　　第 1 号

| 汇款人 | 全　称 | 甲企业 | 收款人 | 全　称 | 丁企业 | | | | | | | | | | |
|---|---|---|---|---|---|---|---|---|---|---|---|---|---|---|---|
| | 账　号 | ×××× | | 账　号 | ×××× | | | | | | | | | | |
| | 汇出地点 | ××省××市/县 | | 汇入地点 | ××省××市/县 | | | | | | | | | | |
| 汇出行名称 | | 中国工商银行××支行 | 汇入行名称 | | 工商银行星海市支行营业部 | | | | | | | | | | |

| 金额 | 人民币（大写）捌万肆仟贰佰肆拾元整 | 亿 | 千 | 百 | 十 | 万 | 千 | 百 | 十 | 元 | 角 | 分 |
|---|---|---|---|---|---|---|---|---|---|---|---|---|
| | | | | | ￥8 | 3 | 5 | 2 | 0 | 0 | 0 | 0 |

| 支付密码 | |
|---|---|
| 附加信息及用途 | |

汇入行签章　　　　　复核：　　　　　记账：

73

凭证 2-23

## 材料入库验收单

| 类别 | 原料及主要材料 |
|---|---|
| 发票编号 | |

| 编号 | |
|---|---|
| 来源 | |

验收日期：　　　年　　月　　日

| 品名 | 规格 | 单位 | 数量 | | 实际价格 | | | | 计划价 | |
|---|---|---|---|---|---|---|---|---|---|---|
| | | | 来料数 | 实际数 | 单价 | 总价 | 运杂费 | 合计 | 单价 | 总价 |
| | | | | | | | | | | |
| | | | | | | | | | | |
| | | | | | | | | | | |
| | | | | | | | | | | |
| | | | | | | | | | | |
| | | | | | | | | | | |

供销主管：　　　　　　验收主管：　　　　　　采购：　　　　　　制单：

- - - - - - - - - - - - - ✂ - - - - - - - - - - - - - - - - - - - - - - - - ✂ - - -

凭证 2-24

## 材料损失报告单
年　　月　　日

| 供应单位 | 名称规格 | 计量单位 | 损失数量 | 单价 | 金额 | 损失原因 | 处理意见 |
|---|---|---|---|---|---|---|---|
| | | | | | | | |
| | | | | | | | |
| | | | | | | | |

主管：　　　　　　　　经办：　　　　　　　　审核：

- - - - - - - - - - - - - ✂ - - - - - - - - - - - - - - - - - - - - - - - - ✂ - - -

凭证 2-25

## 赔偿请求单
2018 年 3 月 23 日　　　　　　　　　　　　　　单位:元

| 货物名称 | L 材料 | 发运单位 | 丁企业 | 票据号码 | ×××××× | 发运数量 | 10 000 |
|---|---|---|---|---|---|---|---|
| 金额 | 73 000 | | 运杂费 | 1 000 | 实到数量 | | 9 000 |
| 损失品种 | L 材料 | | 损失数量 | 1 000 | 要求赔偿金额 | | 8 535 |
| 损失原因 | 运输部门责任 | | | | | | |

凭证 2-26

# 材 料 出 仓 单

年 月 日　　　　　　　　第 号

| 编号 | 材料 | 名称 | 单位 | 规格 | 数量 | 单价 | 金额 | | | | | | | | |
|---|---|---|---|---|---|---|---|---|---|---|---|---|---|---|---|
| | | | | | | | 十万 | 千 | 百 | 十 | 元 | 角 | 分 |
| | | | | | | | | | | | | | |
| | | | | | | | | | | | | | |
| | | | | | | | | | | | | | |
| | | | | | | | | | | | | | |
| 合 计 | | | | | | | | | | | | | |

记账：　　　　　　　保管：　　　　　　　制票：

第三联：财务　附件　张

凭证 2-27

# 存货盘点盈亏报告单

2018 年 3 月 31 日

仓库：一仓库

| 存货编号 | 存货名称 | 计量单位 | 数量 | | 单价 | 盘盈 | | | | 盘盈盘亏原因 |
|---|---|---|---|---|---|---|---|---|---|---|
| | | | 账存 | 实存 | | 数量 | 金额 | 数量 | 金额 | |
| ×× | L | 千克 | | 20 000 | | | | | | 待查 |
| | | | | | | | | | | |
| | | | | | | | | | | |
| | | | | | | | | | | |

凭证 2-28

# 乙企业发料凭证汇总表

2018 年 3 月 31 日

| 日期 | 领料单张 数 | 贷方科目 | 借 方 科 目 | | | | |
|---|---|---|---|---|---|---|---|
| | | | 生产成本 | | 制造费用 | 管理费用 | 合计 |
| | | | A 产品 | B 产品 | | | |
| 1～10 日 | | | | | | | |
| 11～20 日 | | | | | | | |
| 21～31 日 | | | | | | | |
| 合计 | | | | | | | |

往来核算岗位实操训练

凭证 2-29

## 材料出仓

年 月 日　　　　　　　　　第　号

| 编号 | 材料 | 名称 | 单位 | 规格 | 数量 | 单价 | 金　额 | | | | | | |
|---|---|---|---|---|---|---|---|---|---|---|---|---|---|
| | | | | | | | 十万 | 千 | 百 | 十 | 元 | 角 | 分 |
| | | | | | | | | | | | | | |
| | | | | | | | | | | | | | |
| | | | | | | | | | | | | | |
| | | | | | | | | | | | | | |
| 合　计 | | | | | | | | | | | | | |

记账：　　　　　　　保管：　　　　　　　制票：

第三联：财务　附件　张

---

✂----------------------------------✂---

---

凭证 2-30

## 广东增值税专用发票

 4400141170

No 03076184
4400141170
3076184

开票日期：2018 年 3 月 15 日

| 购货单位 | 名　称：甲企业 纳税人识别号：12345678AB12345678 地址、电话：广东省海珠市香洲区翠香路 53 号 0756-2234567 开户行及账号：工行桥南办事处 6212263602031234 5678 | 密码区 | （略） |
|---|---|---|---|

| 货物或应税劳务、服务名称 | 规格型号 | 单位 | 数量 | 单价 | 金额 | 税率 | 税额 |
|---|---|---|---|---|---|---|---|
| 加工费 | | | | | 150 000.00 | 16% | 24 000.00 |
| 合计 | | | | | ￥150 000.00 | | ￥24 000.00 |

| 税价合计（大写） | ⊗壹拾柒万肆仟元整 | （小写）￥174 000.00 |
|---|---|---|

| 销货单位 | 名　称：乙企业 纳税人识别号：34137878CD12345678 地址、电话：广东省海珠市金湾区北翔 12 号 0756-7222398 开户行及账号：工行海珠市金湾支行 6212263602031235678 | 备注 | 乙企业 34137878CD12345678 发票专用章 |
|---|---|---|---|

收款人：　　　　复核：　　　　　开票人：　　　　　销货单位：（章）

税总局 2014 10 号 济南华枫实业公司

第三联：发票联　购货方记账凭证

凭证 2-31

| 中国工商银行 转账支票存根（　） | 本支票付款期限十天 | （⑤）中国工商银行　转账支票（　） | 地 AB 名 02 00000000 |
|---|---|---|---|

AB 02 00000000

附加信息

出票日期　年　月　日

收款人：
金　额：
用　途：

单位主管　　会计

出票日期（大写）　年　月　日　付款行名称：
收款人：　　　　　　　　　　　出票人账号：

人民币（大写）　　　　　　　亿 千 百 十 万 千 百 十 元 角 分

用途＿＿＿＿

以上款项请从
我账户内支付
出票人签章

复核　　　　　　　　记账

凭证 2-32

## 材料入库验收单

| 类别 | 原料及主要材料 | | 编号 | |
| 发票编号 | | | 来源 | |

验收日期：　　年　月　日

| 品名 | 规格 | 单位 | 数量 | | 实际价格 | | | | 计划价 | |
|---|---|---|---|---|---|---|---|---|---|---|
| | | | 来料数 | 实际数 | 单价 | 总价 | 运杂费 | 合计 | 单价 | 总价 |
| | | | | | | | | | | |
| | | | | | | | | | | |
| | | | | | | | | | | |
| | | | | | | | | | | |
| | | | | | | | | | | |
| | | | | | | | | | | |
| | | | | | | | | | | |

供销主管：　　　　　验收主管：　　　　　采购：　　　　　制单：

凭证 2-33

# 材料出仓单

年 月 日　　　　　　　　第　号

| 编号 | 材料 | 名称 | 单位 | 规格 | 数量 | 单价 | 金　额 | | | | | | | |
|---|---|---|---|---|---|---|---|---|---|---|---|---|---|---|
| | | | | | | | 十 | 万 | 千 | 百 | 十 | 元 | 角 | 分 |
| | | | | | | | | | | | | | | |
| | | | | | | | | | | | | | | |
| | | | | | | | | | | | | | | |
| | | | | | | | | | | | | | | |
| 合　计 | | | | | | | | | | | | | | |

记账：　　　　　　　　保管：　　　　　　　　制票：

凭证 2-34

# 材料报废申请表

年 月 日　　　　　　　　第　号

| 编号 | 材料 | 名称 | 单位 | 规格 | 数量 | 单价 | 金　额 | | | | | | | |
|---|---|---|---|---|---|---|---|---|---|---|---|---|---|---|
| | | | | | | | 十 | 万 | 千 | 百 | 十 | 元 | 角 | 分 |
| | | | | | | | | | | | | | | |
| | | | | | | | | | | | | | | |
| | | | | | | | | | | | | | | |
| | | | | | | | | | | | | | | |
| 合　计 | | | | | | | | | | | | | | |
| 报废原因： | | | 生产车间主管意见： | | | 厂部主管意见： | | | | | | | | | |

凭证 2-35

# 广东增值税专用发票

4400141170

发票
广东
发国家税务总局监制

No 03077369
4400141170
3077369

开票日期：2018 年 4 月 8 日

| 购货单位 | 名　　称：甲企业<br>纳税人识别号：12345678AB12345678<br>地址、电话：广东省海珠市香洲区翠香路 53 号 0756-2234567<br>开户行及账号：工行桥南办事处 6212263602031234567 | 密码区 | （略） |
|---|---|---|---|

| 货物或应税劳务、服务名称 | 规格型号 | 单位 | 数量 | 单价 | 金额 | 税率 | 税额 |
|---|---|---|---|---|---|---|---|
| 包装物甲 | | | | | 60 000.00 | 16% | 9 600.00 |
| 合计 | | | | | ￥60 000.00 | | ￥9 600.00 |

| 税价合计（大写） | ⊗陆万玖仟陆佰元整 | （小写）￥69 600.00 |
|---|---|---|

| 销货单位 | 名　　称：B 公司<br>纳税人识别号：12345678CD12345678<br>地址、电话：广东省海珠市香洲区路 53 号 0756-2234567<br>开户行及账号：工行海珠分行 6212263602031234567 | 备注 | B 公司<br>12345678CD12345678<br>发票专用章 |
|---|---|---|---|

收款人：　　　　　复核：　　　　　开票人：　　　　　销货单位：（章）

税总局[2014] 10 号 海南华森实业公司

第三联：发票联 购货方记账凭证

---

凭证 2-36

| 中国工商银行<br>转账支票存根（　）<br>AB/02 00000000<br><br>附加信息<br><br>出票日期　年　月　日<br>收款人：<br>金　额：<br>用　途：<br>单位主管　　会计 | 本支票付款期限十天 | ⊡ 中国工商银行　转账支票（　）　地AB/02 00000000<br>名<br><br>出票日期（大写）　　年　月　日　　付款行名称：<br>收款人：　　　　　　　　　　出票人账号：<br><br>人民币（大写）　　　　　　　亿 千 百 十 万 千 百 十 元 角 分<br><br>用途_____　　　　　　　<br>以上款项请从<br>我账户内支付<br>出票人签章<br><br>复核　　　　　　记账 |
|---|---|---|

西发西收证券有限责任公司 · 2005 年印制

凭证 2-37

# 材料入库验收单

| 类别 | 原料及主要材料 |
|---|---|
| 发票编号 | |

| 编号 | |
|---|---|
| 来源 | |

验收日期：　　年　月　日

| 品名 | 规格 | 单位 | 数量 | | 实际价格 | | | | 计划价 | |
|---|---|---|---|---|---|---|---|---|---|---|
| | | | 来料数 | 实际数 | 单价 | 总价 | 运杂费 | 合计 | 单价 | 总价 |
| | | | | | | | | | | |
| | | | | | | | | | | |
| | | | | | | | | | | |
| | | | | | | | | | | |
| | | | | | | | | | | |
| | | | | | | | | | | |
| | | | | | | | | | | |

供销主管：　　　　　　　　验收主管：　　　　　　　采购：　　　　　　　　制单：

凭证 2-38

# 材料出仓单

年　月　日　　　　　　　　第　号

| 编号 | 材料 | 名称 | 单位 | 规格 | 数量 | 单价 | 金额 | | | | | | | |
|---|---|---|---|---|---|---|---|---|---|---|---|---|---|---|
| | | | | | | | 十万 | 千 | 百 | 十 | 元 | 角 | 分 |
| | | | | | | | | | | | | | |
| | | | | | | | | | | | | | |
| | | | | | | | | | | | | | |
| | | | | | | | | | | | | | |
| 合　　计 | | | | | | | | | | | | | |

记账：　　　　　　　保管：　　　　　　　制票：

第三联：财务　附件　张

凭证 2-39

## 广东增值税专用发票

4400141170

记账 广东 联

（全国统一发票监制章 国家税务总局监制）

No 03088769
4400141170
3088769

开票日期：　年　月　日

| 购货单位 | 名　　　称： | | | | 密码区 | | | |
|---|---|---|---|---|---|---|---|---|
| | 纳税人识别号： | | | | | | | |
| | 地址、电话： | | | | | | | |
| | 开户行及账号： | | | | | | | |

| 货物或应税劳务、服务名称 | 规格型号 | 单　位 | 数　量 | 单价 | 金　额 | 税率 | 税　额 |
|---|---|---|---|---|---|---|---|
| | | | | | | | |

| 税价合计（大写） | | （小写） |
|---|---|---|

| 销货单位 | 名　　　称： | | | 备注 | |
|---|---|---|---|---|---|
| | 纳税人识别号： | | | | |
| | 地址、电话： | | | | |
| | 开户行及账号： | | | | |

收款人：　　　　　　复核：　　　　　　　　　　开票人：　　　　　销货单位：（章）

---

凭证 2-40

## 中国工商银行　进　账　单　（收账通知）　3

2018 年 4 月 25 日

| 出票人 | 全　称 | C公司 | 收款人 | 全　称 | 甲企业 |
|---|---|---|---|---|---|
| | 账　号 | ×××××××××× | | 账　号 | ×××××××××× |
| | 开户银行 | 工行××支行 | | 开户银行 | 工行××支行 |

| 金额 | 人民币（大写） | 贰拾叁万贰仟元整 | 亿 | 千 | 百 | 十 | 万 | 千 | 百 | 十 | 元 | 角 | 分 |
|---|---|---|---|---|---|---|---|---|---|---|---|---|---|
| | | | | | ¥ | 2 | 3 | 2 | 0 | 0 | 0 | 0 | 0 |

| 票据种类 | | 票据张数 | | |
|---|---|---|---|---|
| 票据号码 | | | | |

复核　　　　　　记账　　　　　　　　收款人开户银行签章

凭证 2-41

# 材 料 出 仓 单

年 月 日             第 号

| 编号 | 材料 | 名称 | 单位 | 规格 | 数量 | 单价 | 金额 | | | | | | | |
|---|---|---|---|---|---|---|---|---|---|---|---|---|---|
| | | | | | | | 十万 | 千 | 百 | 十 | 元 | 角 | 分 |
| | | | | | | | | | | | | | |
| | | | | | | | | | | | | | |
| | | | | | | | | | | | | | |
| | | | | | | | | | | | | | |
| 合 计 | | | | | | | | | | | | | |

记账:          保管:                  制票:

第三联：财务   附件   张

---

凭证 2-42

# 广东增值税专用发票

4400141170

No 03088770
4400141170
3088770

开票日期： 年 月 日

| 购货单位 | 名 称：<br>纳税人识别号：<br>地 址、电话：<br>开户行及账号： | | | | | 密码区 | |
|---|---|---|---|---|---|---|---|
| | 货物或应税劳务、服务名称 | 规格型号 | 单 位 | 数 量 | 单 价 | 金 额 | 税率 | 税 额 |
| | | | | | | | | |
| | 税价合计（大写） | | | | | | (小写) | |
| 销货单位 | 名 称：<br>纳税人识别号：<br>地 址、电话：<br>开户行及账号： | | | | | 备注 | |

税总局〔2014〕10 号 海南华森实业公司

收款人：       复核：              开票人：         销货单位：(章)

第一联：记账联   销货方记账凭证

凭证 2-43

## 商业承兑汇票　2

$\dfrac{AB}{01}$ 00000000

出票日期（大写）2018 年 4 月 5 日

| 付款人 | 全　称 | A公司 | 收款人 | 全　称 | 甲企业 |
|---|---|---|---|---|---|
| | 账　号 | ×××××××××× | | 账　号 | ×××××××××× |
| | 开户银行 | ×××××××××× | | 开户银行 | ×××××××××× |

| 出票金额 | 人民币（大写）伍佰捌拾万元整 | | | | | 亿 | 千 | 百 | 十 | 万 | 千 | 百 | 十 | 元 | 角 | 分 |
|---|---|---|---|---|---|---|---|---|---|---|---|---|---|---|---|---|
| | | | | | ¥ | 5 | 8 | 0 | 0 | 0 | 0 | 0 | 0 | 0 | 0 |

| 汇票到期日（大写） | 贰零壹伍年柒月零伍日 | 付款人开户行 | 行号 | ×××××××× |
|---|---|---|---|---|
| 交易合同号码 | ×××××××× | | 地址 | ×××××××× |

本汇票已经承兑，到期无条件支付票款。

承兑人签章

承兑日期　15 年 4 月 5 日

本汇票请予以承兑到期日付款。

出票人签章

此联持票人开户行随托收凭证寄付款人开户行做借方凭证附件

往来核算岗位实操训练

---

凭证 2-44

## 贴现凭证　（代申请书）

填写日期：2018 年 4 月 5 日　　　　　　第　号

| 申请人 | 名　称 | 甲企业 | 贴现汇票 | 种　类 | 商业承兑汇票 | 号码 | ××××××××× |
|---|---|---|---|---|---|---|---|
| | 账　号 | ×××××××××× | | 出票日 | 2018 年 4 月 5 日 | | |
| | 开户银行 | 工商银行××支行 | | 到期日 | 2018 年 7 月 5 日 | | |

| 汇票承兑人（或银行） | 名称 | A公司 | 账号 | ××××××××× | 开户银行 | ××××××××× |
|---|---|---|---|---|---|---|

| 汇票金额（即贴现金额） | 人民币（大写）伍佰捌拾万元整 | | 千 | 百 | 十 | 万 | 千 | 百 | 十 | 元 | 角 | 分 |
|---|---|---|---|---|---|---|---|---|---|---|---|---|
| | | ¥ | 5 | 8 | 0 | 0 | 0 | 0 | 0 | 0 | 0 | 0 |

| 贴现率 每　年 | | 贴现利息 | 千 | 百 | 十 | 万 | 千 | 百 | 十 | 元 | 角 | 分 | 实付贴现金额 | 千 | 百 | 十 | 万 | 千 | 百 | 十 | 元 | 角 | 分 |
|---|---|---|---|---|---|---|---|---|---|---|---|---|---|---|---|---|---|---|---|---|---|---|---|
| | | | | | | ¥ | 5 | 0 | 0 | 0 | 0 | 0 | | | ¥ | 5 | 7 | 9 | 5 | 0 | 0 | 0 | 0 | 0 |

| 兹根据《银行结算办法》的规定，附送　申请贴现，请审核。 | 银行审核 | | 科　目（付）＿＿＿＿ |
|---|---|---|---|
| | | | 对方科目（收）＿＿＿＿ |
| 贴现银行 申请人盖章 | | 负责人：　信贷员：　复核：　记账： | |

此联银行作贴现付出传票

凭证 2-45

# 中国工商银行特种转账贷方传票

## 2018 年 4 月 7 日

<table>
<tr><td rowspan="3">收款人</td><td>全　称</td><td colspan="3">××银行</td><td rowspan="3">付款人</td><td>全　称</td><td colspan="5">甲企业</td></tr>
<tr><td>账　号</td><td colspan="3">××-××-××××</td><td>账　号</td><td colspan="5">×××××××××</td></tr>
<tr><td>开户银行</td><td>工行××支行</td><td>行号</td><td>×××××××××</td><td>开户银行</td><td colspan="2">×××××××××</td><td>行号</td><td colspan="2">×××××××××</td></tr>
<tr><td>金额</td><td>人民币<br>（大写）</td><td colspan="3">伍佰捌拾万元整</td><td colspan="2"></td><td>十亿千百十万千百十元角分</td><td colspan="3">￥5 8 0 0 0 0 0 0 0</td></tr>
<tr><td>原凭证金额</td><td colspan="2">5 850 000.00元</td><td>赔偿金</td><td></td><td colspan="2">科目（贷）<br>对方科目（借）</td><td colspan="4"></td></tr>
<tr><td>原凭证名称</td><td colspan="2">商业承兑汇票</td><td>号　码</td><td></td><td colspan="6"></td></tr>
<tr><td>转账原因</td><td colspan="4">A公司银行账户不足支付</td><td colspan="6"></td></tr>
<tr><td colspan="5" align="right">银行盖章</td><td>会计</td><td>复核</td><td>记账</td><td colspan="3">制票</td></tr>
</table>

作贷方凭证或支款通知　附件　张

------------------------✂------------------------✂------------------------

凭证 2-46

# 商业承兑汇票　　2　　$\frac{AB}{01}$00000000

## 出票日期（大写）　贰零壹捌年零肆月零贰拾日

<table>
<tr><td rowspan="3">付款人</td><td>全　称</td><td colspan="2">A公司</td><td rowspan="3">收款人</td><td>全　称</td><td colspan="2">甲企业</td></tr>
<tr><td>账　号</td><td colspan="2">××××××××××</td><td>账　号</td><td colspan="2">××××××××××</td></tr>
<tr><td>开户银行</td><td colspan="2">××××××××××</td><td>开户银行</td><td colspan="2">××××××××××</td></tr>
<tr><td>出票金额</td><td>人民币<br>（大写）</td><td colspan="2">伍佰捌拾万元整</td><td>亿千百十万千百十元角分</td><td colspan="2">￥5 8 5 0 0 0 0 0 0</td></tr>
<tr><td>汇票到期日<br>（大写）</td><td colspan="3">贰零壹捌年零柒月零贰拾日</td><td>付款人行号</td><td colspan="2">××××××××××</td></tr>
<tr><td>交易合同号码</td><td colspan="3">××××</td><td>开户行地址</td><td colspan="2">××××××××××</td></tr>
<tr><td colspan="4">本汇票已经承兑，到期无条件支付票款。</td><td colspan="3">本汇票请予以承兑于到期日付款。</td></tr>
<tr><td colspan="4" align="center">承兑人签章<br><br>承兑日期　2018 年 7 月 20 日</td><td colspan="3" align="center">出票人签章</td></tr>
</table>

此联持票人开户行随托收凭证寄付款人开户行做借方凭证附件

凭证 2-47

## 广东增值税专用发票

No 03088771

4400141170

4400141170

3088771

开票日期：　　年　月　日

| 购货单位 | 名　　称： | | | | 密码区 | | | |
|---|---|---|---|---|---|---|---|---|
| | 纳税人识别号： | | | | | | | |
| | 地址、电话： | | | | | | | |
| | 开户行及账号： | | | | | | | |

| 货物或应税劳务、服务名称 | 规格型号 | 单位 | 数量 | 单价 | 金额 | 税率 | 税额 |
|---|---|---|---|---|---|---|---|
| | | | | | | | |
| | | | | | | | |
| | | | | | | | |

| 税价合计（大写） | | | （小写） |
|---|---|---|---|

| 销货单位 | 名　　称： | | 备注 |
|---|---|---|---|
| | 纳税人识别号： | | |
| | 地址、电话： | | |
| | 开户行及账号： | | |

收款人：　　　　　复核：　　　　　开票人：　　　　　销货单位：（章）

税总局［2014］10号　海南华森实业公司

第一联：记账联　销货方记账凭证

------✂------------------------------------✂------

凭证 2-48

## 商业承兑汇票　　　2

$\frac{AB}{01}$ 00000000

出票日期（大写）　　年　　月　　日

| 付款人 | 全　称 | | 收款人 | 全　称 | |
|---|---|---|---|---|---|
| | 账　号 | | | 账　号 | |
| | 开户银行 | | | 开户银行 | |

| 出票金额 | 人民币（大写） | 亿 千 百 十 万 千 百 十 元 角 分 |
|---|---|---|

| 汇票到期日（大写） | | 付款人开户行 | 行号 | |
|---|---|---|---|---|
| 交易合同号码 | | | 地址 | |

| 本汇票已经承兑，到期无条件支付票款。 | 本汇票请予以承兑于到期日付款。 |
|---|---|

承兑人签章

承兑日期　年　月　日

出票人签章

此联持票人开户行随托收凭证寄付款人开户行做借方凭证附件

凭证 2-49

广东增值税专用发票

4400141170

账

No 03088772

4400141170

3088772

开票日期： 年 月 日

| 购货单位 | 名　　称： | | | | 密码区 | | | | |
|---|---|---|---|---|---|---|---|---|---|
| | 纳税人识别号： | | | | | | | | |
| | 地址、电话： | | | | | | | | |
| | 开户行及账号： | | | | | | | | |

| 货物或应税劳务、服务名称 | 规格型号 | 单位 | 数量 | 单价 | 金额 | 税率 | 税额 |
|---|---|---|---|---|---|---|---|
| | | | | | | | |
| | | | | | | | |

| 税价合计（大写） | | | | | （小写） | | |
|---|---|---|---|---|---|---|---|

| 销货单位 | 名　　称： | | | 备注 | |
|---|---|---|---|---|---|
| | 纳税人识别号： | | | | |
| | 地址、电话： | | | | |
| | 开户行及账号： | | | | |

收款人： 复核： 开票人： 销货单位：（章）

税总局〔2014〕10号 海南华林实业公司

第一联：记账联 销货方记账凭证

往来核算岗位实操训练

---

凭证 2-50

商业承兑汇票　　2

AB
—— 00000000
01

出票日期
（大写）　　贰零壹捌年零叁月零壹日

| 付款人 | 全　　称 | 乙企业 | | 收款人 | 全　　称 | 甲企业 | |
|---|---|---|---|---|---|---|---|
| | 账　　号 | ×××××××××× | | | 账　　号 | ×××××××××× | |
| | 开户银行 | ×××××××××× | | | 开户银行 | ×××××××××× | |

| 出票金额 | 人民币<br>（大写） | 玖万叁仟玖佰元整 | 亿 千 百 十 万 千 百 十 元 角 分<br>¥ 9 3 6 0 0 0 0 |
|---|---|---|---|

| 汇票到期日<br>（大写） | 贰零壹捌年玖月壹日 | 付款人<br>开户行 | 行号 | ×××××××××× |
|---|---|---|---|---|
| 交易合同号码 | ×××× | | 地址 | ×××××××××× |

| 本汇票已经承兑，到期无条件支付票款。 | 本汇票请予以承兑于到期日付款。 |
|---|---|
| 　　　　　　　承兑人签章<br>承兑日期 2015 年 9 月 1 日 | 　　　　　　　出票人签章 |

此联持票人开户行随托收凭证寄付款人开户行做借方凭证附件

凭证 2-51

# 贴 现 凭 证 （代申请书）

填写日期：2018 年 5 月 1 日　　　　　　　　　第　号

<table>
<tr><td rowspan="3">申请人</td><td>名　称</td><td></td><td rowspan="3">贴现汇票</td><td>种　类</td><td>商业承兑汇票</td><td>号码</td><td></td></tr>
<tr><td>账　号</td><td></td><td>出票日</td><td></td><td></td></tr>
<tr><td>开户银行</td><td></td><td>到期日</td><td></td><td></td></tr>
</table>

| 汇票承兑人（或银行） | 名称 | | 账号 | | | 开户银行 | |
|---|---|---|---|---|---|---|---|

| 汇票金额（即贴现金额） | 人民币（大写） | | | | | | 千 | 百 | 十 | 万 | 千 | 百 | 十 | 元 | 角 | 分 |
|---|---|---|---|---|---|---|---|---|---|---|---|---|---|---|---|---|

| 贴现率 每　年 | | 千 | 百 | 十 | 万 | 千 | 百 | 十 | 元 | 角 | 分 | 实付贴现金额 | 千 | 百 | 十 | 万 | 千 | 百 | 十 | 元 | 角 | 分 |
|---|---|---|---|---|---|---|---|---|---|---|---|---|---|---|---|---|---|---|---|---|---|---|

兹根据《银行结算办法》的规定，附送　申请贴现，请审核。
　　贴现银行 申请人盖章

银行审核

科　目(付)
对方科目(收)

负责人：　　信贷员：　　　复核：　　　记账：

此联银行作贴现付出传票

往来核算岗位实操训练

---

凭证 2-52

# 贴 现 凭 证 （代申请书）

填写日期：2018 年 6 月 1 日　　　　　　　　　第　号

<table>
<tr><td rowspan="3">申请人</td><td>名　称</td><td></td><td rowspan="3">贴现汇票</td><td>种　类</td><td>商业承兑汇票</td><td>号码</td><td></td></tr>
<tr><td>账　号</td><td></td><td>出票日</td><td></td><td></td></tr>
<tr><td>开户银行</td><td></td><td>到期日</td><td></td><td></td></tr>
</table>

| 汇票承兑人（或银行） | 名称 | | 账号 | | | 开户银行 | ×× |
|---|---|---|---|---|---|---|---|

| 汇票金额（即贴现金额） | 人民币（大写） | | | | | | 千 | 百 | 十 | 万 | 千 | 百 | 十 | 元 | 角 | 分 |
|---|---|---|---|---|---|---|---|---|---|---|---|---|---|---|---|---|

| 贴现率 每　年 | | 千 | 百 | 十 | 万 | 千 | 百 | 十 | 元 | 角 | 分 | 实付贴现金额 | 千 | 百 | 十 | 万 | 千 | 百 | 十 | 元 | 角 | 分 |
|---|---|---|---|---|---|---|---|---|---|---|---|---|---|---|---|---|---|---|---|---|---|---|

兹根据《银行结算办法》的规定，附送　申请贴现，请审核。
　　贴现银行 申请人盖章

银行审核

科　目(付)
对方科目(收)

负责人：　　信贷员：　　　复核：　　　记账：

此联银行作贴现付出传票

凭证 2-53

# 中国工商银行特种转账贷方传票

## 2018 年 9 月 1 日

| 收款人 | 全　称 | ××银行 | | | | 付款人 | 全　称 | 甲企业 | | | | | | | | | | | | | |
|---|---|---|---|---|---|---|---|---|---|---|---|---|---|---|---|---|---|---|---|---|
| | 账　号 | ×××××××××× | | | | | 账　号 | ×××××××××× | | | | | | | | | | | | |
| | 开户银行 | 工行××支行 | 行号 | ×××××××× | | | 开户银行 | ×××××××××× | 行号 | ×××××××× | | | | | | | | | | |

| 金额 | 人民币（大写） | 捌万叁仟伍佰叁拾捌元整 | | 十亿 | 千 | 百 | 十 | 万 | 千 | 百 | 十 | 元 | 角 | 分 |
|---|---|---|---|---|---|---|---|---|---|---|---|---|---|---|
| | | | | | | | | ¥ | 8 | 3 | 5 | 3 | 8 | 0 | 0 |

| 原凭证金额 | | 赔偿金 | | 科目(贷) |
|---|---|---|---|---|
| 原凭证名称 | 商业承兑汇票 | 号　码 | | 对方科目(借) |
| 转账原因 | 乙企业银行账户不足支付 | | | |
| | 行 社盖章 | | | 会计　　复核　　记账　　制票 |

作贷方凭证或支款通知　附件　张

往来核算岗位实操训练

---

凭证 2-54

# 产　品　出　仓　单

## 2018 年 4 月 1 日　　　　第　　号

| 编号 | ×产品 | 名称 | 单位 | 规格 | 数量 | 单价 | 金　额 | | | | | | | |
|---|---|---|---|---|---|---|---|---|---|---|---|---|---|---|
| | | | | | | | 十万 | 千 | 百 | 十 | 元 | 角 | 分 | |
| | | | | | 1 000 | 40.00 | ¥ | 4 | 0 | 0 | 0 | 0 | 0 | 0 |
| | | | | | | | | | | | | | | |
| | | | | | | | | | | | | | | |
| | | 合　计 | | | | | ¥ | 4 | 0 | 0 | 0 | 0 | 0 | 0 |

记账：　　　　　　保管：　　　　　　制票：

第三联：财务　附件　张

凭证 2-55

## 广东增值税专用发票

4400141170

广东

账

已国家税务总局监制

No 03088773
4400141170
3088773

开票日期： 年 月 日

| 购货单位 | 名　　　称： | | | | | 密码区 | | | 第一联：记账联　销货方记账凭证 |
|---|---|---|---|---|---|---|---|---|---|
| | 纳税人识别号： | | | | | | | | |
| | 地址、电话： | | | | | | | | |
| | 开户行及账号： | | | | | | | | |
| 货物或应税劳务、服务名称 | 规格型号 | 单位 | 数量 | 单价 | 金额 | 税率 | 税额 | | |
| | | | | | | | | | |
| | | | | | | | | | |
| 税价合计(大写) | | | | | (小写) | | | | |
| 销货单位 | 名　　　称： | | | | | 备注 | | | |
| | 纳税人识别号： | | | | | | | | |
| | 地址、电话： | | | | | | | | |
| | 开户行及账号： | | | | | | | | |

收款人：　　　　复核：　　　　　　　　开票人：　　　　　销货单位：(章)

税总局[2014]10号 海南华森实业公司

---

凭证 2-56

## 广东增值税专用发票

4400141170

广东

账

已国家税务总局监制

No 03088774
4400141170
3088774

开票日期： 年 月 日

| 购货单位 | 名　　　称： | | | | | 密码区 | | | 第一联：记账联　销货方记账凭证 |
|---|---|---|---|---|---|---|---|---|---|
| | 纳税人识别号： | | | | | | | | |
| | 地址、电话： | | | | | | | | |
| | 开户行及账号： | | | | | | | | |
| 货物或应税劳务、服务名称 | 规格型号 | 单位 | 数量 | 单价 | 金额 | 税率 | 税额 | | |
| | | | | | | | | | |
| | | | | | | | | | |
| 税价合计(大写) | | | | | (小写) | | | | |
| 销货单位 | 名　　　称： | | | | | 备注 | | | |
| | 纳税人识别号： | | | | | | | | |
| | 地址、电话： | | | | | | | | |
| | 开户行及账号： | | | | | | | | |

收款人：　　　　复核：　　　　　　　　开票人：　　　　　销货单位：(章)

税总局[2014]10号 海南华森实业公司

往来核算岗位实操训练

凭证 2-57

# 产 品 出 仓 单

2018 年 4 月 2 日　　　　　　　　第　　号

| 编号 | ×产品 | 名称 | 单位 | 规格 | 数量 | 单价 | 金 额 |||||||| 
|---|---|---|---|---|---|---|---|---|---|---|---|---|---|
| | | | | | | | 十 | 万 | 千 | 百 | 十 | 元 | 角 | 分 |
| | ×××产品 | | | | 1 000 | 250 | 2 | 5 | 0 | 0 | 0 | 0 | 0 | 0 |
| | | | | | | | | | | | | | | |
| | | | | | | | | | | | | | | |
| | | | | | | | | | | | | | | |
| 合　　计 |||||| | 2 | 5 | 0 | 0 | 0 | 0 | 0 | 0 |

记账：　　　　　　　　保管：　　　　　　　　制票：

✂- - - - - - - - - - - - - - - - - - - - - - - - - - - - - - - - - - - - - - - - - ✂

凭证 2-58

## 中国工商银行　进　账　单 （收账通知）　3

2018 年 4 月 6 日

| 出票人 | 全　称 | A公司 | 收款人 | 全　称 | 甲企业 | | 亿 | 千 | 百 | 十 | 万 | 千 | 百 | 十 | 元 | 角 | 分 |
|---|---|---|---|---|---|---|---|---|---|---|---|---|---|---|---|---|---|
| | 账　号 | ×××× | | 账　号 | ×××× | | | | | | | | | | | | |
| | 开户银行 | ×××× | | 开户银行 | 工行××支行 | | | | | | | | | | | | |
| 金额 | 人民币（大写） | 柒万叁仟零捌拾元整 | | | | | | | | ¥ | 7 | 3 | 0 | 8 | 0 | 0 | 0 | 0 |
| | 票据种类 | | 票据张数 | | | | | | | | | | | | | | |
| | 票据号码 | | | | | | | | | | | | | | | | |
| | 　复核　　　　　记账 | | | | 收款人开户银行签章 | | | | | | | | | | | | |

凭证 2-59

## 中国工商银行 进 账 单 （收账通知） 3

2018 年 4 月 10 日

| 出票人 | 全 称 | 乙企业 | | 收款人 | 全 称 | 甲企业 | |
|---|---|---|---|---|---|---|---|
| | 账 号 | ×××× | | | 账 号 | ×××× | |
| | 开户银行 | ×××× | | | 开户银行 | 工行××支行 | |

| 金额 | 人民币(大写) | 陆拾捌万肆仟元整 | 亿 千 百 十 万 千 百 十 元 角 分 |
|---|---|---|---|
| | | | ¥ 6 8 4 0 0 0 0 0 |

| 票据种类 | | 票据张数 | |
|---|---|---|---|
| 票据号码 | | | |

复核　　　　　　记账　　　　　　收款人开户银行签章

此联是收款人开户银行交给收款人的收账通知

往来核算岗位实操训练

凭证 2-60

广东增值税专用发票

4400141170

No 03088775
4400141170
3088775

开票日期：　年 月 日

税总局[2014]10 号 海南华森实业公司

| 购货单位 | 名 称： | | | | 密码区 | | |
|---|---|---|---|---|---|---|---|
| | 纳税人识别号： | | | | | | |
| | 地 址、电 话： | | | | | | |
| | 开户行及账号： | | | | | | |

| 货物或应税劳务、服务名称 | 规格型号 | 单 位 | 数 量 | 单 价 | 金 额 | 税率 | 税 额 |
|---|---|---|---|---|---|---|---|
| | | | | | | | |
| | | | | | | | |

| 税价合计(大写) | | (小写) |
|---|---|---|

| 销货单位 | 名 称： | | 备注 | |
|---|---|---|---|---|
| | 纳税人识别号： | | | |
| | 地 址、电 话： | | | |
| | 开户行及账号： | | | |

收款人：　　　　　复核：　　　　　　开票人：　　　　　销货单位：(章)

第一联：记账联 销货方记账凭证

109

凭证 2-61

# 产品出仓单

2018 年 4 月 12 日                                                第   号

| 编号 | ×产品 | 名称 | 单位 | 规格 | 数量 | 单价 | 金 额 | | | | | | | |
|------|-------|------|------|------|------|------|------|---|---|---|---|---|---|---|
| | | | | | | | 十 | 万 | 千 | 百 | 十 | 元 | 角 | 分 |
| | ×××产品 | | | | 1 000 | 60 | ¥ | 6 | 0 | 0 | 0 | 0 | 0 | 0 |
| | | | | | | | | | | | | | | |
| | | | | | | | | | | | | | | |
| | | | | | | | | | | | | ' | | |
| 合 计 | | | | | | | ¥ | 6 | 0 | 0 | 0 | 0 | 0 | 0 |

记账:                     保管:                          制票:

凭证 2-62

# 中国工商银行 进 账 单 (收账通知) 3

2018 年 4 月 30 日

| 出票人 | 全 称 | 丙企业 | 收款人 | 全 称 | 甲企业 | | | | | | | | | | |
|--------|-------|--------|--------|-------|--------|---|---|---|---|---|---|---|---|---|---|
| | 账 号 | ×××× | | 账 号 | ×××× | | | | | | | | | | |
| | 开户银行 | ×××× | | 开户银行 | 中国工商银行××支行 | | | | | | | | | | |
| 金额 | 人民币(大写) | 壹拾伍万叁仟玖佰元整 | | | | 亿 | 千 | 百 | 十 | 万 | 千 | 百 | 十 | 元 | 角 | 分 |
| | | | | | | | | ¥ | 1 | 5 | 3 | 9 | 0 | 0 | 0 | 0 |
| | 票据种类 | | 票据张数 | | | | | | | | | | | | |
| | 票据号码 | | | | | | | | | | | | | | |
| | 复核 | 记账 | | 收款人开户银行签章 | | | | | | | | | | | |

凭证 2-63

中国工商银行
转账支票存根（ ）
$\frac{AB}{02}$ 00000000

附加信息
_____
_____

出票日期　年 月 日

收款人：
金　额：
用　途：

单位主管　　会计

本支票付款期限十天

中国工商银行　转账支票（ ）
　　　　　　　　　　　　　　　地 $\frac{AB}{02}$ 00000000
　　　　　　　　　　　　　　　名

出票日期（大写）　　年 月 日　付款行名称：
收款人：　　　　　　　　　　　出票人账号：

人民币
（大写）

| 亿 | 千 | 百 | 十 | 万 | 千 | 百 | 十 | 元 | 角 | 分 |
|---|---|---|---|---|---|---|---|---|---|---|

用途 _____

以上款项请从
我账户内支付
出票人签章

复核　　　　　　　　　记账

凭证 2-64

广东增值税专用发票

4400141170

No 03075064
4400141170
3075064

开票日期：2018 年 4 月 3 日

| 购货单位 | 名　　称：甲企业<br>纳税人识别号：12345678AB12345678<br>地址、电话：广东省海珠市香洲区翠香路 53 号 0756-2234567<br>开户行及账号：工行桥南办事处 6212263602031234 5678 | 密码区 | （略） |
|---|---|---|---|

| 货物或应税劳务、服务名称 | 规格型号 | 单位 | 数量 | 单价 | 金　额 | 税率 | 税　额 |
|---|---|---|---|---|---|---|---|
| P 材料 | | 千克 | 1 000 | 90.00 | 90 000.00 | 16% | 14 400.00 |
| 合计 | | | | | ￥90 000.00 | | ￥14 400.00 |

| 税价合计（大写） | ⊗壹拾万肆仟肆佰元整 | | （小写）￥104 400.00 |
|---|---|---|---|

| 销货单位 | 名　　称：A 公司<br>纳税人识别号：34235678CD12345678<br>地址、电话：广东省海珠市红洲区路 95 号 0756-2289556<br>开户行及账号：工行海珠分行 6212263602031256 8978 | 备注 | A 公司<br>34235678CD12345678<br>发票专用章 |
|---|---|---|---|

收款人：　　　　复核：　　　　　　　　开票人：　　　　销货单位：（章）

凭证 2-65

# 材料入库验收单

| 类别 | 原料及主要材料 |
|---|---|
| 发票编号 | |

| 编号 | |
|---|---|
| 来源 | |

验收日期：　　年　月　日

| 品名 | 规格 | 单位 | 数量 | | 实际价格 | | | | 计划价 | |
|---|---|---|---|---|---|---|---|---|---|---|
| | | | 来料数 | 实际数 | 单价 | 总价 | 运杂费 | 合计 | 单价 | 总价 |
| | | | | | | | | | | |
| | | | | | | | | | | |
| | | | | | | | | | | |
| | | | | | | | | | | |
| | | | | | | | | | | |
| | | | | | | | | | | |

供销主管：　　　　　　验收主管：　　　　　　采购：　　　　　　制单：

- - - ✂ - - - - - - - - - - - - - - - - - - - - - - - - - - - - ✂ - - -

凭证 2-66

## 中国工商银行　进　账　单　（收账通知）　3

### 2018 年 4 月 3 日

| 出票人 | 全　　　称 | 甲企业 | 收款人 | 全　　　称 | A 公司 |
|---|---|---|---|---|---|
| | 账　　　号 | ×××× | | 账　　　号 | ×××× |
| | 开户银行 | ×××× | | 开户银行 | 中国工商银行××支行 |

| 金额 | 人民币（大写） | 壹万伍仟陆佰元整 | 亿 | 千 | 百 | 十 | 万 | 千 | 百 | 十 | 元 | 角 | 分 |
|---|---|---|---|---|---|---|---|---|---|---|---|---|---|
| | | | | | | | ¥ | 1 | 5 | 6 | 0 | 0 | 0 | 0 |

| 票据种类 | | 票据张数 | |
|---|---|---|---|
| 票据号码 | | | |

复核　　　　　　记账　　　　　　收款人开户银行签章

此联是收款人开户银行交给收款人的收账通知

凭证 2-67

## 广东增值税专用发票

4400141170

No 03078036
4400141170
3078036

开票日期：2018 年 4 月 5 日

| 购货单位 | 名　　称：甲企业 纳税人识别号：12345678AB12345678 地　址、电话：广东省海珠市香洲区翠香路 53 号 0756-2234567 开户行及账号：工行桥南办事处 6212263602031234 5678 | 密码区 | （略） |
|---|---|---|---|

| 货物或应税劳务、服务名称 | 规格型号 | 单位 | 数量 | 单价 | 金额 | 税率 | 税额 |
|---|---|---|---|---|---|---|---|
| Q 材料 | | 千克 | 500 | 200.00 | 10 000.00 | 16% | 16 000.00 |
| 合计 | | | | | ￥10 000.00 | | ￥16 000.00 |

| 税价合计（大写） | ⊗壹万壹仟陆佰元整 | （小写）￥11 600.00 |
|---|---|---|

| 销货单位 | 名　　称：乙企业 纳税人识别号：34137878CD12345678 地　址、电话：广东省海珠市金湾区北翔 12 号 0756-7222398 开户行及账号：工行海珠市金湾支行 6212263602031235678 | 备注 | 乙企业 34137878CD12345678 发票专用章 |
|---|---|---|---|

收款人：　　　　复核：　　　　开票人：　　　　销货单位：（章）

第三联：发票联 购货方记账凭证

---

凭证 2-68

## 材料入库验收单

| 类别 | 原料及主要材料 | 编号 | |
|---|---|---|---|
| 发票编号 | | 来源 | |

验收日期：　　年　　月　　日

| 品名 | 规格 | 单位 | 数量 | | 实际价格 | | | | 计划价 | |
|---|---|---|---|---|---|---|---|---|---|---|
| | | | 来料数 | 实际数 | 单价 | 总价 | 运杂费 | 合计 | 单价 | 总价 |
| | | | | | | | | | | |
| | | | | | | | | | | |
| | | | | | | | | | | |
| | | | | | | | | | | |
| | | | | | | | | | | |
| | | | | | | | | | | |

供销主管：　　　　验收主管：　　　　采购：　　　　制单：

凭证 2-69

## 中国工商银行　信汇凭证　（回单）　1

委托日期　年　月　日　　　　　　第　号

| 汇款人 | 全　称 | | 收款人 | 全　称 | |
|---|---|---|---|---|---|
| | 账　号 | | | 账　号 | |
| | 汇出地点 | 省　　市/县 | | 汇入地点 | 省　　市/县 |

| 汇出行名称 | | 汇入行名称 | 工行星海市支行营业部 |
|---|---|---|---|

| 金额 | 人民币<br>（大写） | | 亿 千 百 十 万 千 百 十 元 角 分 |
|---|---|---|---|

支付密码

附加信息及用途

汇入行签章　　　　　　　复核：　　　　记账：

此联汇款行给汇款人的回单

往来核算岗位实操训练

---

凭证 2-70

## 借　据

部门：王平　　　　　2018 年 4 月 8 日　　　　No. ××××

今借到：

人民币(大写)：　叁仟元整

用　　　途：　预借差旅费

第四联：会计记账

负责人：　财务主管：　部门主管：　会计：　出纳：　经手人：

凭证 2-71

# 差旅费报销单

单位名称：甲企业　　　　　　　填报日期：2018 年 4 月 10 日　　　　　　　　单位：元

| 姓名 | 李青 | 职级 | ××××××× | 出差事由 | 开会 | 出差时间 | 计划 | ××× 天 |
|------|------|------|---------|---------|------|---------|------|--------|
|      |      |      |         |         |      |         | 实际 | ××× 天 |

| 日期 | | 起止地点 | | 飞机、车、船票 | | 其 他 费 用 | | | |
|---|---|---|---|---|---|---|---|---|---|
| 月 | 日 | 起 | 止 | 类别 | 金额 | 项目 | 标准 | 计算天数 | 核报金额 |
| × | × | ××× | ××× | ××× | ××× | 住宿费 包干报销 | 200.00 | 5 | 1 000.00 |
| × | × | ××× | ××× | ××× | ××× | 限额报销 | ××× | ××× | ××× |
|  |  |  |  |  |  | 伙食补助费 | 40.00 | 5 | 200.00 |
|  |  |  |  |  |  | 车、船补助费 | ××× | ××× | ××× |
|  |  |  |  |  |  | 其他杂支 | ××× | ××× | ××× |
|  |  |  |  |  |  | 小计 | | | 1 200.00 |

总计金额（大写）　　　　　　　　　　　　　预支：　　　核销：　　　补退：

主管：　　　　　部门：　　　　　审核：　　　　　填报人：

---

凭证 2-72

| 中国工商银行 转账支票存根（　） AB 02 00000000 | 中国工商银行 转账支票（　）　地名 AB 02 00000000 |
|---|---|
| 附加信息 _____ | 出票日期(大写)　年 月 日　付款行名称：<br>收款人：　　　　　出票人账号： |
| 出票日期　年 月 日 | 人民币（大写） ＝＝＝＝＝　亿千百十万千百十元角分 |
| 收款人： | 用途 _____ |
| 金　额： | 以上款项请从我账户内支付 |
| 用　途： | 出票人签章 |
| 单位主管　　会计 | 复核　　　　　记账 |

本支票付款期限十天

西安西钞证券有限责任公司·2005 年印制

凭证 2-73

## 水 电 耗 用 表

2018 年 4 月 11 日　　　　　　　　　　第　号

| 单　位 | 耗电量 | 单　价 | 总　额 | 备　注 |
|---|---|---|---|---|
| 车　　间 | | | 4 000 | |
| 行政部门 | | | 1 700 | |
| 王　　娟 | | | 300 | |
| 合　　计 | | | 6 000 | |

凭证 2-74

## 材 料 盘 盈 （亏）报告单

2018 年 4 月 15 日

仓库:××××　　　　　　　　　　　　　　　　　　　差异率:

| 品名 | 规格 | 单位 | 计划单价 | 数量 | | 金额 | 原因及处理 |
|---|---|---|---|---|---|---|---|
| | | | | 盘盈 | 盘亏 | | |
| ×××× | ×××× | ×××× | | | ××× | 600 | 张元赔偿 |
| | | | | | | | |
| | | | | | | | |
| | | | | | | | |
| | | | | | | | |

主管:　　　　　　　会计:　　　　　　　　　　仓库负责人:　　　　　　　保管:

凭证 2-75

## 工 资 结 算 单

单位:元

| 序号 | 姓名 | 应发工资 | 扣除垫款 | 扣除赔款 | 实发工资 |
|---|---|---|---|---|---|
| 01 | 王娟 | | 300 | | |
| 02 | 张元 | | | 600 | |
| … | | | | | |
| … | | | | | |
| … | | | | | |
| 50 | | | | | |
| 合　计 | | 32 000 | 300 | 600 | 31 100 |

制表人:　　　　　　　审核:　　　　　　　　　　部门主管:

凭证 2-76

中国工商银行
现金支票存根（　）

BB
02 00000000

附加信息
＿＿＿＿＿＿＿＿
＿＿＿＿＿＿＿＿

出票日期　年 月 日

收款人：
金　额：
用　途：

单位主管　　会计

中国工商银行　现金支票（　）

地BB
名02 00000000

出票日期（大写）　年 月 日　付款行名称：
收款人：　　　　　　　　　　出票人账号：

人民币
（大写）

| 亿 | 千 | 百 | 十 | 万 | 千 | 百 | 十 | 元 | 角 | 分 |
|---|---|---|---|---|---|---|---|---|---|---|

用途＿＿＿＿＿
上列款项请从
我账户内支付
出票人签章

本支票付款期限十天

复核　　　　　　记账

---

凭证 2-77

广东增值税专用发票

No 03043056
4400141170
3043056

4400141170

开票日期：2018 年 4 月 20 日

| 名　称：甲企业 | | | | 密 | | |
| 购货单位 纳税人识别号：12345678AB12345678 | | | | 码 | （略） | |
| 地址、电话：广东省海珠市香洲区翠香路 53 号 0756-2234567 | | | | 区 | | |
| 开户行及账号：工行桥南办事处 6212263602031234 5678 | | | | | | |

| 货物或应税劳务、服务名称 | 规格型号 | 单位 | 数量 | 单价 | 金　额 | 税率 | 税　额 |
|---|---|---|---|---|---|---|---|
| P 材料 | | 千克 | 1 000 | 20.00 | 20 000.00 | 16% | 32 000.00 |
| 合计 | | | | | ￥20 000.00 | | ￥32 000.00 |

| 税价合计（大写） | ⊗贰万叁仟贰佰元整 | （小写）￥23 200.00 |
|---|---|---|

| 名　称：乙企业 | | 乙企业 |
| 销货单位 纳税人识别号：34203356GD12345678 | 备注 | |
| 地址、电话：广东省海珠市金湾区洪汇路 48 号 0756-7225423 | | 34203356GD12345678 |
| 开户行及账号：工行海珠市金湾支行 6212263602040887435 | | 发票专用章 |

收款人：　　　　复核：　　　　开票人：　　　　销货单位：（章）

凭证 2-78

# 收　据

2018 年 4 月 20 日　　　　　　　　No.××××

今收到：甲企业

人民币：壹仟元整　￥1 000.00

付款内容：包装物押金

单位盖章：　　　　会计：×××　　　　出纳：×××　　　　经手人：×××

---

凭证 2-79

| 中国工商银行 转账支票存根（） | 中国工商银行　转账支票（）　地 AB/名 02 00000000 |
|---|---|
| AB/02 00000000 | 出票日期(大写)　年 月 日　付款行名称：<br>收款人：　　　　　　　出票人账号： |

本支票付款期限十天

附加信息

出票日期　年 月 日

收款人：
金　额：
用　途：

单位主管　　会计

| 人民币<br>(大写) | 亿 | 千 | 百 | 十 | 万 | 千 | 百 | 十 | 元 | 角 | 分 |
|---|---|---|---|---|---|---|---|---|---|---|---|

用途_____

以上款项请从
我账户内支付
出票人签章

复核　　　　　　记账

---

凭证 2-80

# 现金收款凭证

年　月　日　　　　　　　第　号

| 收款单位 | | 付款单位 | |
|---|---|---|---|
| 金　额 | 大写： | 小写： | |
| 用　途 | | 备注： | |

主管：　　　　出纳：　　　　会计：　　　　审核：

凭证 2-81

# 材料入库验收单

| 类别 | 原料及主要材料 |
|---|---|
| 发票编号 | |

| 编号 | |
|---|---|
| 来源 | |

验收日期：　　年　月　日

| 品名 | 规格 | 单位 | 数量 | | 实际价格 | | | | 计划价 | |
|---|---|---|---|---|---|---|---|---|---|---|
| | | | 来料数 | 实际数 | 单价 | 总价 | 运杂费 | 合计 | 单价 | 总价 |
| | | | | | | | | | | |
| | | | | | | | | | | |
| | | | | | | | | | | |
| | | | | | | | | | | |
| | | | | | | | | | | |
| | | | | | | | | | | |
| | | | | | | | | | | |

供销主管：　　　　　　验收主管：　　　　　　采购：　　　　　　制单：

凭证 2-82

| 中国工商银行 转账支票存根（ ）　BB／02 00000000<br><br>附加信息<br>_____<br>_____<br><br>出票日期　年　月　日<br>收款人：<br>金　额：<br>用　途：<br><br>单位主管　　　会计 | 本支票付款期限十天 | 中国工商银行　转账支票（ ）　地BB名02 00000000<br><br>出票日期(大写)　　　年　月　日　付款行名称：<br>收款人：　　　　　　　　　　出票人账号：<br><br>人民币<br>(大写)<br><br>亿 千 百 十 万 千 百 十 元 角 分<br><br>用途_____<br>以上款项请从<br>我账户内支付<br>出票人签章<br><br>复核　　　　　　　记账 |
|---|---|---|

深圳光华印制有限公司·2007年印制

凭证 2-83

# 借　据

部门：业务部门　　　　　　2018 年 4 月 25 日　　　　　　No. ××××

今借到

人民币(大写)：壹仟元整

用　　途：部门备用金

负责人：××　　财务主管：××　　部门主管：××　　会计：××　　出纳：××　　经手人：××

---✂--------------------------------------------------------------✂---

凭证 2-84

# 收　据

2018 年 4 月 26 日　　　　　　No. ××××

今收到：　　　甲企业财务部

人民币(大写)：伍佰伍拾元整　　小写：550.00

付款内容：报销办公用品，补足备用金

单位盖章：　　　　会计：　　　　出纳：　　　　经手人：

---✂--------------------------------------------------------------✂---

凭证 2-85

# 广东增值税专用发票

 4400153350

广东发票国家税务总局监制章

No 03652513
4400153350
3652513

开票日期：2018 年 4 月 26 日

| 购货单位 | 名　　称：甲企业<br>纳税人识别号：12345678AB12345678<br>地址、电话：广东省海珠市香洲区翠香路 53 号 0756-2234567<br>开户行及账号：工行桥南办事处 6212263602031234 5678 | 密码区 | （略） |
|---|---|---|---|

| 货物或应税劳务、服务名称 | 规格型号 | 单位 | 数量 | 单价 | 金　额 | 税率 | 税　额 |
|---|---|---|---|---|---|---|---|
| 办公用品 | | 个 | 5 | 100.00 | 500.00 | 16% | 80.00 |
| 合计 | | | | | ￥500.00 | | ￥80.00 |

| 税价合计(大写) | ⊗伍佰捌拾元整 | (小写) ￥580.00 |
|---|---|---|

| 销货单位 | 名　　称：乙企业<br>纳税人识别号：34137878CD12345678<br>地址、电话：广东省海珠市金湾区北翔 12 号 0756-7222398<br>开户行及账号：工行海珠市金湾支行 6212263602031235678 | 备注 | 乙企业<br>34137878CD12345678<br>发票专用章 |
|---|---|---|---|

收款人：　　　　复核：　　　　开票人：　　　　销货单位：(章)

凭证 2-86

## 坏 账 准 备 计 提 表

提取率：　　　　　　　　　　　年　　月　　日　　　　　　　　单位:元

| 项　目 | 应收账款 | 坏账准备 |
|---|---|---|
| 月初结存金额 | | |
| 月末结存及提取数 | | |
| 加(减)计提前余额 | | |
| 本月应提坏账准备 | | |

主管：　　　　　　　　复核：　　　　　　　　　　制表：

---✄---------------------------------✄---

凭证 2-87

## 坏 账 处 理 报 告 单

年　　月　　日

| 单 位 名 称 | 金　额 | 原　因 |
|---|---|---|
| | | |
| | | |
| | | |
| 单位领导意见： | 注册会计师认定： | 董事会或主管部门意见： |
| 同意核销 | 属实 | 同意 |

---✄---------------------------------✄---

凭证 2-88

## 坏 账 准 备 计 提 表

提取率：　　　　　　　　　　　年　　月　　日　　　　　　　　单位:元

| 项　目 | 应收账款 | 坏账准备 |
|---|---|---|
| 月初结存金额 | | |
| 月末结存及提取数 | | |
| 加(减)计提前余额 | | |
| 本月应提坏账准备 | | |

主管：　　　　　　　　复核：　　　　　　　　　　制表：

凭证 2-89

## 中国工商银行　进　账　单　（收账通知）　3

2018 年 3 月 8 日

| 出票人 | 全　称 | 乙企业 | 收款人 | 全　称 | 甲企业 |
|---|---|---|---|---|---|
| | 账　号 | ×××× | | 账　号 | ×××× |
| | 开户银行 | ×××× | | 开户银行 | 工行××支行 |

| 金额 | 人民币（大写）伍仟元整 | 亿 | 千 | 百 | 十 | 万 | 千 | 百 | 十 | 元 | 角 | 分 |
|---|---|---|---|---|---|---|---|---|---|---|---|---|
| | | | | | | | ¥ | 5 | 0 | 0 | 0 | 0 | 0 |

| 票据种类 | | 票据张数 | |
|---|---|---|---|
| 票据号码 | | | |

复核　　　　　　　记账　　　　　　　收款人开户银行签章

凭证 2-90

## 坏账处理报告单

年　　月　　日

| 单 位 名 称 | 金 额 | 原 因 |
|---|---|---|
| | | |
| | | |
| 单位领导意见： | 注册会计师认定： | 董事会或主管部门意见： |
| 同意核销 | 属实 | 同意 |

凭证 2-91

## 坏 账 准 备 计 提 表

提取率：　　　　　　　　　　年　月　日　　　　　　　　　　单位:元

| 项　目 | 应 收 账 款 | 坏 账 准 备 |
|---|---|---|
| 月初结存金额 | | |
| 月末结存及提取数 | | |
| 加(减)计提前余额 | | |
| 本月应提坏账准备 | | |

主管：　　　　　　　　复核：　　　　　　　　制表：

---✂-------------------------------------------------✂---

凭证 2-92

## 坏账处理报告单

年　月　日

| 单 位 名 称 | 金　额 | 原　因 |
|---|---|---|
| | | |
| | | |
| | | |
| 单位领导意见：<br><br>同意核销 | 注册会计师认定：<br><br>属实 | 董事会或主管部门意见：<br><br>同意 |

---✂-------------------------------------------------✂---

凭证 2-93

## 坏 账 准 备 计 提 表

提取率：　　　　　　　　　　年　月　日　　　　　　　　　　单位:元

| 项　目 | 应 收 账 款 | 坏 账 准 备 |
|---|---|---|
| 月初结存金额 | | |
| 月末结存及提取数 | | |
| 加(减)计提前余额 | | |
| 本月应提坏账准备 | | |

主管：　　　　　　　　复核：　　　　　　　　制表：

项 目 **3**

# 投资核算岗位
# 实操训练

**职业能力目标：**

◆ 专业能力：学生通过采取系统的行动以明确流动资产投资、非流动资产投资业务管理和核算的步骤；学生应注重本岗位业务管理的规章制度的学习和应用；熟练掌握凭证、账簿和工具的使用；熟练操作投资业务完整的核算过程。

◆ 职业能力：鼓励以小组形式组织学生实训，有利于提高学生的团队工作计划和实施能力，并有利于提高学生的整体组织和管理能力；学生应扩展、延伸相应的知识和技能，并具备线上、线下收集相关信息的能力。

**典型工作任务：**

投资类型的选择、合同的签订与审核、各类投资的取得、持有期间、期末的核算与处置的核算、公允价值的核算；固定资产的采购、建设、捐赠的核算、折旧的计提、处置的核算等；无形资产的取得、摊销、处置的核算等。

# 项目 3-1　岗位工作任务训练内容与难点

**1. 训练内容**

◆ 投资的分类

◆ 交易性金融资产、持有至到期投资、可供出售金融资产的核算

◆ 长期股权投资成本法和权益法的核算

◆ 固定资产的初始计量、计提折旧、后续计量及处置的核算

◆ 无形资产的取得、摊销、期末计价及处置的核算

**2. 训练难点**

◆ 交易性金融资产的核算（划分条件）

（1）取得该金融资产的目的主要是为了近期出售，包括债券投资、股票投资、基金投资、权证投资等和直接指定为以公允价值计量且其变动计入当期损益的金融资产。

（2）属于进行集中管理可辨认金融工具组合的一种。

（3）属于衍生金融工具，如国债期货、远期合同、股指期货等。其公允价值变动大于零时，应将其相关变动金额确认为交易性金融资产。

其核算内容包括：交易性金融资产的取得；交易性金融资产持有期间现金股利和利息的核算；交易性金融资产的期末计价；交易性金融资产的处置。

◆ 持有至到期投资的核算

持有至到期投资是指到期日固定、回收金额固定或可确定，且企业有明确意图和能力持有至到期的非衍生金融资产。

其核算内容包括：持有至到期投资的取得；资产负债表日，持有至到期投资利息的核算；将持有至到期投资重分类为可供出售金融资产的核算；持有至到期投资出售的核算。

◆ 可供出售金融资产公允价值变动与减值的核算

可供出售金融资产是指初始确认时即被指定为可供出售的非衍生金融资产。如：企业购入的在活跃市场上有报价的股票、债券和基金等；没有划分为以公允价值计量且其变动计入当期损益的金融资产或持有至到期投资等金融资产。

其核算方法包括：可供出售金融资产的取得；资产负债表日，可供出售金融资产利息的核算；资产负债表日，可供出售金融资产公允价值变动的核算；可供出售金融资产发生减值的核算；将持有至到期投资重分类为可供出售金融资产的核算；可供出售金融资产出售的核算。

◆ 长期股权投资的核算

长期股权投资包括企业持有的对其子公司、合营企业和联营企业的权益性投资以及企业持有的对被投资单位不具有控制、共同控制或重大影响，且在活跃市场中没有报价、公允价值不能可靠计量的权益性投资。

其核算方法包括：采用成本法核算的长期股权投资和采用权益法核算的长期股权

投资。

成本法核算的长期股权投资内容包括:取得长期股权投资时成本的计价;长期股权投资持有期间现金股利和利润的核算;处置长期股权投资的核算。

权益法核算的长期股权投资内容包括:取得长期股权投资时成本的计价;长期股权投资持有期间被投资企业实现净利润或发生净亏损时的核算;处置长期股权投资时的核算。

◆ 固定资产的初始计量及其核算

固定资产的初始计量是指固定资产初始成本的确定。固定资产的成本是指企业购建某项固定资产达到预定可使用状态前所发生的一切合理、必要的支出。这些支出包括直接发生的价款、运杂费、包装费和安装成本等。固定资产的取得方式主要包括购买、自行建造、融资租入等,取得方式不同,初始计量方法也各不相同。

◆ 固定资产的后续计量及其核算

固定资产后续计量是指固定资产在使用过程中发生的更新改造支出、修理费用等的计量。固定资产后续支出,符合固定资产确认条件的,应当计入固定资产成本;不符合固定资产确认条件的,应当在发生时计入当期损益。

◆ 固定资产折旧及其核算

固定资产折旧是指在固定资产使用寿命内,按照确定的方法对应计折旧额进行分摊。固定资产的折旧方法包括年限平均法、工作量法、双倍余额递减法和年数总和法等。固定资产的折旧方法一经确定,不得随意变更。

企业应当按月计提固定资产折旧,当月增加的固定资产,当月不计提折旧,从下月起计提折旧;当月减少的固定资产,当月仍提折旧,从下月起停止计提折旧。固定资产提足折旧后,不管是否继续使用,均不再提取折旧;提前报废的固定资产,也不再补提折旧。

◆ 固定资产的处置及其核算

固定资产处置包括固定资产的出售、转让、报废和毁损、对外投资、非货币性资产交换、债务重组等。企业出售、转让、报废固定资产或发生固定资产毁损,应当将处置收入扣除账面价值和相关税费后的金额计入当期损益。固定资产账面价值是固定资产成本扣减累计折旧和累计减值准备后的金额。固定资产处置一般通过"固定资产清理"账户进行核算。

◆ 无形资产取得的确认、计量训练

企业取得无形资产时,应按其成本进行初始计量。企业取得无形资产的主要方式有:外购、自行研究开发、投资者投入、以非货币性资产交换、债务重组、政府补助和企业合并取得等。

◆ 无形资产处置的账务处理

无形资产的处置包括出售,毁损和报废。企业出售无形资产,应当将取得的价款扣除该无形资产账面价值以及出售时发生的相关税费后的差额计入营业外收入或营业外支出。无形资产预期不能为企业带来经济利益的,应当将该无形资产的账面价值予以转销。

◆ 无形资产的期末计价

企业应当在资产负债表日判断无形资产是否存在可能发生减值的迹象。因企业合并所形成的商誉和使用寿命不确定的无形资产,无论是否存在减值迹象,每年都应当进行减值测试。有减值迹象的应当计提减值准备。

# 项目 3-2　岗位工作任务训练要求与目的

## 1. 训练要求

投资是企业为增加财富,或谋求其他利益,而将其他资产让渡给其他单位所获得的另一项资产,是企业在生产经营活动中增资、扩股,扩大企业规模、增强企业实力的重要组成部分。学生通过对本模块的学习,应掌握企业不同形式的投资活动所采用的不同的财务核算方法,熟悉固定资产包括的具体内容,掌握无形资产摊销的计算方法并在实务中能正确应用。

## 2. 训练目的

学生通过本项目相关知识的具体操作实训,基本能将所学的投资的相关核算方法由理论上升到实践的层面,与实际工作相对接。

# 项目 3-3　岗位工作任务训练

## 任务 1　短期和长期投资核算的实操训练

### 任务 1-1　交易性金融资产核算的训练

1. 2018 年 5 月 5 日,甲企业在证券公司购入 B 公司股票 100 万股,每股面值 12 元,购入的该股票作为交易性金融资产。该股票在交易日的公允价值为 12 000 000 元,另支付交易费用 32 000 元。(凭证 3-1 和凭证 3-2)

**要求:**

◇ 根据经济业务填制原始凭证。

◇ 根据原始凭证进行会计处理并填制有关记账凭证。

◇ 根据记账凭证登记相关账簿。

2. 2018 年 5 月 6 日,甲企业与 B 公司达成协议,协议内容如下:购入 B 公司发行的公司债券,该债券是 B 公司于 2017 年 11 月 1 日发行的,面值为 40 000 000 元,票面利率为 5％,债券利息按年支付。甲企业将其划分为交易性金融资产,支付价款 41 000 000 元(其中包含已宣告发放的债券利息 1 000 000 元),另支付交易费 450 000 元。2018 年 6 月 6 日,甲企业收到 B 公司支付的债券利息 1 000 000 元。2019 年 1 月 18 日,甲企业收到债券利息 2 000 000 元。(凭证 3-3 至凭证 3-6)

假设 2018 年 8 月 30 日,甲企业购买的该笔债券的公允价值为 43 000 000 元;2018 年年末,甲企业购买的该笔债券的公允价值为 40 800 000 元。(凭证 3-7)

假设 2019 年 1 月 18 日,甲企业将所持有的 B 公司债券全部出售,售价为 42 000 000 元,收到存款。(凭证 3-8 至凭证 3-10)

**要求:**

◇ 根据经济业务填制原始凭证。

◇ 根据原始凭证进行会计处理并填制有关记账凭证。

◇ 根据记账凭证登记相关账簿。

### 任务 1-2　持有至到期投资核算的训练

1. 2018 年 5 月 2 日,甲企业购入丙企业于 2017 年 5 月 1 日发行的面值为 700 000 元、期限为 5 年、票面利率为 5%,每年年末支付利息、到期还本的债券作为持有至到期投资,实际支付的价款为 720 000 元(含已到付息期但尚未支付的利息 30 000 元)。(凭证 3-11 至凭证 3-13)

**要求:**

◇ 根据经济业务填制原始凭证。

◇ 根据原始凭证进行会计处理并填制有关记账凭证。

◇ 根据记账凭证登记相关账簿。

2. 2017 年 3 月 1 日,甲企业购入 H 公司债券 30 000 000 元。2018 年 4 月,由于市场因素的影响,甲企业持有的、原划分为持有至到期投资的某公司债券价格持续下跌。为此,甲企业于 5 月 2 日对外出售该持有至到期债券投资 50%,收取价款 17 000 000 元(即所出售债券的公允价值)。假定 5 月 2 日该债券出售前的账面余额(成本)为 30 000 000 元(公允价值为 31 500 000 元),余下的 50%,甲企业公司将其划分为可供出售金融资产,假定不考虑债券出售等其他相关因素的影响。(凭证 3-14 和凭证 3-15)

假定 6 月 20 日,将该债券全部出售,收取价款 16 500 000 元。(凭证 3-16 至凭证 3-18)

**要求:**

◇ 根据经济业务填制原始凭证。

◇ 根据原始凭证进行会计处理并填制有关记账凭证。

◇ 根据记账凭证登记相关账簿。

3. 2018 年 1 月 2 日,甲企业以 20 000 元的价款(含交易费用)从上海证券交易所购入 H 公司 3 年期债券,面值为 24 000 元,票面利率为 5%,按年支付利息(每年 12 000 元),本金最后一年支付,实际利率为 10%。甲企业有意图也有能力将该债券持有到期,假定不考虑所得税、减值损失等。(凭证 3-19 和凭证 3-20)

相关数据计算见表 3-1。

表 3-1

**数据计算表**                                                    单位:元

| 年份 | 期初摊余成本(a) | 实际利息(b)<br>(按10%计算) | 票面利息<br>现金流入(c) | 期末摊余成本<br>d=(a+b-c) |
|---|---|---|---|---|
| 2018 年年初 | | | | 20 000 |
| 2018 年年末 | 20 000 | 2 000 | 1 200 | 20 800 |
| 2019 年年末 | 20 800 | 2 080 | 1 200 | 21 680 |
| 2020 年年末 | 21 680 | 3 520* | 24 000+1200 | 0 |

* 尾数调整。

**要求:**

◇ 根据经济业务填制原始凭证。

◇ 根据原始凭证及表格内容进行会计处理并填制有关记账凭证。

◇ 根据记账凭证登记相关账簿。

**任务 1-3　可供出售金融资产核算的训练**

1. 甲企业于 2018 年 5 月 8 日购入 B 公司股票 200 万股,占 B 公司有表决权股份的 0.5%,共支付价款 10 212 000 元(含交易费用 12 000 元、已宣告发放现金股利 200 000 元),A 公司将其划分为可供出售金融资产。(凭证 3-21 和凭证 3-22)

2018 年 5 月 12 日,甲企业收到 B 公司发放的现金股利 200 000 元。(凭证 3-23)

2018 年 7 月 30 日,该股票市价为 5.2 元/股。(凭证 3-24)

2018 年 12 月 31 日,该股票市价为 5 元/股。(凭证 3-25)

2019 年 3 月 16 日,B 公司宣告发放股利 40 000 000 元。(凭证 3-26)

2019 年 3 月 21 日,甲企业收到 B 公司发放的现金股利。(凭证 3-27)

2019 年 3 月 31 日,甲企业将持有的 B 公司股票以 5.1 元/股的价格全部出售。(凭证 3-28 至凭证 3-30)

假设不考虑其他因素。

**要求:**

◇ 根据经济业务填制原始凭证。

◇ 根据原始凭证及表格内容进行会计处理并填制有关记账凭证。

◇ 根据记账凭证登记相关账簿。

**任务 1-4　长期股权投资核算的训练**

**1. 成本法核算**

甲企业于 2018 年 5 月 6 日购入 A 股份有限公司的股票 80 000 股准备长期持有,占 A 股份有限公司 10% 的股份。买入价为 21 元/股(含已宣告分派的现金股利 0.5 元/股),另支付交易费用 20 000 元,以银行存款支付,暂不考虑其他税费。(凭证 3-31 至凭证 3-33)

6 月 1 日,收到购买股票时包含的现金股利 40 000 元。(凭证 3-34)

7 月 30 日,收到 A 股份有限公司宣告并发放的现金股利 60 000 元。(凭证 3-35)

8月8日,甲企业将其持有的股票以24元/股的价格出售,支付相关税费6 000元,取得价款1 914 000元,收存银行。该长期股权投资账面价值为1 660 000元,不考虑其他因素。(凭证3-36至凭证3-38)

要求:

◇ 根据经济业务填制原始凭证。

◇ 根据原始凭证及表格内容进行会计处理并填制有关记账凭证。

◇ 根据记账凭证登记相关账簿。

**2. 权益法核算**

甲企业于2018年1月6日购买C股份有限公司发行的股票8 000 000股准备长期持有,占C股份有限公司20%的股份。买入价为5元/股,另外支付相关税费800 000元,款项以银行存款支付。此时C股份有限公司所有者权益的账面价值(与其公允价值不存在差异)为200 000 000元。(凭证3-39至凭证3-41)

2018年年末,C股份有限公司实现净利润16 000 000元。甲企业按照所持C公司股份的比例可确认投资收益3 200 000元。(凭证3-42)

2019年6月30日,C股份有限公司宣告发放现金股利,每10股派2元,甲企业可分派到1 600 000元。(凭证3-43)

2019年7月3日,甲企业收到C公司分派的现金股利。(凭证3-44)

2019年9月3日,甲企业以8元/股的价格出售C公司的全部股票,款项收存银行。(凭证3-45至凭证3-47)

要求:

◇ 根据经济业务填制原始凭证。

◇ 根据原始凭证进行会计处理并填制有关记账凭证。

◇ 根据记账凭证登记相关账簿。

☞ 难点思考:

1. 交易性证券投资、可供出售金融资产的投资、持有至到期投资三种投资有什么区别?

2. 什么是权益性投资? 其核算有什么不同?

☞ 知识链接:

http://bbs.chinaacc.com/forum-2-13/topic-2247167.html

长期股权投资成本法与权益法的区别。

## 任务2 固定资产的管理与核算的实操训练

### 任务2-1 计算题

1. 甲企业有一项固定资产,其原值为250 000元,预计能使用4年,预计残值为3 000元,预计清理费用为1 000元。

要求:根据上述资料分别采用年限平均法、年数总和法、双倍余额递减法计算该固定资产每年的折旧额。

2. 某公司有一台车床,原始价值为 120 000 元,预计净残值率为 3%,预计总工时数为 30 000 工时。某月该车床使用了 300 工时,试求当月应计折旧额。

3. 甲企业于 2018 年 12 月 31 日购入的一台管理用设备,原始价值为 110 000 元,原估计使用年限为 10 年,预计净残值为 6 000 元,按直线法计提折旧。由于技术进步以及更新办公设施的原因,已不能继续按原定使用年限计提折旧,于 2017 年 1 月 1 日决定将该设备的折旧年限改为 7 年,预计净残值为 2 500 元。如改按新的使用年限计提折旧后,这台设备每年的折旧额和每月的折旧额分别是多少?

### 任务 2-2  固定资产取得、使用、折旧、处置的训练

1. 甲企业为增值税一般纳税人,适用的增值税税率为 16%,所得税税率为 25%。2018 年度发生下列经济业务:

(1)5 月 6 日,从 B 公司购入一台需要安装的设备,发票价款为 300 000 元,增值税额为 48 000 元,含税运费 6 600 元、安装费 10 000 元,上述款项用银行存款支付,设备已安装完毕并交付使用。(凭证 3-48 至凭证 3-52)。

(2)5 月 8 日,接受 C 公司捐赠的一台全新车床,随设备附有 C 公司提供的增值税专用发票,载明价税合计数为 232 000 元,甲企业另用银行存款支付含税运费 1 100 元。(凭证 3-53 至凭证 3-56)。

(3)5 月 10 日,用银行存款支付行政管理部门固定资产日常维修费 1 000 元。(凭证 3-57 和凭证 3-58)。

(4)年末,对固定资产进行清查时,发现未入账设备一台,该设备的重置完全价值为 100 000 元,成新率为 80%,盘盈设备经批准后转入营业外收入。(凭证 3-59)。

**要求:**

◇ 根据经济业务填制原始凭证。

◇ 根据原始凭证填制有关记账凭证。

◇ 根据记账凭证登记相关账簿。

2. 2018 年 5 月 12 日,甲企业购入一台不需要安装的设备,增值税专用发票上注明的设备买价为 150 000 元,增值税额为 24 000 元,对方代垫含税运费 1 500 元,上述款项已用银行存款支付,设备已运回投入生产。(凭证 3-60 至凭证 3-62)。

**要求:**

◇ 根据经济业务填制原始凭证。

◇ 根据原始凭证填制有关记账凭证。

◇ 根据记账凭证登记相关账簿。

3. 甲企业为降低采购成本,于 2018 年 5 月 12 日向 B 公司一次购进了 4 套不同型号的且具有不同生产能力的设备甲、乙、丙和丁。甲企业为该批设备共支付货款 500 000 元,增值税额为 80 000 元,含税运费 16 500 元,全部以银行存款支付。假定设备甲、乙、丙和丁均满足固定资产的定义及确认条件,公允价值分别为 200 000 元、

100 000元、160 000和55 000元。暂不考虑其他相关税费。（凭证3-63至凭证3-66）。

**要求：**

◇ 确定设备甲、乙、丙和丁各自的入账价值。

◇ 根据经济业务填制原始凭证。

◇ 根据原始凭证填制有关记账凭证。

◇ 根据记账凭证登记相关账簿。

4. 甲企业于 2018 年 5 月 30 日清理出一台设备，原值为 560 000 元，已提折旧 400 000元，用银行存款支付清理费用 4 500 元，同时以 200 000 元的价格出售给乙企业，所得款项存入银行。（凭证3-67至凭证3-71）。

**要求：**

◇ 根据经济业务填制原始凭证。

◇ 根据原始凭证填制有关记账凭证。

◇ 根据记账凭证登记相关账簿。

5. 甲企业于 2018 年 5 月 16 日开始对某生产线进行改造。该生产线的账面原价为1 500万元，已计提折旧 300 万元，2017 年 12 月 31 日，该生产线计提减值准备 100 万元，在改造过程中，被替换部分设备取得变价收入 10 万元，领用工程物资 60 万元，发生人工费用 20 万元，耗用水电等其他费用 6 万元。在试运行中取得试运行净收入 5 万元。该生产线于 2018 年 12 月 31 日改造完成并投入使用。改造后的生产线使其生产能力和产品质量得到实质性的提高。（凭证3-72至凭证3-80）。

**要求：**

◇ 根据经济业务填制原始凭证。

◇ 根据原始凭证填制有关记账凭证。

◇ 根据记账凭证登记相关账簿。

6. 2018 年 5 月 17 日，甲企业对某车间进行维修，维修过程中领用原材料一批，价值为 20 000 元，为购买该批原材料支付的增值税进项税额为 3 400 元；另支付维修人员工资 5 000 元。（凭证3-81和凭证3-82）。

**要求：**

◇ 根据经济业务填制原始凭证。

◇ 根据原始凭证填制有关记账凭证。

◇ 根据记账凭证登记相关账簿。

7. 2018 年 12 月 31 日，A 公司对一台设备进行检查时发现其可能发生减值。该设备目前的公允价值总额为 2 000 000 元，尚可使用 5 年，预计在未来 4 年内产生的现金流量分别为 500 000 元，第 5 年产生的现金流量以及使用寿命终了处置后形成的现金流量合计为 510 000 元；在考虑相关风险的基础上，A 公司决定采用 6% 的折现率。假设 2018 年 12 月 31 日该设备的账面价值为 2 300 000 元，以前年度没有计提固定资产

减值准备。(凭证3-83)

**要求：**

◇ 计算该设备应计提的固定资产减值准备金额。

◇ 根据经济业务填制原始凭证。

◇ 根据原始凭证填制有关记账凭证。

◇ 根据记账凭证登记相关账簿。

☞ **难点思考：**

1. 固定资产初始计量应注意什么？一笔款项购入多项没有单独标价的固定资产怎么核算？

2. 固定资产折旧有几种方法？具体怎么核算？

☞ **知识链接：**

http://www.chinaacc.com/new/635_649_201102/12le327850146.shtml
固定资产的折旧方法及账务处理。

## 任务3  无形资产和其他长期资产的实操训练

### 任务3-1  计算题

1. 甲企业于2016年5月10日购入一项专利权，实际支付的买价及相关费用为600万元，摊销年限为5年。2018年5月10日，将其对外转让，取得价款300万元，营业税税率为5%。B公司未对该项专利权计提减值准备，转让过程也没发生其他相关费用。请计算转让该无形资产的净损益。

2. 甲企业2014年1月1日购入一项无形资产。该无形资产的实际成本为500万元，摊销年限为10年。2018年12月31日，该无形资产发生减值，可收回金额为180万元。计提减值准备后，假定该无形资产原摊销年限不变。试计算2019年该无形资产的账面余额。

3. 甲企业在筹建期间发生如下支出：工资50万元，其中研发W专利项目人员工资10万元；注册登记、验资费用5万元；办公费用15万元；利息支出30万元，其中可以资本化的20万元。试计算甲企业的长期待摊费用。

### 任务3-2  无形资产和其他长期资产业务的训练

1. 甲企业于2018年5月21日自行开发并按法律程序申请一项专利权，取得时用银行存款支付注册费80 000元。该专利权在研制过程中发生材料费100 000元、开发人员工资50 000元。(凭证3-84至凭证3-87)

**要求：**

◇ 根据经济业务填制空白凭证。

◇ 根据原始凭证填制记账凭证。

◇ 根据记账凭证登记相关账簿。

2. 甲企业于 2018 年 5 月 22 日接受 B 公司的一项专利权作为投资,双方确定的价值为 1 000 000 元,已办妥相关手续。(凭证 3-88)

**要求:**

◇ 根据原始凭证填制记账凭证。

◇ 根据记账凭证登记相关账簿。

3. 2018 年 5 月 22 日,甲企业开出转账支票支付厂部运输设备大修理支出 19 200 元,该运输设备的大修理间隔期为 2 年。(凭证 3-89 至凭证 3-91)

**要求:**

◇ 根据经济业务填制空白凭证。

◇ 根据原始凭证填制记账凭证。

◇ 根据记账凭证登记相关账簿。

4. 2018 年 5 月 26 日,甲企业出售一项专利权的所有权,出售价格为 150 000 元,增值税税率为 10%。出售时无形资产的账面余额为 120 000 元,累计摊销为 10 000 元,计提减值准备 4 000 元。(凭证 3-92 至凭证 3-94)

**要求:**

◇ 根据经济业务填制空白凭证。

◇ 根据原始凭证填制记账凭证。

◇ 根据记账凭证登记相关账簿。

☞ 难点思考:

无形资产有哪些内容? 无形资产是怎么取得的?

☞ 知识链接:

http://bbs.chinaacc.com/forum-2-65/topic-3897413.html

无形资产摊销与核算。

# 项目 3-4　考证知识训练

**单项客观选择题**

1. 下列各项中,不作为企业金融资产核算的是(　　)。

　A. 购入准备持有至到期的债券投资

　B. 购入不准备持有至到期的债券投资

　C. 购入短期内准备出售的股票

　D. 购入在活跃市场上没有报价的长期股权投资

2. 下列金融资产中,应按公允价值进行初始计量,且交易费用计入当期损益的是(　　)。

A. 交易性金融资产        B. 持有至到期投资

C. 应收款项        D. 可供出售金融资产

3. 企业购入B股票20万股,将其划分为交易性金融资产,支付的价款为103万元,其中包含已宣告发放的现金股利3万元和支付的交易费用2万元。该项交易性金融资产的入账价值为(　　)万元。

    A. 103        B. 98        C. 102        D. 105

4. 2017年12月31日,某股份公司持有某股票10万股,将其划分为可供出售金融资产,购入时每股公允价值为17元。2018年年末,账面价值为204万元,包括成本170.4万元和公允价值变动33.6万元。该股份公司于2019年6月2日以每股19元的价格将该股票全部出售,支付手续费1万元,该业务对半年度中期报表损益的影响是(　　)万元。

    A. 18.6        B. 33.6        C. 20        D. 15

5. 下列金融资产中,应作为可供出售金融资产的是(　　)。

    A. 企业从二级市场购入可随时出售的普通股票

    B. 企业购入有意图和有能力持有至到期的公司债券

    C. 企业购入没有公开报价且不准备随时变现的B公司8%的股权

    D. 企业购入有公开报价但不准备随时变现的B公司8%的流通股票

6. 企业取得交易性金融资产的主要目的是(　　)。

    A. 利用闲置资金短期获利        B. 控制对方的经营政策和财务运作

    C. 对对方经营政策产生重大影响        D. 分散经营风险

7. 企业购入股票作为交易性金融资产,投资成本是指(　　)。

    A. 股票的面值和交易费用之和        B. 股票的公允价值

    C. 实际支付的价款        D. 实际支付的交易费用

8. 资产负债表日,交易性金融资产的价值应按(　　)计量。

    A. 初始投资成本        B. 股票面值和交易费用之和

    C. 公允价值        D. 成本与市价孰低

9. 企业将准备持有至到期的债券重分类为可供出售金融资产,其入账金额是债券的(　　)。

    A. 初始投资成本      B. 公允价值      C. 摊余成本        D. 票面价值

10. 企业以79 600元的价格购入面值为80 000元、票面利率为6%、3年期限、到期一次还本付息的债券作为持有至到期投资。该投资到期时的账面价值为(　　)元。

    A. 79 600        B. 80 000        C. 84 800        D. 94 400

11. 企业购买某公司股票进行长期股权投资,其股票的初始投资成本应为实际支付的全部价款(　　)。

    A. 扣除相关税费        B. 扣除已宣告的现金股利

    C. 扣除相关税费和已宣告的现金股利      D. 加上相关税费和已宣告的现金股利

12. 企业的长期股权投资在(　　)情况下,应当采用成本法核算。

    A. 具有控制、共同控制和重大影响        B. 不具有控制或重大影响

C. 不具有控制、共同控制和重大影响　　D. 具有控制或无重大影响

13. A 公司投资 2 600 万元(含相关税费 18 万元),占 B 公司所有权股份的 25%,采用权益法核算。投资时,B 公司可辨认净资产公允价值为 10 000 万元。A 公司确定的股权投资成本为(　　)万元。

  A. 2 500　　　　　B. 2 482　　　　　C. 2 582　　　　　D. 2 600

14. 资产负债表日,应按账面摊余成本计量的投资是(　　)。

  A. 交易性金融资产　　　　　　　　B. 持有至到期投资
  C. 可供出售金融资产　　　　　　　　D. 长期股权投资

15. 企业以外币借款购建固定资产,发生的借款利息和汇兑差额应(　　)。

  A. 全部计入发生当期的财务费用
  B. 全部计入固定资产的购建成本
  C. 全部计入财务费用
  D. 在固定资产达到预定可使用状态前所发生的计入固定资产的购建成本;达到预定可使用状态后所发生的计入发生当期的财务费用

16. 某企业购入一台需要安装的设备,取得的增值税专用发票上注明的设备买价为 50 000 元,增值税额为 8 000 元,含税运费 1 100 元。设备安装时领用生产用材料价值 1 000 元,购进该批材料物资时支付的增值税额为 160 元,设备安装时支付有关人员工资 2 500 元。该固定资产的入账价值为(　　)元。

  A. 54 500　　　　　B. 58 915　　　　　C. 61 415　　　　　D. 63 170

17. 企业的在建工程在达到预定可使用状态前所取得的收入,应当(　　)。

  A. 作为主营业务收入　　　　　　　　B. 作为其他业务收入
  C. 作为营业外收入　　　　　　　　　D. 冲减在建工程成本

18. 某企业将一台闲置不用的固定资产清理出售,该设备的账面原价为 500 000 元,累计折旧为 350 000 元,发生的清理费用为 3 500 元,销售收入为 185 000 元,该设备的清理收益为(　　)元。

  A. 50 000　　　　　B. 46 500　　　　　C. 22 250　　　　　D. 22 000

19. 下列固定资产中,应计提折旧的是(　　)。

  A. 未使用的、不需使用的固定资产　　B. 当月交付使用的固定资产
  C. 未提足折旧提前报废的设备　　　　D. 已提足折旧仍继续使用的设备

20. 接受捐赠的固定资产,应按其净值扣除应交所得税后的金额贷记(　　)账户。

  A. "营业外收入"　　　　　　　　　　B. "资本公积"
  C. "实收资本"　　　　　　　　　　　D. "其他业务收入"

21. 某设备的账面原价为 22 万元,已提折旧 3 万元,已提减值准备 2 万元,其公允价值为 20 万元。则该设备的账面价值为(　　)万元。

  A. 20　　　　　B. 22　　　　　C. 17　　　　　D. 19

22. 固定资产报废清理后的净损失,应计入(　　)。

  A. 投资损失　　　B. 管理费用　　　C. 营业外支出　　　D. 其他业务成本

23. 购入固定资产支付的增值税应计入(　　)。

  A. 管理费用      B. 制造费用

  C. 应交税费——应交增值税  D. 固定资产原价

24. 与年限平均法相比,采用年数总和法对固定资产计提折旧将使(　　)。

  A. 计提折旧的初期企业利润减少,固定资产净值减少

  B. 计提折旧的初期企业利润减少,固定资产原值减少

  C. 计提折旧的后期企业利润减少,固定资产净值减少

  D. 计提折旧的后期企业利润减少,固定资产原值减少

25. 因建造固定资产而发生的利息支出,属于在固定资产达到预定可使用状态前所发生的,记入(　　)账户。

  A. "在建工程"  B. "财务费用"  C. "销售费用"  D. "制造费用"

26. 某企业在筹建期间,由于水灾导致部分在建工程毁损,扣除残料价值和保险公司赔款后的净损失应当计入(　　)。

  A. 继续施工工程的成本    B. 长期待摊费用

  C. 管理费用       D. 营业外支出

27. 某企业接受捐赠的固定资产一台,根据捐赠设备的发票、报关单等有关单据确定其价值为 50 000 元,另发生含税运费 1 110 元,发生安装费 1 500 元。该企业适用的所得税税率为 25%。企业收到捐赠的设备时,应贷记"营业外收入"账户(　　)元。

  A. 37 500    B. 50 000    C. 36 000    D. 12 500

28. 企业转让无形资产使用权所取得的收入应计入(　　)。

  A. 主营业务收入  B. 其他业务收入  C. 营业外收入  D. 投资收益

29. 企业购置计算机硬件所附带的,单独计价的软件应作为(　　)核算。

  A. 固定资产    B. 存货    C. 无形资产    D. 投资

30. 甲企业兼并乙企业,乙企业的资产总额为 200 万元,负债为 60 万元,甲企业实际支付了乙企业 150 万元,乙企业商誉价值为(　　)万元。

  A. 10    B. 140    C. 90    D. 50

31. 下列各项费用中,应计入自创无形资产价值的有(　　)。

  A. 研发费用      B. 广告费

  C. 依法取得时发生的注册费  D. 宣传费

32. 企业自创专利权在依法申请取得前发生的研发费用应(　　)。

  A. 在发生时确认为当前费用  B. 在发生时计入无形资产价值

  C. 在发生时确认为递延资产  D. 在发生时确认为长期投资

33. 企业某专利权账面原价为 80 000 元,已摊销 30 000 元,已计提减值准备 10 000 元,期末企业预期可收回金额为 30 000 元,以下分录正确的是(　　)。

  A. 借:无形资产减值准备           10 000

    贷:管理费用——计提的无形资产减值准备     10 000

  B. 借:无形资产减值准备           20 000

    贷:营业外支出——计提的无形资产减值准备   20 000

C. 借:无形资产减值准备           10 000

  贷:管理费用——计提的无形资产减值准备     10 000

D. 借:资产减值损失——计提的无形资产减值准备   10 000

  贷:无形资产减值准备           10 000

34. 转让无形资产的所有权时,应结转的转让成本是( )。

  A. 无形资产的历史成本     B. 无形资产的摊余价值

  C. 合同的转让价值       D. 发生的与转让有关的各种费用支出

35. 企业通过行政划拨方式取得的土地使用权,未入账核算,在将其转让时,应( )。

  A. 将补交的土地出让金予以资本化 B. 将转让金额予以资本化

  C. 直接计入当期损益      D. 作为其他业务收入

36. 企业接受投资者以无形资产进行的投资,账面原价为 50 000 元,已摊销 10 000 元,
已计提减值准备 10 000 元,评估价值为 60 000 元,则入账价值为( )元。

  A. 50 000    B. 40 000    C. 30 000    D. 60 000

37. 期末,企业已提减值准备的无形资产的账面价值低于其可收回金额,应( )。

  A. 借:资产减值损失——计提无形资产减值准备

    贷:无形资产减值准备

  B. 借:管理费用——计提无形资产减值准备

    贷:无形资产减值准备

  C. 借:无形资产减值准备

    贷:营业外支出——计提无形资产减值准备

  D. 不进行账务处理

38. 下列有关企业筹建期间发生的开办费的会计处理中,正确的是( )。

  A. 直接计入费用发生当月的损益,计入管理费用

  B. 在不超过 2 年的期限内平均摊销,计入管理费

  C. 在企业开始生产经营当月一次性摊销入当月损益,计入管理费用

  D. 在企业开始生产经营 1 年内平均摊销,计入管理费用

39. A 公司收购 B 公司,实际支付 1 000 万元,B 公司资产总额为 2 000 万元,负债总额
1 600 万元,B 公司的商誉价值为( )万元。

  A. 1 000    B. 600    C. 2 000    D. 400

**多项客观选择题**

1. 下列金融资产中,企业不得划分为持有至到期投资的有( )。

  A. 初始确认时即被指定为以公允价值计量且其变动计入当期损益的非衍生金融
资产

  B. 初始确认时即被指定为可供出售的非衍生金融资产

  C. 符合贷款和应收款项的定义的非衍生金融资产

  D. 企业购买的某公司的股票投资

2. 下列说法中,属于金融资产发生减值客观证据的有( )。

A. 发行方或债务人发生严重财务困难

B. 债务人违反了合同条款,如偿付利息或本金发生违约或逾期等

C. 债权人出于经济或法律等方面因素的考虑,对发生财务困难的债务人作出让步

D. 债务人很可能倒闭或进行其他财务重组

3. 根据《企业会计准则》对金融资产的分类,金融资产在初始确认时应当分为(　　)。

A. 以公允价值计量且其变动计入当期损益的金融资产

B. 交易性金融资产

C. 持有至到期投资

D. 贷款和应收款项

E. 可供出售金融资产

4. 核算"持有至到期投资"应设置的明细账户有(　　)。

A. "成本"　　　　B. "利息调整"　　　C. "公允价值变动" D. "损益调整"

E. "应计利息"

5. 核算"可供出售金融资产"应设置的明细账户有(　　)。

A. "成本"　　　　B. "公允价值变动" C. "利息调整"　　D. "损益调整"

E. "应计利息"

6. 长期股权投资采用成本法核算时,当被投资企业分派现金股利时,投资企业可能的会计处理有(　　)。

A. 全部作为投资收益　　　　　　　B. 全部冲减投资成本

C. 部分作为投资收益部分冲减投资成本 D. 部分作为投资收益部分作为资本公积

E. 部分冲减投资成本部分作为资本公积

7. 下列情况中,企业的长期股权投资应当采用权益法核算的有(　　)。

A. 具有控制和重大影响　　　　　　B. 具有共同控制

C. 无重大影响　　　　　　　　　　D. 无共同控制但具有重大影响

E. 无控制但具有重大影响

8. 长期股权投资采用权益法核算时,应当调整股权投资账面价值的情况有(　　)。

A. 被投资企业获得利润　　　　　　B. 被投资企业发生亏损

C. 被投资企业分派现金股利　　　　D. 被投资企业分派股票股利

E. 被投资企业发生除净损益以外的其他权益变动

9. 资产负债表日,应按公允价值计量的投资有(　　)。

A. 交易性金融资产　　　　B. 持有至到期投资　　　　　C. 委托贷款

D. 可供出售金融资产　　　E. 长期股权投资

10. 对于企业已经入账的固定资产,在下列情况中可以调整其账面价值的有(　　)。

A. 将固定资产的一部分拆除

B. 对固定资产进行大修理

C. 固定资产的实际价值与之前入账的暂估价值不一致时

D. 对固定资产进行改造

11. "固定资产清理"账户借方核算的内容包括(　　)。

A. 转入清理的固定资产的净值　　　　B. 发生的清理费用

C. 结转的固定资产清理净损失　　　　D. 结转的固定资产清理净收益

12. 下列固定资产中,应计提折旧的有(　　)。

A. 在用的固定资产　　　　　　　　B. 季节性停用的固定资产

C. 停止使用的房屋、建筑物　　　　D. 以经营租赁方式租入的机器设备

13. 企业计算固定资产折旧的主要依据有固定资产的(　　)。

A. 使用年限　　　　　　　　　　　B. 原价

C. 净残值　　　　　　　　　　　　D. 使用部门

14. 下列固定资产折旧方法中,体现谨慎性原则的折旧方法有(　　)。

A. 年限平均法　　B. 年数总和法　　C. 双倍余额递减法　D. 工作量法

15. 下列各项固定资产中,不计提折旧的有(　　)。

A. 大修理停用的固定资产　　　　　B. 未提足折旧提前报废的设备

C. 当月增加的固定资产　　　　　　D. 土地

16. 企业因固定资产而发生的下列各项支出中,应该被资本化的有(　　)。

A. 使固定资产使用年限延长的支出　B. 使固定资产生产能力提高的支出

C. 使产品质量提高的支出　　　　　D. 使生产成本降低的支出

17. 购入固定资产,其入账价值包括(　　)。

A. 买价　　　　　　　　　　　　　B. 运输费用

C. 安装费用　　　　　　　　　　　D. 交付使用后的借款利息

18. 下列各项中,应当列入资产负债表中"固定资产"项目的有(　　)。

A. 融资租入固定资产的原价　　　　B. 经营性租入固定资产的原价

C. 盘盈生产设备的原价　　　　　　D. 经营性租出固定资产的原价

19. 双倍余额递减法和年数总和法这两种固定资产的折旧方法的共同点在于(　　)。

A. 属于加速折旧法　　　　　　　　B. 每期折旧率固定

C. 前期折旧额高,后期折旧额低　　D. 不考虑净残值

20. 无形资产具有的特征包括(　　)。

A. 不具有实物形态

B. 在较长时期内为企业带来经济利益

C. 企业有偿取得

D. 能提供的未来经济利益具有高度的不确定性

21. 无形资产只有满足(　　)条件时,企业才加以确认。

A. 该资产产生的经济利益很可能流入企业

B. 该资产产生的经济利益能够可靠计量

C. 该资产的成本能够可靠计量

D. 该资产产生的经济利益一定流入企业

22. 企业取得无形资产的方式包括(　　)。

A. 购入　　　　　B. 其他单位投资　　C. 自创　　　　　D. 接受捐赠

23. 下列各项中,属于可辨认无形资产的有(　　)。

A. 商标权      B. 专利权      C. 非专利技术      D. 商誉

24. 下列各项中,属于无形资产的有(　　)。

    A. 商标权      B. 非专利技术      C. 特许权      D. 专利权

25. 长期待摊费用主要包括(　　)。

    A. 股票溢价不够抵销发行股票的手续费或佣金      B. 企业的开办费

    C. 租入固定资产的改良支出      D. 固定资产的改良支出

26. 下列各项中,属于其他资产的有（　　）。

    A. 开办费      B. 银行冻结存款

    C. 购买固定资产借款的利息      D. 诉讼中的财产

27. 下列情况中,应当计提无形资产减值准备的有(　　)。

    A. 某项无形资产被其他新技术替代,其创造经济利益能力大幅下降

    B. 某项无形资产已经超过法律保护期限,但仍然有使用价值

    C. 某项无形资产的市值在当期大幅下跌,预计在摊余年限内不会恢复

    D. 足以证明某项无形资产已发生减值情形

## 客观判断题

1. 企业取得交易性金融资产支付的相关费用,应计入当期损益;取得可供出售金融资产支付的相关费用,应计入投资成本。 （　　）

2. 资产负债表日,交易性金融资产和可供出售金融资产均应按公允价值计量,且公允价值的变动计入公允价值变动损益。 （　　）

3. 企业取得的可供出售金融资产,在持有期间应按公允价值计量,且公允价值的变动计入所有者权益。 （　　）

4. 企业取得的交易性金融资产,在持有期间应按公允价值计量,且公允价值的变动计入当期损益。 （　　）

5. 长期股权投资采用成本法核算,应按被投资企业实现的净利润中投资企业应当分享的份额确认投资收益。 （　　）

6. 长期股权投资采用权益法核算,应按被投资企业报告净收益中投资企业应当分享的份额确认投资收益,分得的现金股利应冲减投资的账面价值。 （　　）

7. 持有至到期投资、可供出售金融资产和长期股权投资都可以计提减值准备,但只有长期股权投资计提的减值准备不允许转回。 （　　）

8. 长期股权投资如果已经计提了减值准备,其账面价值是指长期股权投资的账面余额减去相应的减值准备。 （　　）

9. 企业固定资产原价减去累计折旧后的净值反映了实际占用在固定资产上的资金数额。 （　　）

10. 企业自行建造的固定资产,如果尚未办理竣工决算等移交手续就投入使用的,可先按估计的价值记账,待确定其实际价值后,再进行调整。 （　　）

11. 企业接受其他单位的固定资产投资时,"固定资产"和"实收资本"账户均要按双方合同约定的价值入账。 （　　）

名师精品 · 高职高专会计系列 Gaozhigaozhuan Kuaiji Xilie

12. 企业在计提固定资产折旧时,对于当月增加的固定资产当月计提折旧,对当月减少的固定资产当月停止计提折旧。　　　　　　　　　　　　　（　　）

13. 企业固定资产改良支出属于资本性支出,因此,固定资产改良的净支出应作为增加固定资产账面原价处理,调整固定资产的原始成本。　　　　　　（　　）

14. 对于已达到预定可使用状态但尚未办理竣工决算手续的固定资产,可以按暂估价值入账,应计提折旧。　　　　　　　　　　　　　　　　（　　）

15. 经营性租出的固定资产所计提的折旧,应记入"营业外支出"账户。　（　　）

16. 固定资产的日常修理支出应计入当期损益,固定资产发生扩改建支出时则应调整固定资产的原价。　　　　　　　　　　　　　　　　　　（　　）

17. 按照现行会计制度的规定,企业已提足折旧的固定资产,即使仍然使用也不再提取折旧;未提足折旧提前报废的固定资产,必须补提折旧,直至提足折旧为止。（　　）

18. 采用双倍余额递减法计提固定资产折旧,在第1年计提折旧时,不考虑固定资产的净残值。　　　　　　　　　　　　　　　　　　　　　（　　）

19. 应将自行建造的固定资产,在达到预定可使用状态前所发生的全部支出作为其入账价值。　　　　　　　　　　　　　　　　　　　　　　（　　）

20. 接受捐赠的固定资产应按双方确认的原价和估计的折旧,作为其入账价值。（　　）

21. 固定资产的期末计价,应按其账面价值与可收回金额孰低计价,并在可收回金额低的情况下,计提固定资产减值准备。　　　　　　　　　　（　　）

22. 企业购置计算机硬件所附带的、价值不大的、未单独计价的软件,不应作为固定资产管理。　　　　　　　　　　　　　　　　　　　　　（　　）

23. 若已计提减值准备的固定资产价值以后期间又得以恢复的,则应将其恢复的价值转回,计入当期损益。　　　　　　　　　　　　　　　　（　　）

24. 在商标注册申请时,企业交纳的注册费,作为无形资产入账。　　（　　）

25. 企业拥有的未入账的土地使用权不能作为无形资产入账核算。　　（　　）

26. 商誉的存在无法与企业自身分离,不具有可辨认性,不属于无形资产。（　　）

27. 企业一旦拥有某项无形资产,就可将其资本化,作为无形资产入账。（　　）

28. 研究开发费应计入自创无形资产的价值。　　　　　　　　　　（　　）

29. 摊销无形资产的价值一般计入管理费用。　　　　　　　　　　（　　）

30. 商誉和非专利技术均属于不可辨认的无形资产。　　　　　　　（　　）

31. 使用寿命不确定的无形资产不应摊销。　　　　　　　　　　　（　　）

32. 企业注册商标发生的广告费用一般不作为无形资产入账,在发生时直接计入当期费用。　　　　　　　　　　　　　　　　　　　　　　（　　）

33. 期末,企业无形资产的账面价值高于其可收回金额时,应计提无形资产减值准备。　　　　　　　　　　　　　　　　　　　　　　　　（　　）

# 项目3　实训附件(可裁剪)

凭证 3-1

中国工商银行 转账支票存根（　） AB/02 00000000

附加信息

出票日期　　年　月　日

收款人：
金　额：
用　途：

单位主管　　会计

🏦 中国工商银行　转账支票（　）　地AB/名02 00000000

本支票付款期限十天

出票日期(大写)　年　月　日　付款行名称：
收款人：　　　　　　　　出票人账号：

人民币(大写)　　　　　　亿 千 百 十 万 千 百 十 元 角 分

用途____
以上款项请从我账户内支付
出票人签章

复核　　　　　　记账

凭证 3-2

## ××证券中央登记结算公司成交过户交割单

2018/5/5　　　　　　　　　　　　买

| 公司名称 | 甲企业 | | 股东编号 | ××××××× | |
|---|---|---|---|---|---|
| 电脑编号 | ××××××× | | 申报编号 | 1234 | |
| 成交证券 | 6000039 | 申报时间 | ××××××× | 成交时间 | ××××××× |
| 上次余额 | | 成本价格 | | 总金额 | |
| 本次成交 | 1 200 000(股) | | | | |
| 成交价格 | 10.00 元 | | 过户费 | (略) | |
| 成交数量 | 1 200 000(股) | | 印花税 | (略) | |
| 成交金额 | 12 000 000(元) | | 应付金额 | (略) | |
| 本次余额 | (略) | | 附加费用 | (略) | |
| 本次库存 | (略) | | | | |
| 本次盈亏 | | | | | |
| 实付金额 | 12 000 000(元) | | | | |

经办单位:××证券公司(章)　　　　　　　　　　客户签章:

凭证 3-3

# 公司债券交易协议

经洽谈达成以下协议:甲企业购入 B 公司发行的公司债券,该债券是 B 公司 2017 年 11 月 1 日发行,面值 4 000 万元,票面利率 5%,债券利息按年支付。

其他法律事宜略。

……

甲企业(公章):                                        B 公司(公章):

法人代表(签章):                                      法人代表(签章):

2018 年 5 月 6 日                                      2018 年 5 月 6 日

凭证 3-4

| 中国工商银行<br>转账支票存根( )<br>$\frac{AB}{02}$ 00000000 | 西安西协证券有限责任公司 · 2005 年印制 | 本支票付款期限十天 | 中国工商银行　转账支票( )　地名 $\frac{AB}{02}$ 00000000 |
| --- | --- | --- | --- |

中国工商银行 转账支票存根( )

$\frac{AB}{02}$ 00000000

附加信息

出票日期　年　月　日

收款人:

金　额:

用　途:

单位主管　　会计

（西安西协证券有限责任公司 · 2005 年印制）

本支票付款期限十天

中国工商银行　转账支票( )

地名 $\frac{AB}{02}$ 00000000

出票日期(大写)　　年　月　日　　付款行名称:

收款人:　　　　　　　　　　　　出票人账号:

| 人民币<br>(大写) | 亿 | 千 | 百 | 十 | 万 | 千 | 百 | 十 | 元 | 角 | 分 |
| --- | --- | --- | --- | --- | --- | --- | --- | --- | --- | --- | --- |

用途_____

以上款项请从我账户内支付

出票人签章

复核　　　　　　　　记账

凭证 3-5

## 中国工商银行　进　账　单　（收账通知）　3

2018 年 6 月 6 日

| 出票人 | 全　称 | B公司 | 收款人 | 全　称 | 甲企业 |
|---|---|---|---|---|---|
| | 账　号 | ×××××××××××× | | 账　号 | ×××××××××××× |
| | 开户银行 | ×××××××××× | | 开户银行 | 工行××支行 |

| 金额 | 人民币（大写） | 壹佰万元整 | 亿 | 千 | 百 | 十 | 万 | 千 | 百 | 十 | 元 | 角 | 分 |
|---|---|---|---|---|---|---|---|---|---|---|---|---|---|
| | | | | ¥ | 1 | 0 | 0 | 0 | 0 | 0 | 0 | 0 | 0 |

| 票据种类 | | 票据张数 | |
|---|---|---|---|
| 票据号码 | | | |

| 复核 | 记账 | 收款人开户银行签章 |
|---|---|---|

此联是收款人开户银行交给收款人的收账通知

凭证 3-6

## 中国工商银行　进　账　单　（收账通知）　3

2019 年 1 月 16 日

| 出票人 | 全　称 | B公司 | 收款人 | 全　称 | 甲企业 |
|---|---|---|---|---|---|
| | 账　号 | ×××××××××××× | | 账　号 | ×××××××××××× |
| | 开户银行 | ×××××××××× | | 开户银行 | 工行××支行 |

| 金额 | 人民币（大写） | 贰佰万元整 | 亿 | 千 | 百 | 十 | 万 | 千 | 百 | 十 | 元 | 角 | 分 |
|---|---|---|---|---|---|---|---|---|---|---|---|---|---|
| | | | | ¥ | 2 | 0 | 0 | 0 | 0 | 0 | 0 | 0 | 0 |

| 票据种类 | | 票据张数 | |
|---|---|---|---|
| 票据号码 | | | |

| 复核 | 记账 | 收款人开户银行签章 |
|---|---|---|

此联是收款人开户银行交给收款人的收账通知

凭证 3-7

## 债券变动损益情况一览表

单位:万元

| 债券种类 | 时 间 | 账面余额 | 公允价值 | 变动损益 |
|---|---|---|---|---|
| B公司债券 | 2018.8.30 | | 43 000 000 | |
| | 2018.12.31 | | 40 800 000 | |
| 合 计 | | | | |

请将变动情况填于上表中

✂-----------------------------------------------------------✂

凭证 3-8

## 公司债券交易协议

经洽谈达成以下协议:甲企业将持有的 B 公司发行的公司债券全部出售与××公司,公允价值为 4 200 万元(其他费用略)。

其他法律事宜略。

……

甲企业(公章):                    ××公司(公章):

法人代表(签章):              法人代表(签章):

2019 年 1 月 18 日                  2019 年 1 月 18 日

凭证 3-9

## ××证券中央登记结算公司成交过户交割单

2019/1/18　　　　　　　　　　　　　　　　　　卖

| 公司名称 | 甲企业 | | 股东编号 | ××××××× | |
|---|---|---|---|---|---|
| 电脑编号 | ××××××× | | 申报编号 | 1034 | |
| 成交证券 | ××××××× | 申报时间 | 20190101 | 成交时间 | 20190118 |
| 上次余额 | | 成本价格 | | 总金额 | |
| 本次成交 | | | | | |
| 成交价格 | | 过户费 | | （略） | |
| 成交数量 | | 印花税 | | （略） | |
| 成交金额 | 42 000 000 元 | 应付金额 | | （略） | |
| 本次余额 | （略） | 附加费用 | | （略） | |
| 本次库存 | （略） | | | | |
| 本次盈亏 | | | | | |
| 实付金额 | 42 000 000 元 | | | | |

经办单位：××证券公司(章)　　　　　　　　　　　　　　客户签章：

✂ ━ ━ ━ ━ ━ ━ ━ ━ ━ ━ ━ ━ ━ ━ ━ ━ ━ ━ ━ ━ ✂

凭证 3-10

## 中国工商银行　进　账　单　（收账通知）　3

2019 年 1 月 18 日

| 出票人 | 全　称 | B公司 | 收款人 | 全　称 | 甲企业 | |
|---|---|---|---|---|---|---|
| | 账　号 | ×××××××××××× | | 账　号 | ×××××××××××× | |
| | 开户银行 | ×××××××××××× | | 开户银行 | 工行××支行 | |

| 金额 | 人民币（大写） | 肆仟贰佰万元整 | 亿 | 千 | 百 | 十 | 万 | 千 | 百 | 十 | 元 | 角 | 分 |
|---|---|---|---|---|---|---|---|---|---|---|---|---|---|
| | | | ￥ | 4 | 2 | 0 | 0 | 0 | 0 | 0 | 0 | 0 | 0 |

| 票据种类 | | 票据张数 | |
|---|---|---|---|
| 票据号码 | | | |

复核　　　　　　　记账　　　　　　　　　　　收款人开户银行签章

此联是收款人开户银行交给收款人的收账通知

凭证 3-11

# 公司债券交易协议

经洽谈达成以下协议：甲企业于 2018 年 5 月 2 日购入丙企业 2014 年 5 月 2 日发行的公司债券，作为持有至到期投资，该债券面值为 70 万元，期限为 5 年，票面利率为 5％，债券利息每年年末支付。购买价为 72 万元（含已到付息期但尚未支付的利息 3 万元）。

其他法律事宜略。

……

| B公司（公章）： | 丙企业（公章）： |
|---|---|
| 法人代表（签章）： | 法人代表（签章）： |
| 2018 年 5 月 2 日 | 2018 年 5 月 2 日 |

凭证 3-12

## ××证券中央登记结算公司成交过户交割单

2018/5/2　　　　　　　　　　　买

| 公司名称 | 甲企业 | | 股东编号 | ××××××× | |
|---|---|---|---|---|---|
| 电脑编号 | ××××××× | | 申报编号 | 1034 | |
| 成交证券 | ××××××× | 申报时间 | 20180423 | 成交时间 | 20180501 |
| 上次余额 | | 成本价格 | | 总金额 | |
| 本次成交 | | | | | |
| 成交价格 | | 过户费 | | （略） | |
| 成交数量 | | 印花税 | | （略） | |
| 成交金额 | 690 000 元 | 应付金额 | | （略） | |
| 本次余额 | （略） | 附加费用 | | （略） | |
| 本次库存 | （略） | | | | |
| 本次盈亏 | 10 000 元 | | | | |
| 实付金额 | 72 000 元 | | | | |

经办单位：××证券公司（章）　　　　　　　　　　客户签章：

凭证 3-13

| 中国工商银行 | 中国工商银行 转账支票( ) | 地 AB名 02 00000000 |
|---|---|---|

中国工商银行

转账支票存根( )

AB/02 00000000

附加信息 _____

_____

_____

出票日期 年 月 日

收款人：

金 额：

用 途：

单位主管 会计

本支票付款期限十天

中国工商银行 转账支票( )

出票日期(大写) 年 月 日 付款行名称：

收款人： 出票人账号：

人民币(大写) _____ 亿千百十万千百十元角分

用途 _____

以上款项请从

我账户内支付

出票人签章

复核 记账

凭证 3-14

# XX证券中央登记结算公司成交过户交割单

2018/5/2                                         卖

| 公司名称 | 甲企业 | | 股东编号 | ×××××× | |
|---|---|---|---|---|---|
| 电脑编号 | ×××××× | | 申报编号 | 1028 | |
| 成交证券 | ×××××× | 申报时间 | 20180426 | 成交时间 | 20180502 |
| 上次余额 | | 成本价格 | | 总金额 | |
| 本次成交 | | | | | |
| 成交价格 | | | 过户费 | | (略) |
| 成交数量 | | | 印花税 | | (略) |
| 成交金额 | 1 700 000 元 | | 应付金额 | | (略) |
| 本次余额 | (略) | | 附加费用 | | (略) |
| 本次库存 | (略) | | | | |
| 本次盈亏 | 200 000 元 | | | | |
| 实付金额 | 1 100 000 元 | | | | |

经办单位：××证券公司(章)                          客户签章：

凭证 3-15

中国工商银行 **进 账 单** （收账通知） 3

2018 年 5 月 2 日

| 出票人 | 全 称 | ××× | 收款人 | 全 称 | 甲企业 |
|---|---|---|---|---|---|
| | 账 号 | ×××××××××××× | | 账 号 | ×××××××××××× |
| | 开户银行 | ×××××××××× | | 开户银行 | 工行××支行 |

| 金额 | 人民币（大写） | 壹佰柒拾万元整 | 亿 | 千 | 百 | 十 | 万 | 千 | 百 | 十 | 元 | 角 | 分 |
|---|---|---|---|---|---|---|---|---|---|---|---|---|---|
| | | | | | | ¥ | 1 | 7 | 0 | 0 | 0 | 0 | 0 | 0 | 0 |

| 票据种类 | | 票据张数 | |
|---|---|---|---|
| 票据号码 | | | |

出售债券收入

复核　　　　　记账

收款人开户银行签章

✂ - - - - - - - - - - - - - - - - - - - - - - - - - - - - - - - - - - - - - - - - - - - ✂

凭证 3-16

# 公司债券委托交易协议

　　经洽谈达成以下协议：甲企业委托某证券公司将其持有的某公司债券全部出售，该债券目前公允价值为 1 500 万元（成本），扣除交易费用后，该债券出售价定为 1 650 万元。

　　其他法律事宜略。

　　……

A 公司（公章）：　　　　　　　　　　　某证券公司（公章）：

法人代表（签章）：　　　　　　　　　　法人代表（签章）：

2018 年 5 月 18 日　　　　　　　　　　2018 年 5 月 18 日

凭证 3-17

## ××证券中央登记结算公司成交过户交割单

2018/5/20                                                  卖

| 公司名称 | 甲企业 | | 股东编号 | ××××××× | |
|---|---|---|---|---|---|
| 电脑编号 | ××××××× | | 申报编号 | 1028 | |
| 成交证券 | ××××××× | 申报时间 | 20170301 | 成交时间 | 20180520 |
| 上次余额 | | 成本价格 | 1 500 000 | 总金额 | |
| 本次成交 | | | | | |
| 成交价格 | | | 过户费 | （略） | |
| 成交数量 | | | 印花税 | （略） | |
| 成交金额. | 1 650 000 元 | | 应付金额 | （略） | |
| 本次余额 | （略） | | 附加费用 | （略） | |
| 本次库存 | （略） | | | | |
| 本次盈亏 | 1 500 000 元 | | | | |
| 实付金额 | 1 650 000 元 | | | | |

经办单位:××证券公司(章)                          客户签章:

凭证 3-18

## 中国工商银行 进 账 单 （收账通知） 3

2018 年 5 月 20 日

| 出票人 | 全 称 | ××× | 收款人 | 全 称 | 甲企业 | | | | | | | | | | |
|---|---|---|---|---|---|---|---|---|---|---|---|---|---|---|---|
| | 账 号 | ×××××××××××× | | 账 号 | ×××××××××××× | | | | | | | | | | |
| | 开户银行 | ×××××××××××× | | 开户银行 | 工行××支行 | | | | | | | | | | |

| 金额 | 人民币（大写） | 壹仟陆佰伍拾万元整 | 亿 | 千 | 百 | 十 | 万 | 千 | 百 | 十 | 元 | 角 | 分 |
|---|---|---|---|---|---|---|---|---|---|---|---|---|---|
| | | | | ¥1 | 6 | 5 | 0 | 0 | 0 | 0 | 0 | 0 | 0 |

| 票据种类 | | 票据张数 | |
| 票据号码 | | | |

出售债券收入

复核          记账            收款人开户银行签章

凭证 3-19

中国工商银行
转账支票存根（ ）
AB/02 00000000

附加信息

出票日期　年 月 日

| 收款人： |
| 金　额： |
| 用　途： |

单位主管　　会计

本支票付款期限十天

中国工商银行　转账支票（ ）
地 AB/名 02 00000000

出票日期（大写）　　年 月 日　　付款行名称：
收款人：　　　　　　　　　　出票人账号：

| 人民币（大写） | | 亿 | 千 | 百 | 十 | 万 | 千 | 百 | 十 | 元 | 角 | 分 |
|---|---|---|---|---|---|---|---|---|---|---|---|---|
| | | | | | | | | | | | | |

用途
以上款项请从
我账户内支付
出票人签章

复核　　　　　　　　记账

凭证 3-20

# ××证券中央登记结算公司成交过户交割单

2018/1/2　　　　　　　　　　　　买

| 公司名称 | 甲企业 | | 股东编号 | ××××××× | |
|---|---|---|---|---|---|
| 电脑编号 | ××××××× | | 申报编号 | 1026 | |
| 成交证券 | ××××××× | 申报时间 | 20171226 | 成交时间 | 20180102 |
| 上次余额 | | 成本价格 | | 总金额 | |
| 本次成交 | | | | | |
| 成交价格 | | | 过户费 | （略） | |
| 成交数量 | | | 印花税 | （略） | |
| 成交金额 | 20 000 元 | | 应付金额 | （略） | |
| 本次余额 | （略） | | 附加费用 | （略） | |
| 本次库存 | （略） | | | | |
| 本次盈亏 | | | | | |
| 实付金额 | 20 000 元 | | | | |

经办单位：××证券公司（章）　　　　　　　　　客户签章：

凭证 3-21

## ××证券中央登记结算公司成交过户交割单

2018/5/8  买

| 公司名称 | 甲企业 | | 股东编号 | ×××××× | |
|---|---|---|---|---|---|
| 电脑编号 | ×××××× | | 申报编号 | 1026 | |
| 成交证券 | ×××××× | 申报时间 | 20180502 | 成交时间 | 20180108 |
| 上次余额 | | 成本价格 | | 总金额 | |
| 本次成交 | | | | | |
| 成交价格 | | 过户费 | | (略) | |
| 成交数量 | 2 000 000 股 | 印花税 | | (略) | |
| 成交金额 | 10 200 000 元 | 应付金额 | | (略) | |
| 本次余额 | (略) | 交易费用 | | 12 000 元 | |
| 本次库存 | (略) | | | | |
| 本次盈亏 | | | | | |
| 实付金额 | 10 212 000 元 | | | | |

经办单位：××证券公司(章)　　　　　　　　　　　　客户签章：

投资核算岗位实操训练

凭证 3-22

| 中国工商银行<br>转账支票存根( )<br>AB<br>02 00000000 | 中国工商银行　转账支票( ) | 地 AB<br>名 02 00000000 |
|---|---|---|
| 附加信息<br>_____<br>_____ | 出票日期(大写)　年　月　日　付款行名称：<br>收款人：　　　　　　　出票人账号： | |

本支票付款期限十天

人民币<br>(大写)　　　　　　| 亿 | 千 | 百 | 十 | 万 | 千 | 百 | 十 | 元 | 角 | 分 |

出票日期　年　月　日

收款人：

金　额：

用　途：

用途_____

以上款项请从
我账户内支付
出票人签章

单位主管　　会计　　　　　复核　　　　　记账

西安西纳证券有限责任公司·2005 年印制

凭证 3-23

## 中国工商银行　进　账　单　（收账通知）　3

2018 年 5 月 12 日

| 出票人 | 全　称 | B公司 | 收款人 | 全　称 | 甲企业 | | | | | | | | | | |
|---|---|---|---|---|---|---|---|---|---|---|---|---|---|---|---|
| | 账　号 | ×××××××××× | | 账　号 | ×××××××××× | | | | | | | | | | |
| | 开户银行 | ×××××××××× | | 开户银行 | 工行××支行 | | | | | | | | | | |
| 金额 | 人民币（大写） | 贰拾万元整 | | | | 亿 | 千 | 百 | 十 | 万 | 千 | 百 | 十 | 元 | 角 | 分 |
| | | | | | | | | | ¥ | 2 | 0 | 0 | 0 | 0 | 0 | 0 | 0 |
| | 票据种类 | | 票据张数 | | | | | | | | | | | | | |
| | 票据号码 | | | | | | | | | | | | | | | |
| | | | | 现金股利收入 | | | | | | | | | | | | |
| | 复核 | | 记账 | | 收款人开户银行签章 | | | | | | | | | | | |

此联是收款人开户银行交给收款人的收账通知

凭证 3-24

## 股票价格变动计算表

单位:元

| 时　间 | 股票成本 | 股票数量 | 公允价格(5.2元/股) | 损　益 |
|---|---|---|---|---|
| 2018 年 7 月 31 日 | 10 012 000 | 200 万股 | 10 400 000 | 388 000 |
| | | | | |
| 合　计 | 10 400 000 | 200 万股 | | |

凭证 3-25

## 股票价格变动计算表

单位:元

| 时　间 | 股票成本 | 股票数量 | 公允价格(5元/股) | 损　益 |
|---|---|---|---|---|
| 2018 年 12 月 31 日 | 10 400 000 | 200 万股 | 10 000 000 | −400 000 |
| | | | | |
| 合　计 | 10 000 000 | 200 万股 | | |

投资核算岗位实操训练

凭证 3-26

# 确认现金股利计算表

单位:元

| 时　　间 | 股票数量 | 宣告发放股利 | 占 B 公司股份 | 应得现金股利 |
|---|---|---|---|---|
| 2019 年 3 月 16 日 | 200 万股 | 40 000 000 | 0.5% | 200 000 |
| | | | | |
| 合　计 | 200 万股 | | | 200 000 |

✂ - - - - - - - - - - - - - - - - - - - - - - - - - - - - - - - - - - - - - - - - - - ✂

凭证 3-27

## 中国工商银行　进　账　单　（收账通知）　3

2019 年 3 月 21 日

| 出票人 | 全　　称 | B公司 | 收款人 | 全　　称 | 甲企业 | | | | | | | | | | |
|---|---|---|---|---|---|---|---|---|---|---|---|---|---|---|---|
| | 账　号 | ×××××××××××× | | 账　号 | ×××××××××××× | | | | | | | | | | |
| | 开户银行 | ×××××××××××× | | 开户银行 | 工行××支行 | | | | | | | | | | |
| 金额 | 人民币（大写） | 贰拾万元整 | | | | 亿 | 千 | 百 | 十 | 万 | 千 | 百 | 十 | 元 | 角 | 分 |
| | | | | | | | | ¥ | 2 | 0 | 0 | 0 | 0 | 0 | 0 | 0 | 0 |
| 票据种类 | | 票据张数 | | | | | | | | | | | | | |
| 票据号码 | | | | 现金股利收入 | | | | | | | | | | | |
| 复核 | | 记账 | | 收款人开户银行签章 | | | | | | | | | | | |

✂ - - - - - - - - - - - - - - - - - - - - - - - - - - - - - - - - - - - - - - - - - - ✂

凭证 3-28

## 证券委托交易协议

经洽谈达成以下协议:甲企业委托某证券公司将其持有的 B 公司 200 万股股票以 5.1 元/股的价格全部出售,其他税费略。

其他法律事宜略。

……

A 公司(公章):　　　　　　　　　　　　某证券公司(公章):

法人代表(签章):　　　　　　　　　　　法人代表(签章):

2019 年 3 月 28 日　　　　　　　　　　　2019 年 3 月 28 日

凭证 3-29

## ××证券中央登记结算公司成交过户交割单

2019/3/31                                                           卖

| 公司名称 | 甲企业 | | 股东编号 | ×××××× | |
|---|---|---|---|---|---|
| 电脑编号 | ×××××× | | 申报编号 | 1026 | |
| 成交证券 | ×××××× | 申报时间 | 20190316 | 成交时间 | 20190331 |
| 上次余额 | | 成本价格 | | 总金额 | |
| 本次成交 | | | | | |
| 成交价格 | 5.1元/股 | | 过户费 | | (略) |
| 成交数量 | 2 000 000 股 | | 印花税 | | (略) |
| 成交金额 | 10 200 000 元 | | 应付金额 | | (略) |
| 本次余额 | (略) | | 交易费用 | | (略) |
| 本次库存 | (略) | | | | |
| 本次盈亏 | | | | | |
| 实收金额 | 10 200 000 元 | | | | |

经办单位：××证券公司(章)                          客户签章：

---

凭证 3-30

## 中国工商银行 进 账 单 （收账通知）  3

2019 年 3 月 31 日

| 出票人 | 全称 | ×公司 | 收款人 | 全称 | 甲企业 |
|---|---|---|---|---|---|
| | 账号 | ×××××××××××× | | 账号 | ×××××××××××× |
| | 开户银行 | ×××××××××××× | | 开户银行 | 工行××支行 |

| 金额 | 人民币(大写) | 壹仟零贰拾万元整 | 亿 | 千 | 百 | 十 | 万 | 千 | 百 | 十 | 元 | 角 | 分 |
|---|---|---|---|---|---|---|---|---|---|---|---|---|---|
| | | | ¥ | 1 | 0 | 2 | 0 | 0 | 0 | 0 | 0 | 0 | 0 |

| 票据种类 | | 票据张数 | |
|---|---|---|---|
| 票据号码 | | | |

出售股票收入

复核            记账                    收款人开户银行签章

此联是收款人开户银行交给收款人的收账通知

凭证 3-31

# 证券交易协议

    经洽谈达成以下协议:甲企业购入 A 股份有限公司的股票 40 000 股准备长期持有,占 A 股份有限公司 5%的股份。买入价为 10.5 元/股(含已宣告分派的现金股利 0.5 元/股)。

    其他税费略。

    其他法律事宜略。

……

| | |
|---|---|
| 甲企业(公章): | A 公司(公章): |
| 法人代表(签章): | 法人代表(签章): |
| 2018 年 5 月 6 日 | 2018 年 5 月 6 日 |

凭证 3-32

## ××证券中央登记结算公司成交过户交割单

2018/5/6          买

| 公司名称 | 甲企业 | | 股东编号 | ×××××× | |
|---|---|---|---|---|---|
| 电脑编号 | ×××××× | | 申报编号 | 1011 | |
| 成交证券 | ×××××× | 申报时间 | 20180426 | 成交时间 | 20180506 |
| 上次余额 | | 成本价格 | | 总金额 | |
| 本次成交 | | | | | |
| 成交价格 | 20.5 元/股 | | 过户费 | (略) | |
| 成交数量 | 80 000 股 | | 印花税 | (略) | |
| 成交金额 | 1 640 000 元 | | 应付金额 | (略) | |
| 本次余额 | (略) | | 交易费用 | 20 000 | |
| 本次库存 | (略) | | | | |
| 本次盈亏 | | | | | |
| 实付金额 | 1 700 000 元 | | | | |

经办单位:××证券公司(章)                  客户签章:

凭证 3-33

中国工商银行
转账支票存根（　）
$\dfrac{AB}{02}$ 00000000

附加信息
_____
_____

出票日期　年 月 日

收款人：
金　额：
用　途：

单位主管　　会计

西安西数证券有限责任公司·2005 年印制

中国工商银行　转账支票（　）　地 $\dfrac{AB}{02}$ 名 00000000

出票日期（大写）　　年 月 日　　付款行名称：
收款人：　　　　　　　　　　　出票人账号：

本支票付款期限十天

| 人民币<br>（大写） | | 亿 | 千 | 百 | 十 | 万 | 千 | 百 | 十 | 元 | 角 | 分 |
|---|---|---|---|---|---|---|---|---|---|---|---|---|
| | | | | | | | | | | | | |

用途 _____

以上款项请从
我账户内支付
出票人签章

复核　　　　　　　　　记账

---

凭证 3-34

中国工商银行　进 账 单 （收账通知）　3

2018 年 6 月 1 日

| 出票人 | 全　称 | A 公司 | 收款人 | 全　称 | 甲企业 |
|---|---|---|---|---|---|
| | 账　号 | ×××××××××××× | | 账　号 | ×××××××××××× |
| | 开户银行 | ×××××××××××× | | 开户银行 | 工行××支行 |

| 金额 | 人民币<br>（大写） | 肆万元整 | 亿 | 千 | 百 | 十 | 万 | 千 | 百 | 十 | 元 | 角 | 分 |
|---|---|---|---|---|---|---|---|---|---|---|---|---|---|
| | | | | | | ¥ | 4 | 0 | 0 | 0 | 0 | 0 | 0 |

| 票据种类 | | 票据张数 | |
|---|---|---|---|
| 票据号码 | | | |

收到现金股利

复核　　　　　　记账　　　　　　收款人开户银行签章

此联是收款人开户银行交给收款人的收账通知

凭证 3-35

## 中国工商银行 进 账 单 （收账通知） 3

2018 年 6 月 30 日

| 出票人 | 全 称 | A公司 | 收款人 | 全 称 | 甲企业 |
|---|---|---|---|---|---|
| | 账 号 | ×××××××××××× | | 账 号 | ×××××××××××× |
| | 开户银行 | ×××××××××× | | 开户银行 | 工行××支行 |

| 金额 | 人民币（大写） | 陆万元整 | | 亿 | 千 | 百 | 十 | 万 | 千 | 百 | 十 | 元 | 角 | 分 |
|---|---|---|---|---|---|---|---|---|---|---|---|---|---|---|
| | | | | | | | ¥ | 6 | 0 | 0 | 0 | 0 | 0 | 0 |

| 票据种类 | | 票据张数 | |
|---|---|---|---|
| 票据号码 | | | |

发放现金股利

复核　　　　　　记账　　　　　　收款人开户银行签章

凭证 3-36

## 证券委托交易协议

经洽谈达成以下协议：

甲企业委托某证券公司将其持有的 A 公司 80 000 股股票以 24 元/股的价格出售，其他税费略。

其他法律事宜略。

……

A公司(公章)：　　　　　　　　　　　　某证券公司(公章)：

法人代表(签章)：　　　　　　　　　　　法人代表(签章)：

2018 年 8 月 8 日　　　　　　　　　　　2018 年 8 月 8 日

凭证 3-37

## ××证券中央登记结算公司成交过户交割单

2018/8/8                                                                卖

| 公司名称 | 甲企业 | | 股东编号 | ×××××× | |
|---|---|---|---|---|---|
| 电脑编号 | ×××××× | | 申报编号 | 1021 | |
| 成交证券 | ×××××× | 申报时间 | 20180801 | 成交时间 | 20180808 |
| 上次余额 | | 成本价格 | | 总金额 | |
| 本次成交 | | | | | |
| 成交价格 | 24 元/股 | | 过户费 | | (略) |
| 成交数量 | 80 000 股 | | 印花税 | | (略) |
| 成交金额 | 1 920 000 元 | | 应付金额 | | (略) |
| 本次余额 | (略) | | 交易费用 | | 6 000 元 |
| 本次库存 | (略) | | | | |
| 本次盈亏 | | | | | |
| 实收金额 | 1 914 000 元 | | | | |

经办单位:××证券公司(章)                        客户签章:

---

凭证 3-38

## 中国工商银行　进　账　单　(收账通知)　3

2018 年 8 月 8 日

| 出票人 | 全　称 | ×公司 | 收款人 | 全　称 | 甲企业 | | | | | | | | | |
|---|---|---|---|---|---|---|---|---|---|---|---|---|---|---|
| | 账　号 | ×××××××××××× | | 账　号 | ×××××××××××× | | | | | | | | | |
| | 开户银行 | ×××××××××× | | 开户银行 | 工行××支行 | | | | | | | | | |
| 金额 | 人民币(大写) | 壹佰玖拾壹万肆仟元整 | | | 亿 | 千 | 百 | 十 | 万 | 千 | 百 | 十 | 元 | 角 | 分 |
| | | | | | | ¥ | 1 | 9 | 1 | 4 | 0 | 0 | 0 | 0 | 0 |
| 票据种类 | | 票据张数 | | | | | | | | | | | | |
| 票据号码 | | | | | | | | | | | | | | |
| | | | | 出售股票收入 | | | | | | | | | | |
| 复核 | | 记账 | | 收款人开户银行签章 | | | | | | | | | | |

此联是收款人开户银行交给收款人的收账通知

凭证 3-39

# 证券交易协议

经洽谈达成以下协议:甲企业购入 C 股份有限公司的股票 8 000 000 股准备长期持有,占 C 股份有限公司 20% 的股份。买入价为 5 元/股。

其他税费略。

其他法律事宜略。

……

甲企业(公章):                        C 公司(公章):

法人代表(签章):                 法人代表(签章):

2018 年 1 月 6 日                     2018 年 1 月 6 日

凭证 3-40

## ××证券中央登记结算公司成交过户交割单

2018/1/6                      买

| 公司名称 | 甲企业 | | 股东编号 | ×××××× | |
|---|---|---|---|---|---|
| 电脑编号 | ×××××× | | 申报编号 | 1021 | |
| 成交证券 | ×××××× | 申报时间 | 20171226 | 成交时间 | 20180106 |
| 上次余额 | | 成本价格 | | 总金额 | |
| 本次成交 | | | | | |
| 成交价格 | 5 元/股 | | 过户费 | (略) | |
| 成交数量 | 8 000 000 股 | | 印花税 | (略) | |
| 成交金额 | 40 000 000 元 | | 应付金额 | (略) | |
| 本次余额 | (略) | | 交易费用 | 800 000 元 | |
| 本次库存 | (略) | | | | |
| 本次盈亏 | | | | | |
| 实付金额 | 40 800 000 元 | | | | |

经办单位:××证券公司(章)                      客户签章:

凭证 3-41

中国工商银行
转账支票存根（　）
$\dfrac{AB}{02}$ 00000000

附加信息 _____

出票日期　年 月 日

收款人：

金 额：

用 途：

单位主管　　会计

西安西钞证券有限责任公司 · 2005 年印制

本支票付款期限十天

中国工商银行　转账支票（　）

地 $\dfrac{AB}{02}$　名　00000000

出票日期（大写）　　年 月 日　付款行名称：

收款人：　　　　　　　　出票人账号：

人民币
（大写）

| 亿 | 千 | 百 | 十 | 万 | 千 | 百 | 十 | 元 | 角 | 分 |
|---|---|---|---|---|---|---|---|---|---|---|

用途 _____

以上款项请从
我账户内支付
出票人签章

复核　　　　　　　　　记账

凭证 3-42

## 投资收益确认表

单位:元

| 时　间 | 占被投资企业股份 | 被投资企业实现利润（亏损） | 股票数 | 收益 |
|---|---|---|---|---|
| 2015 年年末 | | | | |
| 合计 | | | | |

请将确认的 E 公司投资收益填于表上。

凭证 3-43

## 投资收益确认表

单位:元

| 时　间 | 占被投资企业股份 | 被投资企业实现利润（亏损） | 股票数 | 收益 |
|---|---|---|---|---|
| 2016.6.30 | | | | |
| 合计 | | | | |

请将确认的 E 公司投资收益填于表上。

凭证 3-44

## 中国工商银行 进 账 单 （收账通知） 3

2019 年 7 月 3 日

| 出票人 | 全 称 | C公司 | 收款人 | 全 称 | 甲企业 |
|---|---|---|---|---|---|
| | 账 号 | ×××××××××× | | 账 号 | ×××××××××× |
| | 开户银行 | ×××××××××× | | 开户银行 | 工行××支行 |

| 金额 | 人民币（大写） | 壹佰陆拾万元整 | 亿 | 千 | 百 | 十 | 万 | 千 | 百 | 十 | 元 | 角 | 分 |
|---|---|---|---|---|---|---|---|---|---|---|---|---|
| | | | | ￥ | 1 | 6 | 0 | 0 | 0 | 0 | 0 | 0 | 0 |

| 票据种类 | | 票据张数 | |
|---|---|---|---|
| 票据号码 | | | |

现金股利收入

复核 记账 收款人开户银行签章

✂ - - - - - - - - - - - - - - - - - - - - - - - - - - - - - - - - - ✂

凭证 3-45

## 证券委托交易协议

经洽谈达成以下协议：甲企业委托某证券公司将其持有的 C 公司 8 000 000 股股票以 8 元/股的价格出售，其他税费略。

其他法律事宜略。

……

甲企业(公章)：　　　　　　　　　　　某证券公司(公章)：

法人代表(签章)：　　　　　　　　　　法人代表(签章)：

2019 年 9 月 3 日　　　　　　　　　　2019 年 9 月 3 日

凭证 3-46

# ××证券中央登记结算公司成交过户交割单

2019/9/3 　　　　　　　　　　　　　　　　　　　卖

| 公司名称 | 甲企业 | | 股东编号 | ×××××× | |
|---|---|---|---|---|---|
| 电脑编号 | ×××××× | | 申报编号 | 1022 | |
| 成交证券 | ×××××× | 申报时间 20190826 | | 成交时间 | 20190903 |
| 上次余额 | | 成本价格 | | 总金额 | |
| 本次成交 | | | | | |
| 成交价格 | 8元/股 | | 过户费 | （略） | |
| 成交数量 | 8 000 000 股 | | 印花税 | （略） | |
| 成交金额 | 64 000 000 元 | | 应付金额 | （略） | |
| 本次余额 | （略） | | 交易费用 | （略） | |
| 本次库存 | （略） | | | | |
| 本次盈亏 | | | | | |
| 实收金额 | 64 000 000 元 | | | | |

经办单位：××证券公司(章)　　　　　　　　　　　　客户签章：

✂ ----------------------------------------- ✂

凭证 3-47

# 中国工商银行 　进 账 单 （收账通知） 　3

2019 年 9 月 3 日

| 出票人 | 全　称 | ×公司 | 收款人 | 全　称 | 甲企业 | |
|---|---|---|---|---|---|---|
| | 账　号 | ×××××××××××× | | 账　号 | ×××××××××××× | |
| | 开户银行 | ×××××××××× | | 开户银行 | 工行××支行 | |

| 金额 | 人民币<br>（大写） | 陆仟肆佰万元整 | | 亿 | 千 | 百 | 十 | 万 | 千 | 百 | 十 | 元 | 角 | 分 |
|---|---|---|---|---|---|---|---|---|---|---|---|---|---|---|
| | | | ¥ | 6 | 4 | 0 | 0 | 0 | 0 | 0 | 0 | 0 | 0 | 0 |

| 票据种类 | | 票据张数 | |
|---|---|---|---|
| 票据号码 | | | |

出售股票收入

复核　　　　　　记账　　　　　　　　　收款人开户银行签章

此联是收款人开户银行交给收款人的收账通知

凭证 3-48

## 广东增值税专用发票

4400141170

No 03075377

4400141170

03075377

开票日期：2018 年 5 月 6 日

| 购货单位 | 名　称：甲企业 |
| --- | --- |
| | 纳税人识别号：12345678AB12345678 |
| | 地址、电话：广东省珠海市香洲区翠香路 53 号 0756-2234567 |
| | 开户行及账号：工行桥南办事处 6212263602031234578 |

密码区　　（略）

| 货物或应税劳务、服务名称 | 规格型号 | 单位 | 数量 | 单价 | 金　额 | 税率 | 税　额 |
| --- | --- | --- | --- | --- | --- | --- | --- |
| 机器设备 | | 台 | 1 | 30 000.00 | 300 000.00 | 16% | 48 000.00 |
| 合计 | | | | | ¥300 000.00 | | ¥48 000.00 |

| 税价合计（大写） | ⊗叁拾肆万捌仟元整 | （小写）¥348 000.00 |
| --- | --- | --- |

| 销货单位 | 名　称：B 公司 |
| --- | --- |
| | 纳税人识别号：12345678CD12345678 |
| | 地址、电话：广东省珠海市香洲区路 53 号 0756-2234567 |
| | 开户行及账号：工行海珠分行 6212263602031234578 |

备注

B 公司
12345678CD12345678
发票专用章

收款人：　　　　复核：　　　　开票人：　　　　销货单位：（章）

税总局[2014] 10 号　海南华森实业公司

第三联：发票联　购货方记账凭证

✂- - - - - - - - - - - - - - - - - - - - - - - - - - - - - - - - ✂

凭证 3-49

## 广东增值税专用发票

4400141170

No 03075379

4400141170

03075379

开票日期：2018 年 5 月 6 日

| 购货单位 | 名　称：甲企业 |
| --- | --- |
| | 纳税人识别号：12345678AB12345678 |
| | 地址、电话：广东省珠海市香洲区翠香路 53 号 0756-2234567 |
| | 开户行及账号：工行桥南办事处 6212263602031234578 |

密码区　　（略）

| 货物或应税劳务、服务名称 | 规格型号 | 单位 | 数量 | 单价 | 金　额 | 税率 | 税　额 |
| --- | --- | --- | --- | --- | --- | --- | --- |
| 运费 | | | | 6 000.00 | 6 000.00 | 10% | 600.00 |
| 合计 | | | | | ¥6 000.00 | | ¥600.00 |

| 税价合计（大写） | ⊗陆仟陆佰元整 | （小写）¥6 600.00 |
| --- | --- | --- |

| 销货单位 | 名　称：海珠市路路通货运有限公司 |
| --- | --- |
| | 纳税人识别号：12345678CD12345678 |
| | 地址、电话：广东省海珠市吉大区诚丰 53 号 0756-2275696 |
| | 开户行及账号：工行海珠分行 6212263602031234396 |

备注

海珠市路路通货运有限公司
12345678CD12345678
发票专用章

收款人：　　　　复核：　　　　开票人：　　　　销货单位：（章）

税总局[2014] 10 号　海南华森实业公司

第三联：发票联　购货方记账凭证

投资核算岗位实操训练

凭证 3-50

中国工商银行
转账支票存根（　）
$\frac{AB}{02}$ 00000000

西安西钞证券有限责任公司·2005 年印制

附加信息
_____
_____

出票日期　年 月 日

| 收款人： |
| 金　额： |
| 用　途： |

单位主管　　会计

本支票付款期限十天

中国工商银行　转账支票（　）　地 $\frac{AB}{02}$ 00000000
名

出票日期（大写）　　　年 月 日　　付款行名称：
收款人：　　　　　　　　　　　　出票人账号：

人民币
（大写）

| 亿 | 千 | 百 | 十 | 万 | 千 | 百 | 十 | 元 | 角 | 分 |
|---|---|---|---|---|---|---|---|---|---|---|

用途 _____
以上款项请从
我账户内支付
出票人签章

复核　　　　　　　　　记账

凭证 3-51

中国工商银行
转账支票存根（　）
$\frac{AB}{02}$ 00000000

西安西钞证券有限责任公司·2005 年印制

附加信息
_____
_____

出票日期　年 月 日

| 收款人： |
| 金　额： |
| 用　途： |

单位主管　　会计

本支票付款期限十天

中国工商银行　转账支票（　）　地 $\frac{AB}{02}$ 00000000
名

出票日期（大写）　　　年 月 日　　付款行名称：
收款人：　　　　　　　　　　　　出票人账号：

人民币
（大写）

| 亿 | 千 | 百 | 十 | 万 | 千 | 百 | 十 | 元 | 角 | 分 |
|---|---|---|---|---|---|---|---|---|---|---|

用途 _____
以上款项请从
我账户内支付
出票人签章

复核　　　　　　　　　记账

凭证 3-52

# 竣工验收报告

2018 年 5 月 8 日       编××××号

| 名　称 | 某机器设备 | 规　格 | A 型 | 制造单位 | B 公司 | 来　源 | 购　建 |
|---|---|---|---|---|---|---|---|
| 验收工程 | 某机器设备建安工程 | 总造价 | 367 000 元 | 使用年限 | | 5 年 | |
| 验收小组意见 | 达到设计要求,验收合格。 | | | | | | |
| 施工单位意见 | 符合设计要求,可交工。 | | 使用部门意见 | 状态良好,同意验收。 | | | |

凭证 3-53

# 固定资产捐赠协议

经协商,C 公司捐赠甲企业一台全新车床,价税合计为 232 000 元。运杂费由 A 公司支付。

其他法律事宜略。

……

C 公司(公章):                             甲企业(公章):

法人代表(签章):                          法人代表(签章):

2018 年 5 月 8 日                         2018 年 5 月 8 日

凭证 3-54

## 广东增值税专用发票

4400141170

No 03075380

4400141170

03075380

开票日期：2018 年 5 月 8 日

| 购货单位 | 名　　称：甲企业 纳税人识别号：12345678AB12345678 地　址、电话：广东省珠海市香洲区翠香路 53 号 0756-2234567 开户行及账号：工行桥南办事处 6212263602031234567 | | | | 密码区 | （略） | | |
|---|---|---|---|---|---|---|---|---|

| 货物或应税劳务、服务名称 | 规格型号 | 单位 | 数量 | 单价 | 金额 | 税率 | 税额 |
|---|---|---|---|---|---|---|---|
| 机器设备 | | 组 | | 200 000.00 | 200 000.00 | 16% | 32 000.00 |
| 合计 | | | | | ￥200 000.00 | | ￥32 000.00 |

| 税价合计（大写） | ⊗贰拾叁万贰仟元整 | （小写）￥232 000.00 |
|---|---|---|

| 销货单位 | 名　　称：C 公司 纳税人识别号：34345678CD12345678 地　址、电话：广东省珠海市香洲区顺丰路 86 号 0756-2278569 开户行及账号：中国工商银行海珠分行 6212263602031238795 | 备注 | C 公司 34345678CD12345678 发票专用章 |
|---|---|---|---|

收款人：　　　　复核：　　　　开票人：　　　　销货单位：（章）

---

凭证 3-55

## 广东增值税专用发票

4400141170

No 03075381

4400141170

03075381

开票日期：2018 年 5 月 8 日

| 购货单位 | 名　　称：甲企业 纳税人识别号：12345678AB12345678 地　址、电话：广东省珠海市香洲区翠香路 53 号 0756-2234567 开户行及账号：工行桥南办事处 6212263602031234567 | | | | 密码区 | （略） | | |
|---|---|---|---|---|---|---|---|---|

| 货物或应税劳务、服务名称 | 规格型号 | 单位 | 数量 | 单价 | 金额 | 税率 | 税额 |
|---|---|---|---|---|---|---|---|
| 运费 | | | | 1 000.00 | 1 000.00 | 10% | 100.00 |
| 合计 | | | | | ￥1 000.00 | | ￥100.00 |

| 税价合计（大写） | ⊗壹仟壹佰元整 | （小写）￥1 100.00 |
|---|---|---|

| 销货单位 | 名　　称：海珠市路路通货运有限公司 纳税人识别号：12345678CD12345678 地　址、电话：广东省海珠市吉大区诚丰 53 号 0756-2275696 开户行及账号：工行海珠分行 6212263602031234396 | 备注 | 海珠市路路通货运有限公司 12345678CD12345678 发票专用章 |
|---|---|---|---|

收款人：　　　　复核：　　　　开票人：　　　　销货单位：（章）

凭证 3-56

<table>
<tr><td colspan="2">中国工商银行<br>转账支票存根（　）<br>AB<br>02　00000000</td><td rowspan="6">本支票付款期限十天</td><td colspan="2">🈷中国工商银行　转账支票（　）</td><td>地AB<br>名02　00000000</td></tr>
<tr><td colspan="2">附加信息</td><td colspan="2">出票日期（大写）　年　月　日　付款行名称：<br>收款人：　　　　　　　　　出票人账号：</td><td></td></tr>
</table>

凭证 3-57

## 管理费支出汇总表

| 单位:总务 | | 2018 年 5 月 10 日 | | 单位:元 |
|---|---|---|---|---|
| 项　　目 | 凭证张数（张） | 支出金额 | 核销金额 | 备　　注 |
| 修理费 | 1 | 1 000 | 1 000 | 现金支票付讫 |
| 办公费 | | | | |
| …… | | | | |
| 合计 | | | 1 000 | |

会计：　　　　　　审核：　　　　　　制表：

凭证 3-58

<table>
<tr><td colspan="2">中国工商银行<br>现金支票存根（　）<br>BB<br>02　00000000</td><td rowspan="3">本支票付款期限十天</td><td colspan="2">🈷中国工商银行　现金支票（　）</td><td>地BB<br>名02　00000000</td></tr>
</table>

凭证 3-59

## 固定资产盘盈报告表

2018 年 12 月 31 日　　　　　No.××××××

| 固定资产名称及编号 | 规格型号 | 单位 | 数量 | 重置完全价值(元) | 成新率 | 估计已提折旧额(元) | 备注 |
|---|---|---|---|---|---|---|---|
| ××设备 | | 台 | 1 | 100 000 | 80% | 20 000 | |
| | | | | | | | |

| 处理意见 | 使用部门 | 清查小组 | 主管部门审批 |
|---|---|---|---|
| | | | 转作营业外收入。 |

凭证 3-60

## 广东增值税专用发票

4400141170

No 03075382
4400141170
03075382

开票日期：2018 年 5 月 12 日

| 购货单位 | 名　　称：甲企业<br>纳税人识别号：12345678AB12345678<br>地址、电话：广东省珠海市香洲区翠香路 53 号 0756-2234567<br>开户行及账号：工行桥南办事处 62122636020312345678 | | | 密码区 | （略） | | |
|---|---|---|---|---|---|---|---|

| 货物或应税劳务、服务名称 | 规格型号 | 单位 | 数量 | 单价 | 金额 | 税率 | 税额 |
|---|---|---|---|---|---|---|---|
| 机器设备 | | 台 | 1 | 150 000.00 | 150 000.00 | 16% | 24 000.00 |
| 合计 | | | | | ￥150 000.00 | | ￥24 000.00 |
| 价税合计(大写) | ⊗壹拾柒万肆仟元整 | | | | (小写)￥174 000.00 | | |

| 销货单位 | 名　　称：B公司<br>纳税人识别号：12345678CD12345678<br>地址、电话：广东省珠海市香洲区路 53 号 0756-2234567<br>开户行及账号：工行海珠分行 62122636020312345678 | 备注 | B 公司<br>12345678CD12345678<br>发票专用章 |
|---|---|---|---|

收款人：　　　　　复核：　　　　　　开票人：　　　　　销货单位：(章)

税总局[2014] 10 号　海南华森实业公司

第三联：发票联　购货方记账凭证

凭证 3-61

广东增值税专用发票

4400141170

No 03075382
4400141170
03075382

开票日期：2018 年 5 月 12 日

| 购货单位 | 名　　称：甲企业<br>纳税人识别号：12345678AB12345678<br>地址、电话：广东省珠海市香洲区翠香路 53 号 0756-2234567<br>开户行及账号：工行桥南办事处 62122636020312345678 | | | | 密码区 | | | （略） | | |
|---|---|---|---|---|---|---|---|---|---|---|
| 货物或应税劳务、服务名称 | 规格型号 | 单位 | 数量 | 单价 | 金额 | | 税率 | 税额 | | |
| 运费 | | | | 1 500.00 | 1 500.00 | | 10% | 150.00 | | |
| 合计 | | | | | ¥1 500.00 | | | ¥150.00 | | |
| 税价合计（大写） | ⊗壹仟陆佰伍拾元整 | | | | | | （小写）¥1 650.00 | | | |
| 销货单位 | 名　　称：B 公司<br>纳税人识别号：12345678CD12345678<br>地址、电话：广东省珠海市香洲区路 53 号 0756-2234567<br>开户行及账号：工行海珠分行 62122636020312345678 | | | | 备注 | | | | | |

收款人：　　　　复核：　　　　　　　　开票人：　　　　　　销货单位：（章）

B 公司
12345678CD12345678
发票专用章

投资核算岗位实操训练

---

凭证 3-62

中国工商银行
转账支票存根（　）

AB
0 2　00000000

附加信息

出票日期　　年　月　日
收款人：
金　额：
用　途：

单位主管　　会计

中国工商银行　　转账支票（　）

地 AB
名 0 2　00000000

出票日期（大写）　年 月 日　　付款行名称：
收款人：　　　　　　　　　　出票人账号：

| 人民币<br>（大写） | | 亿 | 千 | 百 | 十 | 万 | 千 | 百 | 十 | 元 | 角 | 分 |
|---|---|---|---|---|---|---|---|---|---|---|---|---|
| | | | | | | | | | | | | |

本支票付款期限十天

用途

以上款项请从
我账户内支付
出票人签章

复核　　　　　　记账

凭证 3-63

### 广东增值税专用发票

4400141170

No 03075384
4400141170
03075384

税总局 [2014] 10 号 海南华森实业公司

第三联：发票联 购货方记账凭证

开票日期：2018 年 5 月 12 日

| 购货单位 | 名　称：甲企业<br>纳税人识别号：12345678AB12345678<br>地址、电话：广东省珠海市香洲区翠香路 53 号 0756-2234567<br>开户行及账号：工行桥南办事处 6212263602031234 5678 | 密码区 | （略） |
|---|---|---|---|

| 货物或应税劳务、服务名称 | 规格型号 | 单位 | 数量 | 单价 | 金额 | 税率 | 税额 |
|---|---|---|---|---|---|---|---|
| 机器设备 | | 组 | 1 | 500 000.00 | 500 000.00 | 16% | 80 000.00 |
| 合计 | | | | | ¥500 000.00 | | ¥80 000.00 |

| 税价合计（大写） | ⊗伍拾捌万元整 | （小写）¥580 000.00 |
|---|---|---|

| 销货单位 | 名　称：B 公司<br>纳税人识别号：12345678CD12345678<br>地址、电话：广东省珠海市香洲区路 53 号 0756-2234567<br>开户行及账号：工行海珠分行 6212263602031234 5678 | 备注 | B 公司<br>12345678CD12345678<br>发票专用章 |
|---|---|---|---|

收款人：　　　　复核：　　　　开票人：　　　　销货单位：（章）

---

凭证 3-64

### 广东增值税专用发票

4400141170

No 03075385
4400141170
03075385

税总局 [2014] 10 号 海南华森实业公司

第三联：发票联 购货方记账凭证

开票日期：2018 年 5 月 12 日

| 购货单位 | 名　称：甲企业<br>纳税人识别号：12345678AB12345678<br>地址、电话：广东省珠海市香洲区翠香路 53 号 0756-2234567<br>开户行及账号：工行桥南办事处 6212263602031234 5678 | 密码区 | （略） |
|---|---|---|---|

| 货物或应税劳务、服务名称 | 规格型号 | 单位 | 数量 | 单价 | 金额 | 税率 | 税额 |
|---|---|---|---|---|---|---|---|
| 运费 | | | | 15 000.00 | 15 000.00 | 10% | 1 500.00 |
| 合计 | | | | | ¥15 000.00 | | ¥1 650.00 |

| 税价合计（大写） | ⊗壹万陆仟伍佰元整 | （小写）¥16 500.00 |
|---|---|---|

| 销货单位 | 名　称：海珠市路路通货运有限公司<br>纳税人识别号：12345678CD12345678<br>地址、电话：广东省海珠市吉大区诚丰路 53 号 0756-2275696<br>开户行及账号：工行海珠分行 6212263602031234 4396 | 备注 | 海珠市路路通货运有限公司<br>12345678CD12345678<br>发票专用章 |
|---|---|---|---|

收款人：　　　　复核：　　　　开票人：　　　　销货单位：（章）

凭证 3-65

| 中国工商银行 转账支票存根（ ）<br>AB/02 00000000 | 中国工商银行　转账支票（ ） |
|---|---|

中国工商银行
转账支票存根（ ）
AB/02 00000000

附加信息＿＿＿＿＿
＿＿＿＿＿＿＿＿＿
＿＿＿＿＿＿＿＿＿

出票日期　　年 月 日

收款人：
金　额：
用　途：

单位主管　　会计

西安西钞证券有限责任公司・2005 年印制

本支票付款期限十天

中国工商银行　转账支票（ ）　地AB/名02 00000000

出票日期(大写)　　年 月 日　付款行名称：
收款人：　　　　　　　　　　出票人账号：

人民币
（大写）　　　　| 亿 | 千 | 百 | 十 | 万 | 千 | 百 | 十 | 元 | 角 | 分 |

用途＿＿＿＿＿
以上款项请从
我账户内支付
出票人签章

复核　　　　　　　　　记账

投资核算岗位实操训练

凭证 3-66

# 固定资产入账价值分割单

2018 年 5 月 12 日　　　　　　　　　单位:元

| 设备名称 | 待分摊金额 | 公允价值 | 分配比例 | 分配金额 |
|---|---|---|---|---|
| 甲 | | 210 000 | | |
| 乙 | | 110 000 | | |
| 丙 | | 170 000 | | |
| 丁 | | 65 000 | | |
| 合计 | 515 000 | 555 000 | 100% | 515 000 |

财务主管：　　　　　　审核：　　　　　　制表：

凭证 3-67

# 固定资产清理单据

2018 年 5 月 12 日 No.××××××

| 固定资产名称及编号 | 规格型号 | 单位 | 数量 | 预计使用年限（年） | 已使用年限（年） | 原始价值（元） | 已提折旧（元） | 折余价值（元） |
|---|---|---|---|---|---|---|---|---|
| ×××设备 | BS-2 | 台 | 1 | 10 | 8 | 560 000 | 400 000 | 160 000 |

| 固定资产状况及出售原因 | 状况尚可，目前闲置。 | | | |
|---|---|---|---|---|
| 处理意见 | 使用部门 | 技术鉴定小组 | 固定资产管理部门 | 主管部门审批 |
| | ×× | | 建议出售 | 同意 |

凭证 3-68

（转账支票存根及转账支票略）

凭证 3-69

## 广东增值税专用发票

4400141170

记账联

No 03075387
4400141170
03075387

开票日期： 年 月 日

| 购货单位 | 名　　　称： | | | | 密码区 | | | |
|---|---|---|---|---|---|---|---|---|
| | 纳税人识别号： | | | | | | | |
| | 地址、电话： | | | | | | | |
| | 开户行及账号： | | | | | | | |

| 货物或应税劳务、服务名称 | 规格型号 | 单　位 | 数　量 | 单价 | 金　额 | 税率 | 税　额 |
|---|---|---|---|---|---|---|---|
| | | | | | | | |
| | | | | | | | |

| 税价合计（大写） | | （小写） |
|---|---|---|

| 销货单位 | 名　　　称： | | | | 备注 | |
|---|---|---|---|---|---|---|
| | 纳税人识别号： | | | | | |
| | 地址、电话： | | | | | |
| | 开户行及账号： | | | | | |

收款人：　　　　　复核：　　　　　　　开票人：　　　　　销货单位：（章）

税总局〔2014〕10号 南南华森实业公司

第一联：记账联 销货方记账凭证

投资核算岗位实操训练

凭证 3-70

## 中国工商银行 进 账 单 （收账通知） 3

2018 年 5 月 12 日

| 出票人 | 全　　称 | 乙企业 | 收款人 | 全　　称 | 甲企业 |
|---|---|---|---|---|---|
| | 账　　号 | ×××××××××× | | 账　　号 | ×××××××××× |
| | 开户银行 | ×××××××××× | | 开户银行 | 工行××支行 |

| 金额 | 人民币（大写） | 贰拾万元整 | 亿 | 千 | 百 | 十 | 万 | 千 | 百 | 十 | 元 | 角 | 分 |
|---|---|---|---|---|---|---|---|---|---|---|---|---|---|
| | | | | | ¥ | 2 | 0 | 0 | 0 | 0 | 0 | 0 | 0 |

| 票据种类 | | 票据张数 | |
|---|---|---|---|
| 票据号码 | | | |

复核　　　　　记账　　　　　　收款人开户银行签章

此联是收款人开户银行交给收款人的收账通知

凭证 3-71

## 固定资产清理损益计算单

2018 年 5 月 12 日　　　　　　　No. ××××××

| 固定资产名称及编号 | 规格型号 | 单位 | 数量 | 预计使用年限(年) | 已使用年限(年) | 原始价值(元) | 已提折旧(元) | 折余价值(元) | 清理费用(元) | 清理收入(元) | 清理净收益(元) |
|---|---|---|---|---|---|---|---|---|---|---|---|
| ××设备×××号 | BS-2 | 台 | 1 | 10 | 8 | 560 000 | 400 000 | 160 000 | 4 500 | 200 000 | 35 500 |

财务主管：　　　　　　　审核：　　　　　　　　　　　制表：

---

凭证 3-72

## 固定资产改造报批表

2018 年 5 月 9 日　　　　　　　No. ××××××

| 固定资产名称及编号 | 规格型号 | 单位 | 数量 | 原始价值(元) | 已提折旧(元) | 已提减值准备(元) | 转入在建工程价值(元) |
|---|---|---|---|---|---|---|---|
| ××生产线×号 | AB-100 | 条 | 1 | 15 000 000 | 3 000 000 | 1 000 000 | 1 100 000 |
| 固定资产状况及改造原因 | 经过两年的使用,性能有所下降,加之换代技术出现,急需要改造,以提高生产效率和效果。 | | | | | | |
| 处理意见 | 使用部门 | | 技术鉴定小组 | 固定资产管理部门 | | 主管部门审批 | |
| | 需要改造。 | | 需要改造。 | 拟同意,请上级指示。 | | 同意。 | |

---

凭证 3-73

## 中国工商银行　进　账　单　（收账通知）　　3

2018 年 5 月 9 日

| 出票人 | 全称 | ××公司 | 收款人 | 全称 | 甲企业 |
|---|---|---|---|---|---|
| | 账号 | ×××××××××××× | | 账号 | ×××××××××××× |
| | 开户银行 | ×××××××××××× | | 开户银行 | 工行××支行 |

| 金额 | 人民币(大写) | 壹拾万元整 | 亿 | 千 | 百 | 十 | 万 | 千 | 百 | 十 | 元 | 角 | 分 |
|---|---|---|---|---|---|---|---|---|---|---|---|---|---|
| | | | | | | ¥ | 1 | 0 | 0 | 0 | 0 | 0 | 0 | 0 | 0 |

| 票据种类 | | 票据张数 | |
|---|---|---|---|
| 票据号码 | | | 固定资产变价收入 |
| 复核　　　　　记账 | | | 收款人开户银行签章 |

此联是收款人开户银行交给收款人的收账通知

投资核算岗位实操训练

凭证 3-74

# 工 程 物 资 出 仓 单

2018 年 5 月 16 日 　　　　　第 ×××× 号

| 编号 | 材料名称 | 单位 | 规格 | 数量 | 单价 | 金 额 | | | | | | | |
|---|---|---|---|---|---|---|---|---|---|---|---|---|---|
| | | | | | | 十万 | 万 | 千 | 百 | 十 | 元 | 角 | 分 |
| 1 | 甲 | 吨 | | 100 | 3 000 | 3 | 0 | 0 | 0 | 0 | 0 | 0 | 0 |
| 2 | 乙 | 袋 | | 1 000 | 20 | | 2 | 0 | 0 | 0 | 0 | 0 | 0 |
| 3 | 丙 | 件 | | 250 | 1 000 | 2 | 5 | 0 | 0 | 0 | 0 | 0 | 0 |
| 4 | 丁 | kg | | 100 | 300 | | 3 | 0 | 0 | 0 | 0 | 0 | 0 |
| 合 计 | | | | | | 6 | 0 | 0 | 0 | 0 | 0 | 0 | 0 |

记账：　　　　　　　保管：　　　　　　　　　　制表：

第三联：财务　附件　张

凭证 3-75

# 工资费用分配表

2018 年 5 月

| 应借账户 | 成本或费用明细项目 | | 生产工时(小时) | 分配率 | 工资费用(元) | 合计(元) |
|---|---|---|---|---|---|---|
| | … | | | | | |
| | 乙产品 | 直接工资 | … | … | … | … |
| | 小计 | | … | … | … | … |
| 制造费用 | … | … | | | | … |
| 在建工程 | ×生产线改造工程 | 工资 | | | 200 000 | 200 000 |
| 管理费用 | | 工资 | … | … | … | … |
| 合计 | | | … | … | 200 000 | 200 000 |

财务主管：　　　　　　审核：　　　　　　　　　制表：

凭证 3-76

# 水电费分配表

2018 年 5 月 　　　　　　　　单位：元

| 部 门 | 水 费 | 电 费 | 金额合计 | 备 注 |
|---|---|---|---|---|
| 生产车间 | 10 000 | 40 000 | 50 000 | |
| 其他部门 | 4 000 | 6 000 | 10 000 | |
| | | | | |
| | | | | |

主管：　　　　　　　制表：　　　　　　　　　复核：

凭证 3-77

中国工商银行
转账支票存根（ ）
$\frac{AB}{02}$ 00000000

附加信息 _____

出票日期　　年　月　日

| 收款人： |
| 金　额： |
| 用　途： |

单位主管　　会计

西安西钞证券有限责任公司·2005 年印制

本支票付款期限十天

🏛 中国工商银行　　转账支票（ ）　　地$\frac{AB}{02}$ 名 00000000

出票日期(大写)　　年　月　日　　付款行名称：

收款人：　　　　　　　　　　　　出票人账号：

| 人民币(大写) | | 亿 | 千 | 百 | 十 | 万 | 千 | 百 | 十 | 元 | 角 | 分 |
|---|---|---|---|---|---|---|---|---|---|---|---|---|
| | | | | | | | | | | | | |

用途 _____

以上款项请从
我账户内支付
出票人签章

复核　　　　　　　　记账

投资核算岗位实操训练

---

凭证 3-78

中国工商银行
转账支票存根（ ）
$\frac{AB}{02}$ 00000000

附加信息 _____

出票日期　　年　月　日

| 收款人： |
| 金　额： |
| 用　途： |

单位主管　　会计

西安西钞证券有限责任公司·2005 年印制

本支票付款期限十天

🏛 中国工商银行　　转账支票（ ）　　地$\frac{AB}{02}$ 名 00000000

出票日期(大写)　　年　月　日　　付款行名称：

收款人：　　　　　　　　　　　　出票人账号：

| 人民币(大写) | | 亿 | 千 | 百 | 十 | 万 | 千 | 百 | 十 | 元 | 角 | 分 |
|---|---|---|---|---|---|---|---|---|---|---|---|---|
| | | | | | | | | | | | | |

用途 _____

以上款项请从
我账户内支付
出票人签章

复核　　　　　　　　记账

凭证 3-79

## 中国工商银行 进 账 单 （收账通知） 3

2018 年 6 月 26 日

| 出票人 | 全　称 | ××公司 | 收款人 | 全　称 | 甲企业 |
|---|---|---|---|---|---|
| | 账　号 | ×××××××××××× | | 账　号 | ×××××××××××× |
| | 开户银行 | ×××××××××××× | | 开户银行 | 工行××支行 |

| 金额 | 人民币（大写） | 伍万元整 | 亿 | 千 | 百 | 十 | 万 | 千 | 百 | 十 | 元 | 角 | 分 |
|---|---|---|---|---|---|---|---|---|---|---|---|---|---|
| | | | | | | | ￥ | 5 | 0 | 0 | 0 | 0 | 0 | 0 |

| 票据种类 | | 票据张数 | |
|---|---|---|---|
| 票据号码 | | | |

复核　　　　　　　记账　　　　　　　　　　　收款人开户银行签章

此联是收款人开户银行交给收款人的收账通知

凭证 3-80

## 竣工验收报告

2018 年 12 月 31 日

编　＊＊＊＊　号

| 名　称 | 某生产线改造项目 | 规格 | | 制造单位 | B公司 | 来源 | 改造 |
|---|---|---|---|---|---|---|---|
| 验收工程 | 某生产线建安工程 | 总造价 | 11 710 000 元 | 使用年限 | | 10 年 | |
| 验收小组意见 | | 达到设计要求,验收合格。 | | | | | |
| 施工单位意见 | 符合设计要求,可交工。 | 使用部门意见 | | | 状态良好,同意验收。 | | |

凭证 3-81

# 材 料 出 库 单

2018 年 5 月 17 日　　　　第 ×××× 号

| 编号 | 材料名称 | 单位 | 规格 | 数量 | 单价 | 金　额 | | | | | | | |
|---|---|---|---|---|---|---|---|---|---|---|---|---|---|
| | | | | | | 十 | 万 | 千 | 百 | 十 | 元 | 角 | 分 |
| 1 | A 材料 | 袋 | | 400 | 20 | | | 8 | 0 | 0 | 0 | 0 | 0 |
| 2 | B 材料 | 吨 | | 4 | 3 000 | | 1 | 2 | 0 | 0 | 0 | 0 | 0 |
| | | | | | | | | | | | | | |
| | | | | | | | | | | | | | |
| 合　　计 | | | | | | | ¥ | 2 | 0 | 0 | 0 | 0 | 0 |

记账：　　　　　　　　保管：　　　　　　　　　　　　制票：

第三联：财务　附件　张

凭证 3-82

# 工资费用分配表

2018 年 5 月

| 应借账户 | | 成本或费用明细项目 | 生产工时（小时） | 分配率 | 工资费用（元） | 合计（元） |
|---|---|---|---|---|---|---|
| | 乙产品 | 直接工资 | … | … | … | … |
| | 小计 | | … | … | … | … |
| 制造费用 | 基本生产车间 | 工资 | | | | 5 000 |
| | | 材料 | | | | 23 400 |
| 在建工程 | … | … | … | … | … | … |
| 管理费用 | | 工资 | … | … | … | … |
| 合　计 | | | … | … | … | 28 400 |

财务主管：　　　　　　　审核：　　　　　　　　　　制表：

凭证 3-83

# 固定资产减值准备计提表

单位：元

| 资产名称 | 账面价值 | 目前的公允价值 | 未来现金流量的现值 | 账面价值与可回收金额之间的差额 | 应计提固定资产减值准备金额 |
|---|---|---|---|---|---|
| ×× 设备 | 2 300 000 | 2 000 000 | 2 136 521 | 163 479 | 163 479 |
| | | | | | |
| | | | | | |

财务主管：　　　　　　　审核：　　　　　　　　　　制表：

凭证 3-84

# 材料出仓单

### 2018 年 5 月 6 日　　　　　　　　　　第　号

| 编号 | 材料名称 | 单位 | 规格 | 数量 | 单价 | 金额 | | | | | | | | |
|---|---|---|---|---|---|---|---|---|---|---|---|---|---|
| | | | | | | 十万 | 万 | 千 | 百 | 十 | 元 | 角 | 分 |
| | ×材料 | 件 | | 1 000 | 100 | 1 | 0 | 0 | 0 | 0 | 0 | 0 | 0 |
| | | | | | | | | | | | | | |
| | | | | | | | | | | | | | |
| | | | | | | | | | | | | | |
| 合　计 | | | | | | 1 | 0 | 0 | 0 | 0 | 0 | 0 | 0 |

记账：　　　　　　　　保管：　　　　　　　　制票：

第三联：财务　附件　张

- - - - ✂ - - - - - - - - - - - - - - - - - - - - - - - - - - - - - - - - - - ✂ - - - -

凭证 3-85

# 工 资 结 算 表

部门：研发部　　　　　　　　　　　　　　　　　　　　单位：元

| 编号 | 姓名 | 职务 | 日工资率 | 出勤天数 | 基本工资 | 加班工资 | 全勤奖金 | 扣　发 | | | | 应付工资 | 外宿补贴 | 扣　款 | | | | 实发工资 | 签名 |
|---|---|---|---|---|---|---|---|---|---|---|---|---|---|---|---|---|---|---|---|
| | | | | | | | | 请假 | 迟到早退 | 旷工 | 罚款 | 小计 | | | 生活费 | 厂服费 | 超电费 | 借款 | | |
| 1 | ×× | ×× | | | | | | | | | | | 20 000 | | | | | | 20 000 | |
| 2 | ×× | ×× | | | | | | | | | | | 20 000 | | | | | | 20 000 | |
| 3 | ×× | ×× | | | | | | | | | | | 10 000 | | | | | | 10 000 | |
| 合　计 | | | | | | | | | | | | | 50 000 | | | | | | 50 000 | |

注：1. 基本工资＝出勤天数×日工资率
　　2. 应付工资＝基本工资＋加班工资＋全勤奖－扣发小计
　　3. 实发工资＝应付工资＋外宿补贴－扣款

凭证 3-86

# 行政事业性收费收据(3)

2018 年 5 月 21 日　　　　　　穗行事费　　No.

| 交款单位 | | 甲企业 | | 支付方式 | | 银行转账 | | | | | | | | | | |
|---|---|---|---|---|---|---|---|---|---|---|---|---|---|---|---|---|
| | | | | | | | 千 | 百 | 十 | 万 | 千 | 百 | 十 | 元 | 角 | 分 |
| 人民币(大写) | | 捌万元整 | | | | | | ¥ | 8 | 0 | 0 | 0 | 0 | 0 | 0 | 0 |
| 收费项目 | | 专利注册费 | | 许可证号码 | | ×××××××× | | | | | | | | | | |
| 收费标准 | | | | 计费基数 | | | | | | | | | | | | |

上述款项依据 发(字) 年 第 号
等上级文件规定收讫无误

　　收款单位专用章：

| | 会计主管 | 出纳员 | 收款人 | 交款人 |
|---|---|---|---|---|

此联给交费单位做报销依据

使用规定：① 凡经批准已领取收费许可证的收费单位，均应使用财政局制发的本收费收据；
　　　　　② 本收据复写一式四联，不得涂改。如写错，不得撕毁，保留存根。

- - - - ✂ - - - - - - - - - - - - - - - - - - - - - - - - - - - - - - - - - - - - - - - - - ✂ - - - -

凭证 3-87

中国工商银行
转账支票存根( )
AB
02 00000000

附加信息

出票日期　年　月　日

收款人：

金　额：

用　途：

单位主管　　会计

西安西物证券有限责任公司·2005 年印制

本支票付款期限十天

🏦 中国工商银行　转账支票( )　　地 AB
　　　　　　　　　　　　　　　　　　名 02 00000000

出票日期(大写)　　年　月　日　　付款行名称：

收款人：　　　　　　　　　　　　出票人账号：

| 人民币 (大写) | 亿 | 千 | 百 | 十 | 万 | 千 | 百 | 十 | 元 | 角 | 分 |
|---|---|---|---|---|---|---|---|---|---|---|---|

用途 _____

以上款项请从
我账户内支付
出票人签章

复核　　　　　　　　　记账

凭证 3-88

# 专利权投资协议书

经双方协商,B公司以一项专利权向甲企业投资。该项专利剩余有效期为3年,账面价值为 700 000 元,累计摊销为 60 000 元,已计提减值准备 20 000 元。经评估和双方确认的公允价值为 1 000 000 元。

其他法律事宜略。

......

......

投资单位:×××(章)　　　　　　　　被投资单位:×××(章)

法人代表:签名(章)　　　　　　　　法人代表:签名(章)

2018 年 5 月 22 日　　　　　　　　2018 年 5 月 22 日

✂ ----------------------------------------------------- ✂

凭证 3-89

# 固定资产改造、大修理审批表

| 名　称 | （中文） | 数　量(台) | 1 |
|---|---|---|---|
| | （英文） | | |
| 规格型号 | ××运输车 | 单价(元) | 120 000 |
| 厂牌 | 东风 | 总计金额(元) | 120 000 |
| 附属设施 | | 需要费用(元) | |
| 主要用途 | 运输。 | 改造<br>修理<br>原因 | 大修。 |

财务总监:　　　　　　　主管:　　　　　　　经办人:

凭证 3-90

中国工商银行
转账支票存根（  ）
$\frac{AB}{02}$ 00000000

附加信息 _____
_____

出票日期　年　月　日

| 收款人： |
| 金　额： |
| 用　途： |

单位主管　　会计

西安西钞证券有限责任公司·2005 年印制

本支票付款期限十天

中国工商银行　转账支票（  ）　地$\frac{AB}{02}$ 00000000 名

出票日期（大写）　　年　月　日　　付款行名称：
收款人：　　　　　　　　　　　出票人账号：

| 人民币<br>（大写） | | 亿 | 千 | 百 | 十 | 万 | 千 | 百 | 十 | 元 | 角 | 分 |
|---|---|---|---|---|---|---|---|---|---|---|---|---|
| | | | | | | | | | | | | |

用途 _____

以上款项请从
我账户内支付
出票人签章

复核　　　　　　　　记账

凭证 3-91

中国工商银行　进　账　单　（收账通知）　3
年　月　日

| 出票人 | 全　称 | | 收款人 | 全　称 | | |
|---|---|---|---|---|---|---|
| | 账　号 | | | 账　号 | | |
| | 开户银行 | | | 开户银行 | | |

| 金额 | 人民币<br>（大写） | | | 亿 | 千 | 百 | 十 | 万 | 千 | 百 | 十 | 元 | 角 | 分 |
|---|---|---|---|---|---|---|---|---|---|---|---|---|---|---|
| | | | | | | | | | | | | | | |

| 票据种类 | | 票据张数 | |
|---|---|---|---|
| 票据号码 | | | |

复核　　　　记账　　　　　　收款人开户银行签章

此联是收款人开户银行交给收款人的收账通知

凭证 3-92

## 合 同 书

经双方协商,甲企业以 150 000 元出售××专利权的所有权给某公司,其他合同事宜略。

……

……

出售方:A 公司(章)　　　　　　　购买方:某公司(章)

法人代表:×××　　　　　　　　　法人代表:×××

2018 年 5 月 26 日　　　　　　　　2018 年 5 月 26 日

✂ - - - - - - - - - - - - - - - - - - - - - - - - - - - - - - - - - - - - - - - - - - ✂

凭证 3-93

## 中国工商银行 进 账 单 (收账通知) 3

2018 年 5 月 26 日

| 出票人 | 全 称 | ××公司 | 收款人 | 全 称 | 甲企业 | | | | | | | | | | | |
|---|---|---|---|---|---|---|---|---|---|---|---|---|---|---|---|---|
| | 账 号 | ×××××××××××× | | 账 号 | ×××××××××××× | | | | | | | | | | | |
| | 开户银行 | 工行××支行 | | 开户银行 | 工行××支行 | | | | | | | | | | | |
| 金额 | 人民币(大写) | 壹拾伍万元整 | | | 亿 | 千 | 百 | 十 | 万 | 千 | 百 | 十 | 元 | 角 | 分 |
| | | | | | | | ¥ | 1 | 5 | 0 | 0 | 0 | 0 | 0 | 0 |
| 票据种类 | | 票据张数 | | | | | | | | | | | | | |
| 票据号码 | | | | | | | | | | | | | | | |
| 复核 | | 记账 | | 收款人开户银行签章 | | | | | | | | | | | |

此联是收款人开户银行交给收款人的收账通知

凭证 3-94

| 核算 | 款 | |
|---|---|---|
| 科目 | 项 | |

**广东省××税务局**

## 工商税收转账通用缴款书

税缴通字：
隶属关系：
经济类型：

刊号　　　　　　　填发日期：　年　月　日

| 收款单位 | 全　称 | | 缴款人或单位 | 全　称 | | | |
|---|---|---|---|---|---|---|---|
| | 预算级次 | | | 地　址 | | 电话 | |
| | 收款金库 | 账号 | | 开户银行 | | 账号 | |

| 税款所属时期　年　月　日至　年　月　日 | 税款限缴日期　　　年　月　日 |
|---|---|

| 类别名称 | 单位 | 数量 | 单位税额 | 计税金额 | 税率% | 应征税额 | 减已缴税额 | 入库税额 | | | | | | | | |
|---|---|---|---|---|---|---|---|---|---|---|---|---|---|---|---|---|
| | | | | | | | | 百 | 十 | 万 | 千 | 百 | 十 | 元 | 角 | 分 |
| | | | | | | | | | | | | | | | | |
| | | | | | | | | | | | | | | | | |
| | | | | | | | | | | | | | | | | |
| | | | | | | | | | | | | | | | | |

| 总 计 金 额 人民币(大写) | |
|---|---|

| 缴款单位盖章： | 上列款项已收妥并划转收款单位账户 (收款银行盖章)　　　　　　　　年　月　日 | 备　注 |
|---|---|---|

附注：所得税速算扣除数：　　　　　　增值税扣除税额：

（本缴款书无银行收讫章无效）　　　逾期不缴按税法规定加收滞纳金

第二联：(收据)：由银行收款盖章后退缴款单位

投资核算岗位实操训练

项 目 **4**

# 费用核算岗位实操训练

**职业能力目标：**

◆ 专业能力：学生通过采取系统的行动确定职工薪酬、业务费用和期间费用的管理和核算步骤；学生要注重综合业务管理核算的规章制度的学习和应用；熟练掌握凭证、账簿和工具的使用，并熟练操作各项费用的完整的核算过程。

◆ 职业能力：鼓励以小组形式组织学生实训，有利于提高学生的团队工作计划和实施能力，并有利于提高学生的整体组织和管理能力；学生应扩展、延伸相应的知识和技能，并具备线上、线下收集相关信息的能力。

**典型工作任务：**

计算与核算应发与实发工资、应扣各项费用、工资发放、分配结转工资等，计算与核算长期、短期借款利息费用和归还日期等，核算与计算各项期间费用、计算缴纳各种税费、其他款项结算等。

# 项目 4-1　岗位工作任务训练内容与难点

**1. 训练内容**
◆ 工资薪金的管理和核算
◆ 短期借款和长期借款的核算
◆ 期间费用的管理和核算
◆ 几种常见税种的计算和核算

**2. 训练难点**
◆ 工资薪金的管理和核算

工资薪金的管理和核算包括工资薪金的构成、内容、使用范围及其明细分类核算，并要求掌握应付职工薪酬的主要账务处理。

◆ 几种常见税种的计算和核算

几种常见税种的计算和核算包括增值税、消费税以及其他几种税种的计算与核算，特别是增值税的进项税额、销项税额在不同情况下如何进行抵扣及会计处理，营改增后的具体要求与核算，委托加工物资的消费税的会计处理等。

# 项目 4-2　岗位工作任务训练要求与目的

**1. 训练要求**

学生通过对本项目的学习，应了解工资薪金的构成；熟练掌握期间费用和各项税费的核算。

**2. 训练目的**

学生通过对本项目原始凭证和记账凭证的认识和具体操作实训，基本能将所学的内容涉及的相关会计核算理论联系实际，更好地运用到实际工作中去。

# 项目 4-3　岗位工作任务训练

## 任务 1　职工薪酬计算与核算的实操训练

1. 甲企业于 2018 年生产了饮料 A 和饮料 B 两种产品，7 月份发生的薪酬业务如下：

(1) 10 日，提取现金 66 588 元，准备发放工资。（凭证 4-1）

(2) 10 日，根据工资结算表发放工资。（凭证 4-2）

(3) 10 日，交纳个人所得税，交纳住房公积金及社保（包括个人部分和单位部分，

个人和单位的交纳比例相同）。（凭证 4-3 和凭证 4-4）

（4）15 日，根据本人申请，经领导研究，发给唐南等职工生活困难补助 3 000 元，以现金支付。（凭证 4-5 和凭证 4-6）

（5）该公司为 2 名高级管理人员每人租赁 1 套公寓，月租金每套 2 000 元。18 日，开出支票支付该月租金。（凭证 4-7 和凭证 4-8）

（6）20 日，职工陈金外出参加培训，报销培训费 1 700 元，以现金支票付给。（凭证 4-9 和凭证 4-10）

（7）31 日，结转本月工资薪金，并按比例提取住房公积金及社保等。（凭证 4-11）

（8）31 日，分别提取福利费、工会经费、职工培训费。（凭证 4-12）

**要求：**

◇ 根据经济业务填制原始凭证。

◇ 根据原始凭证填制有关记账凭证。

◇ 根据记账凭证登记相关账簿。

☞ **难点思考：**

应付职工薪酬的明细科目有哪些？各自核算的内容范围是什么？

☞ **知识链接：**

http://www.chinaacc.com/new/635_712_/2009_3_26_ha2905203916162390026960.shtml

（中华会计网校——应付职工薪酬）

## 任务 2　借款计算与核算的实操训练

1. 甲企业于 2018 年 4 月 1 日向中国工商银行借入一笔短期借款，共计 150 000 元；期限为 9 个月，年利率为 4.35%。根据与银行签署的借款协议，该项借款的本金到期后一次归还；利息分月预提，按季支付。

（1）4 月 1 日，借入短期借款。（凭证 4-13）

（2）4 月末，计提 4 月份应计利息。（凭证 4-14）

（3）5 月末，计提 5 月份应计利息。（凭证 4-15）

（4）6 月末，支付第一季度银行借款利息。（凭证 4-16）

（5）第二季度利息支付与第一季度相同。（略）

（6）2016 年 1 月 1 日归还借款本金及最后一季度利息。（凭证 4-17 和凭证 4-18）

**要求：**

◇ 根据经济业务填制原始凭证。

◇ 根据原始凭证填制有关记账凭证。

◇ 根据记账凭证登记相关账簿。

☞ **难点思考：**

企业若借入长期借款，它的确认和相关核算与短期借款有什么不同？

知识链接：

http://www.chinaacc.com/new/635_655_201102/15ya136313700.shtml

（中华会计网校——长期借款账务处理）

### 任务3 期间费用计算与核算的实操训练

1.（1）甲企业2018年8月份结转本月专设销售机构职工工资及福利费3 000元，其中：工资2 580元，福利费420元。（凭证4-19）

（2）乙企业2018年8月份计提行政管理部门固定资产折旧费4 000元，并按规定预提行政管理部门用房的修理费1 000元。（凭证4-20）

（3）丙企业2018年8月份用银行存款支付短期借款利息2 340元。（凭证4-21）

**要求：**

◇ 根据经济业务填制原始凭证。

◇ 根据原始凭证填制有关记账凭证。

◇ 根据记账凭证登记相关账簿。

难点思考：

期间费用与成本有什么区别？

知识链接：

http://bbs.chinaacc.com/forum-2-35/topic-2973977.html

（中华会计网校论坛——期间费用与成本的区别）

### 任务4 应交税费计算与核算的实操训练

1. 甲企业为增值税一般纳税人企业，增值税税率为16％，存货按实际成本计价核算，2018年8月发生有关增值税（本题暂不考虑其他税费）业务如下：

（1）14日，购进B公司生产用材料一批，取得的增值税专用发票注明其买价为600 000元，增值税额为96 000元，同时支付对方代垫含税运输费22 000元（可抵扣10％），材料已验收入库，价税款以银行存款支付。（凭证4-22至凭证4-25）

（2）20日，收购免税农产品一批，用于产品生产，收购价为100 000元，产品尚未入库，收购款以现金支票支付。（凭证4-26和凭证4-27）

（3）22日，购进固定资产建设工程用货物一批，增值税专用发票注明其价款为300 000元，增值税额为48 000元，价税款尚未支付。（凭证4-28）

（4）24日，向学校捐赠产成品1 000箱，成本为80 000元，计税售价为100 000元。（凭证4-29和凭证4-30）

（5）24日，销售产成品一批，计税销售收入为1 000 000元，增值税额为160 000元，价税款收存银行。（凭证4-31至凭证4-34）

（6）26日，医务福利部门领用库存原材料一批80 000元，应负担进项增值税额12 800元。（凭证4-35）

(7) 27 日,发生委托加工材料加工费 10 000 元,增值税额 1 600 元,取得增值税专用发票,款项尚未支付。(凭证 4-36)

(8) 31 日,以银行存款上交增值税 80 000 元。(凭证 4-37 和凭证 4-38)

(9) 31 日,计算月末未交或多交增值税,进行结转,并申报纳税。(凭证 4-39 和凭证 4-40)

**要求:**

◇ 根据经济业务填制原始凭证。

◇ 根据原始凭证填制有关记账凭证。

◇ 根据记账凭证登记相关账簿。

2. 甲企业 2018 年 8 月发生有消费税增值税的经济业务如下:

(1) 3 日,企业出售旧厂房一幢,共得价款 5 000 000 元,增值税税率为 10%,价款收存银行,计算结转应交增值税。(凭证 4-41 至凭证 4-44)

(2) 9 日,企业出售一项商标权,原始成本为 300 000 元,出售收入为 250 000 元,商标权账面摊余价值为 180 000 元,未计提过无形资产减值准备,增值税税率为 6%,款项尚未收到,出售商标权已办妥手续。(凭证 4-45 和凭证 4-46)

(3) 20 日,向 B 公司销售产品,价款为 80 000 元,增值税额为 13 600 元,已办妥托收承付手续。(凭证 4-47 和凭证 4-48)

(4) 31 日,该产品消费税税率为 10%,计算应交消费税。(凭证 4-49)

(5) 企业的城市维护建设税税率为 7%,教育费附加征收率为 3%,计算结转企业本月应交城市维护建设税和应交教育费附加。(凭证 4-50)

**要求:**

◇ 根据经济业务填制原始凭证。

◇ 根据原始凭证填制有关记账凭证。

◇ 根据记账凭证登记相关账簿。

3. 甲企业 2018 年 6 月份发生有关经济业务如下:

(1) 1 日,购置企业自用汽车一辆,买价为 320 000 元,增值税额为 54 400 元,相关费用 10 000 元,共计价税款 384 400 元均以存款支付,并以存款交纳 10% 的车辆购置税。(凭证 4-51 至凭证 4-54)

(2) 10 日,以现金一次性购买印花税票 3 000 元。(凭证 4-55)

(3) 30 日,企业本年度应纳房产税(厂房)余值 40 万元,按房产税税率 1.2% 计算应纳的房产税为 4 800 元,该企业全年应纳房产税一次列入费用。(凭证 4-56)

(4) 7 月 8 日,以银行存款交纳房产税 4 800 元。(凭证 4-57 和凭证 4-58)

**要求:**

◇ 根据经济业务填制原始凭证。

◇ 根据原始凭证填制有关记账凭证。

◇ 根据记账凭证登记相关账簿。

**难点思考:**

企业购买自用汽车的增值税能否抵扣?

**知识链接:**

自 2013 年 8 月 1 日起,在全国范围内开展交通运输业和部分现代服务业"营改增"试点。《财政部、国家税务总局关于在全国开展交通运输业和部分现代服务业营业税改征增值税试点税收政策的通知》(财税〔2013〕37 号)文件规定,原增值税一般纳税人自用的应征消费税的摩托车、汽车、游艇,其进项税额准予从销项税额中抵扣。

# 项目 4-4  考证知识训练

## 单项客观选择题

1. 某企业本期支付给职工的计时工资为 50 000 元,计件工资为 150 000 元,综合奖金为 70 000 元,交纳住房公积金 20 000 元,支付董事的境外旅游开支 8 000 元,退休金 12 000 元。该企业本期的工资薪酬总额为(    )元。

   A. 310 000        B. 298 000        C. 200 000        D. 290 000

2. 短期借款所发生的利息,一般应记入的账户是(    )。

   A. "管理费用"                    B. "财务费用"

   C. "营业外支出"                  D. "投资收益"

3. 企业从应付职工工资中代扣职工房租,应借记的账户是(    )。

   A. "其他应收款"                  B. "银行存款"

   C. "应付职工薪酬"                D. "其他应付款"

4. 某企业本期应交房产税 3 万元,应交土地使用税 2 万元,应交印花税 1 万元,因扩建占地应交耕地占用税 10 万元,则本期影响"应交税费"账户的金额是(    )万元。

   A. 5            B. 6            C. 15           D. 16

5. 企业交纳参加职工医疗保险的医疗保险费应通过(    )账户进行核算。

   A. "应交税费"                    B. "应交职工薪酬"

   C. "其他应交款"                  D. "其他应付款"

6. 某企业收购农产品,实际支付的价款为 2 万元,则购进存货的成本是(    )元。

   A. 20 000        B. 18 000        C. 22 000        D. 17 400

7. 企业购进货物用于非应税项目(如在建工程用等)时,不论是否取得专用发票,该货物负担的增值税额均应计入(    )。

   A. 应交税费——应交增值税        B. 货物的采购成本

   C. 营业外支出                    D. 管理费用

8. 委托加工应纳消费税产品收回后,用于继续加工生产应纳消费税产品的,受托代扣代缴的消费税,应记入(    )账户。

A. "生产成本" B. "应交税费"

C. "委托加工物资" D. "主营业务成本"

9. 企业福利部门自用应税产品计算出的应交消费税和增值税,应借记(  )账户。

A. "制造费用" B. "生产成本"

C. "应付职工薪酬" D. "税金及附加"

**多项客观选择题**

1. 企业在计量应付职工薪酬时,应注意是否有相关的明确计提标准加以区别处理,下列项目中,国家统一规定了计提基础和计提比例的有(  )。

A. 工会经费　　　B. 住房公积金　　C. 福利费　　　　D. 养老保险

2. 下列各项中,应列为财务费用的有(  )。

A. 实际发生并确认的购货现金折扣 B. 应付票据承兑手续费

C. 带息应付票据的应付利息 D. 短期借款利息

3. 职工工资的发放形式不是唯一的,下列应列为工资薪酬项目的有(  )。

A. 以现金发放工资 B. 结转代扣代缴的个人所得税

C. 职工报支培训费、劳动保护费 D. 结转代扣、代垫款

E. 职工困难补助

4. 下列税金中,与企业计算损益有关的是(  )。

A. 消费税 B. 一般纳税企业的增值税

C. 所得税 D. 城市建设维护税

5. 下列各项中,属于应交税费的有(  )。

A. 应交教育费附加 B. 代扣代缴的个人所得税

C. 应交矿产资源补偿费 D. 计提工会经费

E. 应补交的土地出让金

6. 属于购入货物时,即能认定其增值税不能抵扣的有(  )。

A. 购进固定资产 B. 购入的货物直接用于免税项目

C. 购入的货物直接用于产品生产 D. 购入的货物用于集体福利

E. 购入的货物直接用于非应税项目

7. 下列税金中,可能要记入"税金及附加"账户的有(  )。

A. 消费税 B. 增值税

C. 城市维护建设税 D. 车辆购置税

E. 资源税

8. 应通过"应交税费"账户核算的税金有(  )。

A. 印花税 B. 土地使用税

C. 城市维护建设税 D. 车辆购置税

E. 车船税

9. 计算城市维护建设税的基数包括的流转税有(  )。

A. 应交增值税　　B. 应交消费税　　C. 应交土地使用税　　D. 应交资源税

E. 应交土地使用税

10. 下列流动负债中,一般不需要支付利息的有(　　　)。

A. 短期借款　　　　　　　　　　B. 预收账款

C. 应付职工薪酬　　　　　　　　D. 应付税费

E. 不带息应付票据

11. 下列支付的税金中,应计入所购货物成本的有(　　　)。

A. 小规模纳税人购入生产用原材料所支付的增值税

B. 一般纳税人购入固定资产时,增值税专用发票上注明的增值税额

C. 购入货物时所支付的价款中包含的消费税

D. 一般纳税人购入材料未取得专用发票,所支付的增值税

E. 进口货物所支付的增值税

12. 下列税金中,应记入"管理费用"账户的有(　　　)。

A. 房产税　　　　B. 资源税　　　　C. 印花税　　　　D. 增值税

E. 车船税

13. 以职工工资总额为基数计提的项目有(　　　)。

A. 职工教育经费　　　B. 工会经费　　　C. 福利费　　　D. 住房公积金

E. 教育费附加

14. 下列各项业务核算中,涉及"进项转出"的有(　　　)。

A. 购入免税农产品　　　　　　　B. 购进的货物发生非常损失

C. 在产品发生非常损失　　　　　D. 购进原材料改变用途

15. 企业分配工资费用时,可能借记的账户有(　　　)。

A. "生产成本"　　　B. "制造费用"　　　C. "管理费用"　　　D. "销售费用"

E. "财务费用"

16. "应交税费"应设置的明细账户有(　　　)。

A. "进项税额"　　　　　　　　　B. "已交税金"

C. "转出未交增值税"　　　　　　D. "应交增值税"

E. "未交增值税"

17. 某工业企业本期发生的下列各项支出中,应记入"销售费用"账户的有(　　　)。

A. 广告费和展览费　　　　　　　B. 购入原材料过程中发生的运输费

C. 销售产品过程中发生的运输费　D. 售后服务网点工作人员的工资

18. 下列费用中,属于企业管理费用的有(　　　)。

A. 工会经费　　　　　　　　　　B. 董事会费

C. 聘请中介机构费用　　　　　　D. 业务招待费

**客观判断题**

1. 企业向银行或其他金融机构借入的各种款项所发生的利息均应计入财务费用。

(　　　)

2. 因解除与职工的劳动关系给予的补偿,借记"生产成本"等账户。　　　(　　　)

3. 企业包括在工资总额内的各种工资、奖金、津贴,不论是否在当月支付,均应通过"应付职工薪酬"账户核算。　　　　　　　　　　　　　　　（　　）

4. 企业按工资总额一定比例计提的职工教育经费、工会经费,均列入当期管理费用。　　　　　　　　　　　　　　　　　　　　　　　　　　（　　）

5. 应交税费是指企业按国家税法规定应交纳的各种税金,企业应交的各种税金,均应通过"应交税费"账户核算。　　　　　　　　　　　　　　　（　　）

6. 一般纳税人购进货物支付或负担的增值税额,均可列为进项税额,从销项税额中抵扣。　　　　　　　　　　　　　　　　　　　　　　　　　（　　）

7. 以商业保险形式提供给职工的各种保险待遇也属于企业提供的职工薪酬。（　　）

8. 企业代扣代缴的个人所得税属于代交性质,应作为其他应付款处理,不应通过"应交税费"账户核算。　　　　　　　　　　　　　　　　　　（　　）

9. 一般纳税人用产成品或原材料对外投资时,因会计核算中不作为销售处理,故不存在计算交纳增值税的问题。　　　　　　　　　　　　　　　（　　）

10. 企业对于购入的免税农产品,可以按照买价和规定的扣除率计算进项税额,并将计算的进项税额从其购买价格中扣除,以扣除后的余额作为购入农产品的采购成本入账。　　　　　　　　　　　　　　　　　　　　　　　　　（　　）

◆ 参考资料:

http://www.chinaacc.com/tiku/(中华会计网校——初级会计实务在线题目、手机题库)

# 项目 4　实训附件(可裁剪)

凭证 4-1

中国工商银行
现金支票存根（　）
BB
02　00000000

深圳光华印制有限公司·2007 年印制

附加信息
_____
_____

出票日期　　年　月　日

收款人：

金　额：

用　途：

单位主管　　会计

本支票付款期限十天

🏦 中国工商银行　现金支票（　）　地 BB
名 02　00000000

出票日期(大写)　　年　月　日　付款行名称：
收款人：　　　　　　　　　　　出票人账号：

| 人民币(大写) | | 亿 | 千 | 百 | 十 | 万 | 千 | 百 | 十 | 元 | 角 | 分 |
|---|---|---|---|---|---|---|---|---|---|---|---|---|

用途 _____

上述款项请从
我账户内支付
出票人签章

复核　　　　　　　　记账

凭证 4-2

## 工资结算汇总表
### 2018 年 7 月

金额单位:元

| 部门 | 基本工资 | 补贴 | 应发工资 | 代扣房租 | 代扣个税 | 代扣住房公积金 | 代扣社保 | 实发 | 职工人数（人） |
|---|---|---|---|---|---|---|---|---|---|
| 车间工人 | 30 000 | 20 000 | 50 000 | 5 000 | 1 350 | 5 000 | 3 500 | 35 150 | 30 |
| 车间管理 | 4 800 | 800 | 5 600 | 500 | 45 | 560 | 392 | 4 103 | 3 |
| 销售人员 | 2 800 | 800 | 3 600 | | 3 | 360 | 252 | 2 985 | 2 |
| 行政 | 25 000 | 10 000 | 35 000 | 3 200 | 1 500 | 3 500 | 2 450 | 24 350 | 30 |
| 合　计 | 62 600 | 31 600 | 94 200 | 8 700 | 2 898 | 9 420 | 6 594 | 66 588 | 65 |

凭证 4-3

## 广东省税收库行联网电子缴税(费)凭证

征收机关：037384984

收缴国库：×市中心支库　　　　　　填发日期：20180710　　　　　　电子缴税号：38874393

| 纳税人识别码：9372985453489 | 纳税人账户名称：甲厂 |
| --- | --- |
| 纳税人名称：甲企业 | 纳税人账号：94086590895 |
| 税款限缴期：20181115 | 纳税人开户行：中国工商银行 |
| 税种税目：个人所得税——工资薪金 | 金额：2 898.00 |
| 纳税金额合计　　大写：贰仟捌佰玖拾捌元整 | 　小写：2 898.00 |
| 上述款项已划缴。　扣缴日期：20150710 | |
| 税款所属期：20180701-20180730 | 银行盖章：　　　　　经办： |

凭证 4-4

## 广东省税收库行联网电子缴税(费)凭证

征收机关：85543780

收缴国库：×市中心支库　　　　　　填发日期：20180710　　　　　　电子缴税号：0854325

| 纳税人识别码：9372985453489 | 纳税人账户名称：甲厂 |
| --- | --- |
| 纳税人名称：甲企业 | 纳税人账号：94086590895 |
| 税款限缴期：20181115 | 纳税人开户行：工商银行 |
| 税种税目：基本养老保险——单位费率 | 金额：6 594 |
| 　　　　　基本养老保险——个人费率 | 金额：6 594 |
| 　　　　　住房公积金——单位费率 | 金额：9 420 |
| 　　　　　住房公积金——个人费率 | 金额：9 420 |
| 纳税金额合计　　大写：壹万陆仟零壹拾肆元整 | 　小写：16 014.00 |
| 上述款项已划缴。　扣缴日期：20180710 | |
| 税款所属期：20180701-20180730 | 银行盖章：　　　　　经办： |

凭证 4-5

# 申　请　书

　　本人因妻子长期卧病，儿子还在读书，家庭开支非常困难。现申请 3 000 元困难补助，以缓解目前的困境。望给予批准。

申请人　唐南
2018.7.15

情况属实。　　部门经理　王林
准予补助。　　总经理　　张科

凭证 4-6

## 现金支出单

附件 1 张　　　　　　　　　2018 年 7 月 15 日　　　　　　　　　第 6 号

| 现金支出内容 | 金　额 | | | 附原始单据 | 张 |
|---|---|---|---|---|---|
| | | | | 经办：<br>部门：<br>主管： | |
| | | | | | |
| | | | | 验收：<br>证明人： | |
| | | | | | |
| 合计(大写)： | | | | 报销或领款人<br>(签章)： | |

凭证 4-7

## ×市其他收入发票

No. 193984

顾客名称及地址：甲企业　　　　2018 年 7 月 18 日

| 服务项目 | 单位 | 数量 | 单价 | 金额 | | | | | | | |
|---|---|---|---|---|---|---|---|---|---|---|---|
| | | | | 十 | 万 | 千 | 百 | 十 | 元 | 角 | 分 |
| 公寓房租 | 套 | 2 | 1 500 | | | 3 | 0 | 0 | 0 | 0 | 0 |
| | | | | | | | | | | | |
| | | | | | | | | | | | |
| 合计金额（大写）　叁仟元整 | | | | ¥ | | 3 | 0 | 0 | 0 | 0 | 0 |

收款单位(盖章有效):万华公寓管理公司　　　收款人：　　　开票人：

②发票联

凭证 4-8

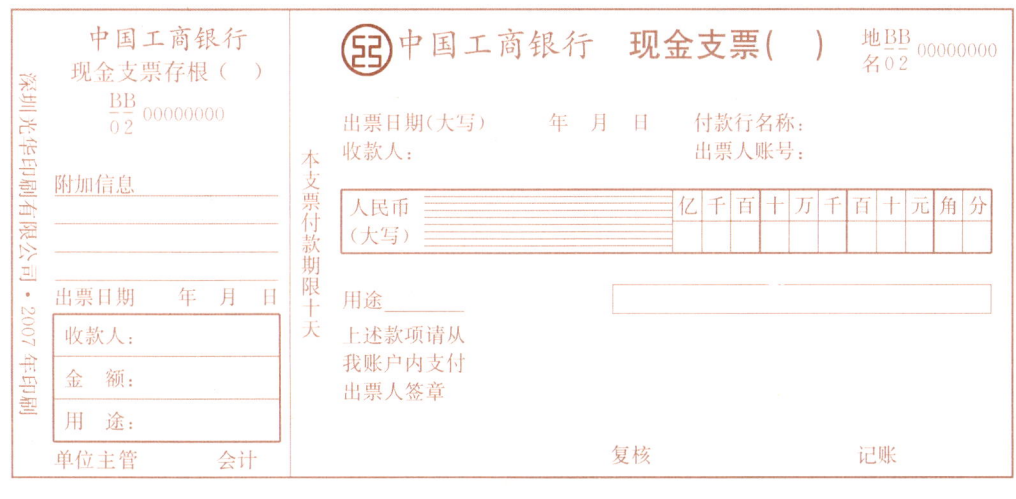

凭证 4-9

# 行政事业性收费收据(3)

2018 年 7 月 20 日　　穗行事费　　No. 73983678

| 交款单位 | 甲企业 | | 支付方式 | 现金 | | | | | | | | | |
|---|---|---|---|---|---|---|---|---|---|---|---|---|---|
| | | | | 千 | 百 | 十 | 万 | 千 | 百 | 十 | 元 | 角 | 分 |
| 人民币(大写) 壹仟柒佰元整 | | | | | | | ¥ | 1 | 7 | 0 | 0 | 0 | 0 |
| 收费项目 | 培训费 | 许可证号码 | | | | | | | | | | | |
| 收费标准 | 1 700 元 | 计费基数 | | | | | | | | | | | |

会计主管　　出纳员　　收款人　　交款人

收款单位专用章：

此联给交费单位做报销依据

使用规定：①凡经批准已领取收费许可证的收费单位，均应使用财政局制发的本收费收据；
②本收据复写一式四联，不得涂改。如写错，不得撕毁，保留存根。

凭证 4-10

| 中国工商银行 现金支票存根（ ） BB/02 00000000 附加信息 _____ _____ 出票日期 年 月 日 收款人： 金 额： 用 途： 单位主管 会计 | 本支票付款期限十天 | 中国工商银行 现金支票（ ） 地BB名02 00000000 出票日期(大写) 年 月 日 付款行名称： 收款人： 出票人账号： 人民币(大写) 用途 上述款项请从我账户内支付 出票人签章 复核 记账 |
|---|---|---|

深圳光华印制有限公司 · 2007 年印制

凭证 4-11

# 工资薪金分配表

2018 年 7 月 30 日                              单位:元

| 应借账户 | 车间 | 行政管理部门 | 销售部门 | 提取住房公积金 | 提取社保 | 合计 |
|---|---|---|---|---|---|---|
| 生产成本——饮料 A | 30 000 | | | 3 000 | 2 100 | 35 100 |
| 生产成本——饮料 B | 20 000 | | | 2 000 | 1 400 | 23 400 |
| 制造费用 | 5 600 | | | 560 | 392 | 6 552 |
| 管理费用 | | 35 000 | | 3 500 | 2 450 | 40 950 |
| 销售费用 | | | 3 600 | 360 | 252 | 4 212 |
| 合　计 | 55 600 | 35 000 | 3 600 | 9 420 | 6 594 | 110 214 |

凭证 4-12

# 三费计提表

2018 年 7 月 30 日                              单位:元

| 应借账户 | 计提基数 | 福利费(8%) | 工会经费(2%) | 职工培训费(1.5%) | 合计 |
|---|---|---|---|---|---|
| 生产成本——饮料 A | 30 000 | 2 400 | 600 | 450 | 3 450 |
| 生产成本——饮料 B | 20 000 | 1 600 | 400 | 300 | 2 300 |
| 制造费用 | 5 600 | 448 | 112 | 84 | 644 |
| 管理费用 | 35 000 | 2 800 | 700 | 525 | 4 025 |
| 销售费用 | 3 600 | 288 | 72 | 54 | 414 |
| 合　计 | 94 200 | 7 536 | 1 884 | 1 413 | 10 833 |

凭证 4-13

# 中国工商银行借款凭证　（收账通知）

2018 年 4 月 1 日　　　　　　　　　　贷字 748 号

| 借款单位全称 | 甲企业 | 借款户账号 | 009-0249-0089383 | 存款户账号 | 009-0249-0071373 |
|---|---|---|---|---|---|

| 申请借款金额<br>人民币(大写) | 壹拾伍万元整 | 千 | 百 | 十 | 万 | 千 | 百 | 十 | 元 | 角 | 分 |
|---|---|---|---|---|---|---|---|---|---|---|---|
| | | | ¥ | 1 | 5 | 0 | 0 | 0 | 0 | 0 | 0 |

| 贷款种类 | 短期贷款 | 年利息率 4.35% | 约定还款日期：　2019 年 1 月 1 日 |
|---|---|---|---|

上列款项已核准发放,并转入你单位存款账户。

（银行签章）

2015 年 1 月 1 日

备注：
本金到期后一次归还；利息按季支付。

---

凭证 4-14

# 借款利息计算表

2018 年 4 月 30 日　　　　　　　　　　单位:元

| 摘要 | 应借账户 | 金额 |
|---|---|---|
| | | |
| | | |
| 合计 | | |

财务主管：　　　　　　审核：　　　　　　制单：

---

凭证 4-15

# 借款利息计算表

2018 年 5 月 31 日　　　　　　　　　　单位:元

| 摘要 | 应借账户 | 金额 |
|---|---|---|
| | | |
| | | |
| 合计 | | |

财务主管：　　　　　　审核：　　　　　　制单：

凭证 4-16

# 中国工商银行放款利息通知单(代传票)

2018 年 6 月 30 日

| 户 名 | 甲企业 | | 账 户 | 009-0249-0071373 | | | | | | | |
|---|---|---|---|---|---|---|---|---|---|---|---|
| 利息计算时间 | 2018年 4月1日起<br>6月30日止 | | 利息基数:150 000元 | | 利率:年率4.35% | | | | | | | |
| 利息金额 | 人民币(大写)壹仟陆佰叁拾壹元贰角伍分 | | | | 万 | 千 | 百 | 十 | 元 | 角 | 分 |
| | | | | | ¥ | 1 | 6 | 3 | 1 | 2 | 5 |

上列利息已由你公司存款户扣除。

科目

转账　　　　年　月　日

中国工商银行广州市分行　复核:　　　　记账:　　　　制单:

---

凭证 4-17

# 中国工商银行某支行短期贷款

2018 年 1 月 1 日

| 借款人名称 | 甲企业 |
|---|---|
| 借款金额 | 壹拾伍万元整 |
| 借款期限 | 2017 年 4 月 1 日至 2018 年 1 月 1 日 |
| 偿还方式 | 扣划 |
| 借款利率 | 年率 4.35% |
| 借款利息 | 壹仟陆佰叁拾壹元贰角伍分 |
| 利息划扣日期 | 已扣 |

---

凭证 4-18

# 特种转账凭证

2018 年 1 月 1 日

| | | |
|---|---|---|
| | | |
| | | |
| | | |
| | | |

费用核算岗位实操训练

凭证 4-19

## 工资费用分配表

2018 年 8 月 31 日 　　　　　　　　　　　　　　　　单位:元

| 项　目　＼　部　门 | 销售部门 | 其他部门 | 合计 |
|---|---|---|---|
| 工资 | 3 000 | — | 3 000 |
| 其中:福利费 | 420 | — | 420 |
| 合计 | 3 000 | — | 3 000 |

凭证 4-20

## 固定资产折旧费、修理费计提表

2018 年 8 月 31 日 　　　　　　　　　　　　　　　　单位:元

| 使用部门 | | 固定资产类别 | | | | 金　额 |
|---|---|---|---|---|---|---|
| | | 建筑物 | 机器设备 | 运输工具 | 其他设备 | |
| 管理部门 | 修理 | 1 000 | | | | 1 000 |
| | 折旧 | | 4 000 | | | 4 000 |
| 合计 | | 1 000 | 4 000 | | | 5 000 |

凭证 4-21

## 中国工商银行放款利息通知单(代传票)

2018 年 8 月 31 日

| 户　名 | 丙企业 | | 账　户 | | | | | | | | | |
|---|---|---|---|---|---|---|---|---|---|---|---|---|
| 利息计算时间 | 年　月　日起<br>年　月　日止 | | 利息基数: | | 利率: | | | | | | | |
| 利息金额 | 人民币(大写)贰仟叁佰肆拾元整 | | | | | 万 | 千 | 百 | 十 | 元 | 角 | 分 |
| | | | | | | | ¥ 2 | 3 | 4 | 0 | 0 | 0 |

| 上列利息已由你厂存款户扣除。 | 科目 |
|---|---|
| | 转账　　年　月　日 |
| 　　　　　　　　　工商银行 | 复核:　　　记账:　　　制单: |

凭证 4-22

# 广东增值税专用发票

4400141170

No 03075369
4400141170
03075369

开票日期：2018 年 8 月 14 日

<table>
<tr><td rowspan="4">购货单位</td><td>名　　称：</td><td colspan="3">甲企业</td><td rowspan="4">密码区</td><td rowspan="4">（略）</td></tr>
<tr><td>纳税人识别号：</td><td colspan="3">12345678AB12345678</td></tr>
<tr><td>地址、电话：</td><td colspan="3">广东省海珠市香洲区翠香路 53 号 0756-2234567</td></tr>
<tr><td>开户行及账号：</td><td colspan="3">工行桥南办事处 6212263602031 2345678</td></tr>
</table>

| 货物或应税劳务、服务名称 | 规格型号 | 单位 | 数量 | 单价 | 金额 | 税率 | 税额 |
|---|---|---|---|---|---|---|---|
| 运费 | | | | 20 000 | 20 000.00 | 10% | 2 000.00 |
| 合计 | | | | | ￥20 000.00 | | ￥2 000.00 |

| 税价合计（大写） | ⊗贰万贰仟元整 | （小写）￥22 000.00 |
|---|---|---|

<table>
<tr><td rowspan="4">销货单位</td><td>名　　称：</td><td colspan="3">海珠市路路通货运公司</td><td rowspan="4">备注</td><td rowspan="4">海珠市路路通货运公司<br>12345678CD25345678<br>发票专用章</td></tr>
<tr><td>纳税人识别号：</td><td colspan="3">12345678CD25345678</td></tr>
<tr><td>地址、电话：</td><td colspan="3">广东省海珠市吉大区诚丰 53 号 0756-2275696</td></tr>
<tr><td>开户行及账号：</td><td colspan="3">工行海珠分行 6212263602031 2344396</td></tr>
</table>

收款人：　　　　复核：　　　　　　　　开票人：　　　　　　　销货单位：（章）

税总局[2014]10 号　海南华森实业公司

第三联：发票联　购货方记账凭证

---✂----------------------------------------------✂---

凭证 4-23

# 材料入库验收单

| 类别 | 原料及主要材料 | | 编号 | |
|---|---|---|---|---|
| 发票编号 | | | 来源 | |

验收日期：　　年　　月　　日

| 品名 | 规格 | 单位 | 数量 | | 实际价格 | | | | 计划价 | |
|---|---|---|---|---|---|---|---|---|---|---|
| | | | 来料数 | 实际数 | 单价 | 总价 | 运杂费 | 合计 | 单价 | 总价 |
| | | | | | | | | | | |
| | | | | | | | | | | |
| | | | | | | | | | | |
| | | | | | | | | | | |
| | | | | | | | | | | |

供销主管：　　　　验收主管：　　　　　　采购：　　　　　　　制单：

凭证 4-24

## 广东增值税专用发票

4400141170

No 03075351
4400141170
03075351

开票日期：2015 年 8 月 14 日

| 购货单位 | 名　　　称：甲企业<br>纳税人识别号：12345678AB12345678<br>地址、电话：广东省海珠市香洲区翠香路 53 号 0756-2234567<br>开户行及账号：工行桥南办事处 6212263602031234 5678 | | | | | 密码区 | | （略） |
|---|---|---|---|---|---|---|---|---|

| 货物或应税劳务、服务名称 | 规格型号 | 单位 | 数量 | 单价 | 金　额 | 税率 | 税　额 |
|---|---|---|---|---|---|---|---|
| 铝塑板<br>合计 | | 平方米 | 1 000 | 600.00 | 600 000.00<br>￥600 000.00 | 16％ | 96 000.00<br>￥96 000.00 |

| 税价合计（大写） | ⊗陆拾玖万陆仟元整 | （小写）￥696 000.00 |
|---|---|---|

| 销货单位 | 名　　　称：B公司<br>纳税人识别号：12345678CD12345678<br>地址、电话：广东省海珠市香洲区路 53 号 0756-2234567<br>开户行及账号：工行海珠分行 6212263602031234 5678 | 备注 | B 公司<br>12345678CD12345678<br>发票专用章 |
|---|---|---|---|

收款人：　　　　　　复核：　　　　　　开票人：　　　　　　销货单位：（章）

费用核算岗位实操训练

---

凭证 4-25

中国工商银行
转账支票存根（　）
AB
02　00000000

附加信息

出票日期　年　月　日

收款人：
金　额：
用　途：

单位主管　　会计

本支票付款期限十天

53 中国工商银行　转账支票（　）

地 AB
名 02　00000000

出票日期(大写)　　年　月　日　　付款行名称：
收款人：　　　　　　　　　　　出票人账号：

| 人民币<br>(大写) | | 亿 | 千 | 百 | 十 | 万 | 千 | 百 | 十 | 元 | 角 | 分 |
|---|---|---|---|---|---|---|---|---|---|---|---|---|

用途_____

以上款项请从
我账户内支付
出票人签章

复核　　　　　　记账

凭证 4-26

# 广东省农产品收购凭证

收款人:周明

收购地点:广东廉江大华镇

No. 272334

2018 年 8 月 20 号

| 项目 | 单位 | 数量 | 单价 | 金额 | | | | | | | |
|---|---|---|---|---|---|---|---|---|---|---|---|
| | | | | 十 | 万 | 千 | 百 | 十 | 元 | 角 | 分 |
| 橙 | 千克 | 100 000 | 10 | 1 | 0 | 0 | 0 | 0 | 0 | 0 | 0 |
| | | | | | | | | | | | |
| | | | | | | | | | | | |
| 合计金额 (大写) 壹拾万元整 | | | | 1 | 0 | 0 | 0 | 0 | 0 | 0 | 0 |

②发票联

付款单位(盖章有效):甲企业　　　　付款人:张众　　　　开票人:何敏

凭证 4-27

深圳光华印刷有限公司 · 2007 年印刷

| 中国工商银行 现金支票存根( ) BB 02 00000000 |
|---|
| 附加信息 _____ _____ |
| 出票日期　年 月 日 |
| 收款人: |
| 金　额: |
| 用　途: |
| 单位主管　　会计 |

本支票付款期限十天

中国工商银行　现金支票( )　地 BB 名 02 00000000

出票日期(大写)　　年 月 日　　付款行名称:

收款人:　　　　　　　　　出票人账号:

| 人民币 (大写) | 亿 | 千 | 百 | 十 | 万 | 千 | 百 | 十 | 元 | 角 | 分 |
|---|---|---|---|---|---|---|---|---|---|---|---|
| | | | | | | | | | | | |

用途_____

上述款项请从
我账户内支付
出票人签章

复核　　　　　　　　记账

凭证 4-28

## 广东增值税专用发票

No 03075395
4400141170
03075395

4400141170

（全国统一发票监制章 广东 发票 国家税务总局监制）

开票日期：2015 年 8 月 22 日

| 购货单位 | 名　　　称：甲企业<br>纳税人识别号：12345678AB12345678<br>地 址 、电 话：广东省海珠市香洲区翠香路 53 号 0756-2234567<br>开户行及账号：工行桥南办事处 62122636020312345678 | 密码区 | （略） |
|---|---|---|---|

| 货物或应税劳务、服务名称 | 规格型号 | 单 位 | 数 量 | 单 价 | 金 额 | 税率 | 税 额 |
|---|---|---|---|---|---|---|---|
| 钢筋 | | 吨 | 200 | 1 500 | 300 000.00 | 16% | 48 000.00 |
| 合 计 | | | | | ¥300 000.00 | | ¥48 000.00 |

| 税价合计（大写） | ⊗叁拾肆万捌仟元整 | | （小写）¥348 000.00 |
|---|---|---|---|

| 销货单位 | 名　　　称：C 公司<br>纳税人识别号：34345678CD12345678<br>地 址 、电 话：广东省海珠市香洲区丰顺路 86 号 0756-2278569<br>开户行及账号：工行海珠分行 62122636020312388795 | 备注 | C 公司<br>34345678CD12345678<br>发票专用章 |
|---|---|---|---|

收款人：　　　　复核：　　　　开票人：　　　　销货单位：（章）

---

凭证 4-29

## 产 品 出 仓 单

年　　月　　日　　　　　　　　第　　号

| 编号 | 产品名称 | 单位 | 规格 | 数量 | 单价 | 金　额 |||||||||
|---|---|---|---|---|---|---|---|---|---|---|---|---|---|---|
| | | | | | | 十 | 万 | 千 | 百 | 十 | 元 | 角 | 分 |
| | 果汁饮品 | 箱 | | 1 000 | | ¥ | 8 | 0 | 0 | 0 | 0 | 0 | 0 | 0 |
| | | | | | | | | | | | | | | |
| | | | | | | | | | | | | | | |
| | | | | | | | | | | | | | | |
| 合　计 | | | | | | ¥ | 8 | 0 | 0 | 0 | 0 | 0 | 0 | 0 |

记账：　　　　保管：　　　　制票：

凭证 4-30

# 捐赠协议

甲企业向希望小学捐赠果汁饮品 1 000 箱,总成本为 80 000 元,市场销售价为 100 000 元。
协议中的其他事宜略。

······

| | |
|---|---|
| 捐赠单位:甲企业 | 接收单位:希望小学 |
| 法人代表:×× | 法人代表:×× |
| 2018 年 8 月 24 日 | 2018 年 8 月 24 日 |

凭证 4-31

广东增值税专用发票

4400141170

No 03075378
4400141170
3075378

开票日期: 年 月 日

税总局〔2014〕0 号 海南华森实业公司

第一联:记账联 销货方记账凭证

| 购货单位 | 名　　　称: |  |  |  |  | 密码区 |  |  |  |
|---|---|---|---|---|---|---|---|---|---|
| | 纳税人识别号: |  |  |  |  | | | | |
| | 地　址、电话: |  |  |  |  | | | | |
| | 开户行及账号: |  |  |  |  | | | | |
| 货物或应税劳务、服务名称 | 规格型号 | 单　位 | 数　量 | 单价 | 金　额 | 税率 | 税　额 |
| | | | | | | | |
| | | | | | | | |
| 税价合计(大写) | | | (小写) | | | | |
| 销货单位 | 名　　　称: |  |  |  |  | 备注 |  |  |  |
| | 纳税人识别号: |  |  |  |  | | | | |
| | 地　址、电话: |  |  |  |  | | | | |
| | 开户行及账号: |  |  |  |  | | | | |

收款人: 　　　复核: 　　　开票人: 　　　销货单位:(章)

凭证 4-32

# 产 品 出 仓 单

2018 年 8 月 24 日　　　　　第　　号

| 编号 | 产品名称 | 单位 | 规格 | 数量 | 单价 | 金 额 | | | | | | | | |
|---|---|---|---|---|---|---|---|---|---|---|---|---|---|---|
| | | | | | | 十万 | 万 | 千 | 百 | 十 | 元 | 角 | 分 |
| | 饮料甲 | 箱 | | 10 000 | 80 | 8 | 0 | 0 | 0 | 0 | 0 | 0 | 0 |
| | | | | | | | | | | | | | |
| | | | | | | | | | | | | | |
| | | | | | | | | | | | | | |
| | | | | | | | | | | | | | |
| 合　计 | | | | | | 8 | 0 | 0 | 0 | 0 | 0 | 0 | 0 |

记账：　　　　　　　　保管：　　　　　　　　制票：

凭证 4-33

中国工商银行
转账支票存根（ ）
AB/02 00000000

附加信息
_____
_____

出票日期　年　月　日

收款人：
金　额：
用　途：

单位主管　　会计

丙发西物证券有限责任公司 · 2005 年印制

本支票付款期限十天

中国工商银行　转账支票（ ）　地AB 00000000
　　　　　　　　　　　　　　　　　名 02

出票日期(大写)　　年 月 日　　付款行名称：
收款人：　　　　　　　　　　出票人账号：

人民币
(大写) _____ | 亿 | 千 | 百 | 十 | 万 | 千 | 百 | 十 | 元 | 角 | 分 |

用途 _____　_____

以上款项请从
我账户内支付
出票人签章

复核　　　　　　　　记账

凭证 4-34

## 中国工商银行 进 账 单 （收账通知） 3

2018 年 8 月 24 日

<table>
<tr><td rowspan="3">出票人</td><td>全　　称</td><td>×企业</td><td rowspan="3">收款人</td><td>全　　称</td><td colspan="12">甲企业</td></tr>
<tr><td>账　　号</td><td>×××</td><td>账　　号</td><td colspan="12">×××</td></tr>
<tr><td>开户银行</td><td>中国工商银行××支行</td><td>开户银行</td><td colspan="12">工行××支行</td></tr>
<tr><td rowspan="2">金额</td><td>人民币<br>（大写）</td><td colspan="2">壹佰壹拾柒万元整</td><td>亿</td><td>千</td><td>百</td><td>十</td><td>万</td><td>千</td><td>百</td><td>十</td><td>元</td><td>角</td><td>分</td></tr>
<tr><td colspan="2"></td><td></td><td>¥</td><td>1</td><td>1</td><td>7</td><td>0</td><td>0</td><td>0</td><td>0</td><td>0</td><td>0</td></tr>
<tr><td>票据种类</td><td></td><td>票据张数</td><td></td><td colspan="13"></td></tr>
<tr><td>票据号码</td><td></td><td></td><td></td><td colspan="13"></td></tr>
<tr><td colspan="3" style="text-align:center">复核　　　　记账</td><td colspan="14" style="text-align:center">收款人开户银行签章</td></tr>
</table>

此联是收款人开户银行交给收款人的收账通知

---

凭证 4-35

## 领 料 单

领用部门：医务部　　　　　　　　2018 年 8 月 26 日　　　　　　　　编号：09

| 材料编号 | 材料名称 | 用途 | 计量单位 | 请领数量 | 实发数量 |
|---|---|---|---|---|---|
| 003 | 酒精 | 医务室使用 | 升 | 8 000 | 8 000 |
| | | | | | |
| | | | | | |

备注：该批原材料买价为 80 000 元，应转出进项增值税额 13 600 元。

凭证 4-36

## 广东增值税专用发票

4400141170

No 03076184

4400141170

03076184

开票日期：2018 年 8 月 27 日

| 购货单位 | 名　称：甲企业 | | | | | 密码区 | | | (略) | | |
|---|---|---|---|---|---|---|---|---|---|---|---|
| | 纳税人识别号：12345678AB12345678 | | | | | | | | | | |
| | 地址、电话：广东省海珠市香洲区翠香路 53 号 0756-2234567 | | | | | | | | | | |
| | 开户行及账号：工行桥南办事处 6212263602031234567 8 | | | | | | | | | | |
| 货物或应税劳务、服务名称 | 规格型号 | 单位 | 数量 | 单价 | 金额 | | 税率 | | 税额 | | |
| 加工铝合金罐 | | 打 | 100 | 100.00 | 10 000.00 | | 16% | | 1 600.00 | | |
| 合计 | | | | | ￥10 000.00 | | | | ￥1 600.00 | | |
| 税价合计 ( 大写 ) | ⊗壹万壹仟陆佰元整 | | | | | | (小写 ) ￥11 600.00 | | | | |
| 销货单位 | 名　称： | | | | | 备注 | | | | | |
| | 纳税人识别号： | | | | | | | | | | |
| | 地址、电话： (略) | | | | | | | | | | |
| | 开户行及账号： | | | | | | | | | | |

收款人：　　　　复核：　　　　　　　开票人：　　　　　　销货单位：(章)

第三联：发票联 购货方记账凭证

费用核算岗位实操训练

---

凭证 4-37

## 广东省税收库行联网电子缴税(费)凭证

征收机关：85543780

收缴国库：广州市中心支库　　　填发日期：20180831　　　电子缴税号：085897

| 纳税人识别码：45749679008 | 纳税人账户名称：甲企业 |
|---|---|
| 纳税人名称：甲企业 | 纳税人账号：9408659985 |
| 税款限缴期：20180831 | 纳税人开户行：工商银行 |
| 税种税目：增值税 | 金额：80 000.00 |
| 纳税金额合计　大写：捌万元整 | 小写：80 000.00 |
| 上述款项已划缴。　扣缴日期：20180831 | |
| 税款所属期：20180815-20180831 | 银行盖章：　　　　　　经办： |

凭证 4-38

| 中国工商银行<br>转账支票存根（　）<br>AB<br>02 00000000 | | 中国工商银行　**转账支票**（　）　地 AB<br>名 02 00000000 |
|---|---|---|
| 附加信息 _____<br>_____<br>出票日期　年　月　日 | 本支票付款期限十天 | 出票日期（大写）　年　月　日　付款行名称：<br>收款人：　　　　　　　　出票人账号： |

凭证 4-39

## 内部转账单

2018 年 8 月 31 日　　　　　　　　　　　　　单位:元

| 摘　要 | 转账项目 | 金　额 |
|---|---|---|
|  |  |  |
|  |  |  |
|  |  |  |
| 合　　　计 |  |  |

凭证 4-40

# 增值税纳税申报表

| 纳税人名称(盖章): | | 地址: | | 电话 |
|---|---|---|---|---|
| 法人代表: | | 登记号码: | | |
| 税款所属时期: 年 月 | | 经济性质: | | 经营类型: |

| 销 项 | | | |
|---|---|---|---|
| 应税货物或劳务名称 | 销售额 | 增值税税率 %<br>(征收率%) | 销项税额 |
| | | | |
| 合 计 | | | |

| 进 项 | | | | | |
|---|---|---|---|---|---|
| 进项税额 | | | | 应冲减进项税额 | | 准予扣除<br>进项税额 |
| 合计 | 16% | 10% | 6% | 合计 | 免税产品 | 非应税项目 |
| | | | | | | |

| 应 纳 税 额 | |
|---|---|
| 应交纳增值税额 | 附 列 资 料 |
| 减免增值税额 | 备注: |
| 实际应纳增值税额 | 1. 小规模纳税人只需填写销售额、增收率、销售税额栏。 |
| 期初待抵扣税金余额 | 2. 免税产品仍应填写销售额栏,在税栏内注明免税。 |
| 期末待抵扣税金余额 | 3. 进项税额栏除免税农业产品进项税额=免税农业产品买价×10%,其余均<br>按发票注明的税款填写。 |
| 本期已交纳增值税额 | 4. 经营类型是指纳税人的生产经营是工业生产、商业批发不是商业零售。 |
| 应退(补)增值税(±) | |

财务负责人: 制表: 申报日期: 年 月 日

✂ - - - - - - - - - - - - - - - - - - - - - - - - - - - - - - ✂

凭证 4-41

## 广东增值税专用发票

4400141170

No 03076279
4400141170
3076279

开票日期: 年 月 日

| 购货单位 | 名 称: | | 密码区 | |
|---|---|---|---|---|
| | 纳税人识别号: | | | |
| | 地址、电话: | | | |
| | 开户行及账号: | | | |

| 货物或应税劳务、服务名称 | 规格型号 | 单位 | 数量 | 单价 | 金额 | 税率 | 税额 |
|---|---|---|---|---|---|---|---|
| | | | | | | | |
| 税价合计(大写) | | | | | (小写) | | |

| 销货单位 | 名 称: | | 备注 | |
|---|---|---|---|---|
| | 纳税人识别号: | | | |
| | 地址、电话: | | | |
| | 开户行及账号: | | | |

收款人: 复核: 开票人: 销货单位:(章)

税总局〔2014〕10号 海南华森实业公司

第一联:记账联 销货方记账凭证

凭证 4-42

# 不动产增值税计算表

年　月　日

| 项目 | 销售额 | 税率 | 增值税额 |
|---|---|---|---|
|  |  |  |  |
|  |  |  |  |
|  |  |  |  |
| 合计 |  |  |  |

财务主管：　　　　　　　复核：　　　　　　　制表：

-----✂------------------------------------------------------✂-----

凭证 4-43

中国工商银行
转账支票存根（　）

西安西协证券有限责任公司 · 2005 年印制

AB/02　00000000

附加信息

出票日期　年　月　日

收款人：

金　额：

用　途：

单位主管　　　会计

本支票付款期限十天

🏦 中国工商银行　转账支票（　）　地AB 00000000　名02

出票日期（大写）　　年　月　日　　付款行名称：

收款人：　　　　　　　　　　　出票人账号：

| 人民币<br>（大写） |  | 亿 | 千 | 百 | 十 | 万 | 千 | 百 | 十 | 元 | 角 | 分 |
|---|---|---|---|---|---|---|---|---|---|---|---|---|
|  |  |  |  |  |  |  |  |  |  |  |  |  |

用途_____

以上款项请从
我账户内支付
出票人签章

复核　　　　　　　记账

凭证 4-44

## 中国工商银行 进 账 单 （收账通知） 3

年 月 日

| 出票人 | 全 称 | | 收款人 | 全 称 | |
|---|---|---|---|---|---|
| | 账 号 | | | 账 号 | |
| | 开户银行 | | | 开户银行 | |

| 金额 | 人民币<br>（大写） | | | | 亿 | 千 | 百 | 十 | 万 | 千 | 百 | 十 | 元 | 角 | 分 |

| 票据种类 | | 票据张数 | |
|---|---|---|---|
| 票据号码 | | | |

| 复核 | 记账 | 收款人开户银行签章 |

---

凭证 4-45

## 广东增值税专用发票

4400141170

No 03076384
4400141170
3076384

开票日期： 年 月 日

| 购货单位 | 名 称： | | | | 密码区 | | | （略） | |
| | 纳税人识别号： | | | | | | | | |
| | 地址、电话： | | | | | | | | |
| | 开户行及账号： | | | | | | | | |

| 货物或应税劳务、服务名称 | 规格型号 | 单 位 | 数 量 | 单价 | 金 额 | 税率 | 税 额 |
|---|---|---|---|---|---|---|---|
| | | | | | | | |
| | | | | | | | |

| 税价合计（大写） | | | | （小写） | | |

| 销货单位 | 名 称： | | | 备注 | |
| | 纳税人识别号： | | | | |
| | 地址、电话： | | | | |
| | 开户行及账号： | | | | |

收款人： 复核： 开票人： 销货单位：（章）

税总局〔2014〕10 号 海南华森实业公司

第一联：记账联 销货方记账凭证

297

凭证 4-46

# 无形资产核销单

2018 年 8 月 9 日 单位:元

| 种 类 | 原始成本 | 已摊销额 | 未摊销额 | 备 注 |
|------|---------|---------|---------|------|
| | | | | |
| | | | | |
| | | | | |

说明:

凭证 4-47

# 产品出仓单

2018 年 8 月 20 日 第 号

| 编号 | 产品名称 | 单位 | 规格 | 数量 | 单价 | 金 额 | | | | | | | |
|------|---------|------|------|------|------|------|---|---|---|---|---|---|---|
| | | | | | | 十万 | 千 | 百 | 十 | 元 | 角 | 分 | |
| | 甲产品 | 千克 | | 200 | 250 | ¥ 5 | 0 | 0 | 0 | 0 | 0 | 0 | |
| | | | | | | | | | | | | | |
| | | | | | | | | | | | | | |
| | | | | | | | | | | | | | |
| 合 计 | | | | | | ¥ 5 | 0 | 0 | 0 | 0 | 0 | 0 | |

记账: 保管: 制票:

第三联:财务 附件 张

299

凭证 4-48

## 广东增值税专用发票

4400141170

账

No 03076418
4400141170
3076418

开票日期： 年 月 日

| 购货单位 | 名 称：<br>纳税人识别号：<br>地 址、电 话：<br>开户行及账号： | | | | | 密码区 | | |
|---|---|---|---|---|---|---|---|---|
| 货物或应税劳务、服务名称 | 规格型号 | 单 位 | 数 量 | 单价 | 金 额 | 税率 | 税 额 | |
| | | | | | | | | |
| 税价合计（大写） | | | | | | （小写） | | |
| 销货单位 | 名 称：<br>纳税人识别号：<br>地 址、电 话：<br>开户行及账号： | | | | 备注 | | | |

收款人： 复核： 开票人： 销货单位：（章）

第一联：记账联 销货方记账凭证

---

凭证 4-49

## 消费税计算表

年 月 日 金额单位:元

| 产品名称 | 价款(或数量) | 税率 | 应纳消费税 |
|---|---|---|---|
| | | | |
| | | | |
| | | | |
| 合计 | | | |

财务主管： 复核： 制表：

凭证 4-50

## 应交城市维护建设税、应交教育费附加计算表

年　月　日　　　　　　　　　　　　　金额单位:元

| 流转税项目 | 本期应纳流转税金额 | 城市维护建设税 | | 教育费附加 | |
|---|---|---|---|---|---|
| | | 税率 | 金额 | 税率 | 金额 |
| 增值税 | | | | | |
| 消费税 | | | | | |
| 合计 | | | | | |

财务主管:　　　　　　　　复核:　　　　　　　　制表:

凭证 4-51

## 机动车销售统一发票　　　No　097769

2018 年 6 月 1 日

| 购货单位 | 甲企业 | | | 组织机构代码 | ×××××××××××× | |
|---|---|---|---|---|---|---|
| 车辆类型 | 小轿车 | 厂牌型号 | | 别克 | 产地 | 上海 |
| 发动机号码 | ×××××××××××××× | | | 车架号码 | ×××××××××××× | |
| 数量 | 壹 | 单价 | 374 400 | | | |
| 价外费用 | 名称 | 装饰　费 | | 费 | | 费 |
| | 金额 | 10 000 | | | | |
| 价费合计 | 叁拾捌万肆仟肆佰元整 | | | | ¥384 400 | |
| 销货单位 | 金冠汽车有限公司 | | | 地址 | ××大道 108 号 | |
| 纳税人识别号 | ××××××××××× | | 开户银行 | ×××××××××××× | | |
| 备注 | | | | | 金冠汽车有限公司 | |

凭证 4-52

## 车辆购置税缴款凭证

2018 年 6 月 1 日　　　　　粤(2007)498399 号

| 车主 | 甲企业 | | | | |
| --- | --- | --- | --- | --- | --- |
| 车辆厂牌型号 | 别克/君威 233A | | | 国产/进口 | 国产 |
| 车辆计税价格 | 330 000 | 缴税金额 | 33 000 | 滞纳金 | |
| 合计金额(大写) | 叁万叁仟元整 | | ￥33 000.00 | | |
| 发给车辆购置完税证明号码：第 9483949 号 | | | | | |

凭证 4-53

## 中国工商银行　电汇凭证　（回单）

委托日期　年　月　日　　　　　　第 1 号

| 汇款人 | 全　称 | | 收款人 | 全　称 | | | | | | | | | | | |
|---|---|---|---|---|---|---|---|---|---|---|---|---|---|---|---|
| | 账　号 | | | 账　号 | | | | | | | | | | | |
| | 汇出地点 | 省　市/县 | | 汇入地点 | 省　市/县 | | | | | | | | | | |
| | 汇出行名称 | | | 汇入行名称 | | | | | | | | | | | |
| 金额 | 人民币<br>(大写) | | | | | 亿 | 千 | 百 | 十 | 万 | 千 | 百 | 十 | 元 | 角 | 分 |

支付密码

附加信息及用途

汇出行签章　　　　复核：　　　记账：

凭证 4-54

## 固定资产卡片

| 卡片编号 | |
|---|---|
| 固定资产项目编号 | |

固定资产类别：

| 固定资产项目名称 | | 型号规格或技术特点 | | 建设单位或制造工厂名称 | | 取得来源 | |
|---|---|---|---|---|---|---|---|
| 原　值 | | 其中安装费 | | 预计残值 | | 预　计清理费用 | |
| 建造日期 | | 验收日期 | | 开始使用日期 | | 预　计使用年限 | |
| 年折旧额 | | 年折旧率 | | 月折旧额 | | 月折旧率 | |
| 拨入日期 | | 拨入时已使用年限 | | 尚能使用年限 | | 拨入时已提折旧额 | |

| 使用或保管部门变动情况 | | | 原价变动记录 | | | | 附属设备记录 | | | | |
|---|---|---|---|---|---|---|---|---|---|---|---|
| 日期 | 凭证 | 使用或保管部门 | 日期 | 凭证 | 增加 | 减少 | 名称 | 规格 | 单位 | 数量 | 金额 |
| 20　年　月 | | | | | | | | | | | |

单位主管：　　　　会计：　　　　复核：　　　　记账：

凭证 4-55

## 广东省××市印花税发票　　No 8393920

购票单位地址：甲企业　　　　2018 年 6 月 10 日

| 票面面额 | 数量（枚） | 超过千元无效 | 金　额 | | | | | |
|---|---|---|---|---|---|---|---|---|
| | | | 千 | 百 | 十 | 元 | 角 | 分 |
| 贰拾元 | 150 | | 3 | 0 | 0 | 0 | 0 | 0 |
| | | | | | | | | |
| | | | | | | | | |
| | | | | | | | | |
| 合计（大写）叁仟元整 | | 合计 | 3 | 0 | 0 | 0 | 0 | 0 |

费用核算岗位实操训练

307

凭证 4-54

| 计提基本折旧基金 | | | | 大修理完工记录 | | | | 停用复用记录 | | |
|---|---|---|---|---|---|---|---|---|---|---|
| 年度 | 本期提取 | 累计提取 | 净值 | 日期 | 凭证 | 摘要 | 金额 | 停用日期 | 停用原因 | 复用日期 |
| 调出<br>记录 | 调出日期:<br>调往单位:<br>原　值:<br>安　装　费: | | 批准文号:<br><br>已使用年限: | | | 报废<br>清理<br>记录 | 清理原因:<br>实际使用:<br>年　限:<br>清理费用: | | 清理日期:<br>批准文号:<br>变价收入: | |
| 备<br>注 | | | | | | | 建、销卡 | 日　期 | 经办人 | |
| | | | | | | | 建卡 | 20　年　月 | | |
| | | | | | | | 销卡 | - | | |

凭证 4-56

# 房产税计算表

2015 年 6 月 30 日 金额单位:元

| 房产名称 | 房屋用途 | 间数 | 房屋余值(或租金收入) | 税率 | 应纳房产税 |
|---|---|---|---|---|---|
|  |  |  |  |  |  |
|  |  |  |  |  |  |
| 合计 |  |  |  |  |  |

- - - ✂ - - - - - - - - - - - - - - - - - - - - - - - - - - - ✂ - - -

凭证 4-57

# 广东省税收库行联网电子缴税(费)凭证

征收机关:85543780

收缴国库:广州市中心支库　　　　填发日期:20180708　　　　电子缴税号:085797

| 纳税人识别码:449674608 | 纳税人账户名称:甲企业 |
|---|---|
| 纳税人名称:甲企业 | 纳税人账号:9409484985 |
| 税款限缴期:20190615 | 纳税人开户行:中国工商银行 |
| 税种税目:房产税 | 金额:4 800.00 |
| 纳税金额合计　大写:肆仟捌佰元整 | 小写:4 800.00 |
| 上述款项已划缴。　扣缴日期:20180708 |  |
| 税款所属期:20180101-20180630 | 银行盖章:　　　　　　　经办: |

- - - ✂ - - - - - - - - - - - - - - - - - - - - - - - - - - - ✂ - - -

凭证 4-58

中国工商银行
转账支票存根( )
AB
02
00000000

附加信息 _____

出票日期　　年　月　日

收款人:

金　额:

用　途:

单位主管　　会计

本支票付款期限十天

中国工商银行　转账支票( )　地AB名02 00000000

出票日期(大写)　年　月　日　付款行名称:

收款人:　　　　　　　　　　出票人账号:

人民币
(大写)　　　　　　　| 亿 | 千 | 百 | 十 | 万 | 千 | 百 | 十 | 元 | 角 | 分 |

用途 _____

以上款项请从
我账户内支付
出票人签章

复核　　　　　　　记账

# 财务成果核算岗位实操训练

**职业能力目标：**

◆ 专业能力：学生使用企业财务信息资源进行工作计划；采取系统的行动确定所有者权益和财务成果核算的步骤；要注重所有者权益和财务成果核算的规章制度的学习和应用；熟练掌握凭证、账簿和工具的使用；熟练操作财务成果完整的核算过程。

◆ 职业能力：鼓励以小组形式组织学生实训，有利于提高学生的团队工作计划和实施能力，并有利于提高学生的整体组织和管理能力；学生应扩展、延伸相应的知识和技能，并具备线上、线下收集相关信息的能力。

**典型工作任务：**

报销账务、单据审核、核算所有者权益的变动、冲销账务、年末结转、清算、年末对账、税费清算等业务。

# 项目 5-1　岗位工作任务训练内容与难点

**1. 训练内容**

◆ 所有者权益的含义和内容

◆ 实收资本、资本公积、留存收益的核算

◆ 所得税费用和利润形成的核算

◆ 税后利润分配和年终转账核算

**2. 训练难点**

◆ 实收资本(股本)的核算

要理解掌握实收资本(股本)的含义以及与注册资本、投入资金等说法的区别,正确理解并准确掌握实收资本的概念以及实收资本(股本)的增减变动情况、法律规定和相应的账务处理程序。在核算时要注意:

(1) 投入资本的类型。根据不同的类型区别对待。

(2) 实际收到的货币资金或者非货币资产的公允价值并不一定就是实收资本的入账金额,要按照协议确定的股份比例入账。

◆ 资本公积的核算

资本公积是企业收到的投资者出资超出其在注册资本中所占份额的投资,以及可以直接计入所有者权益的利得和损失等。这主要包括:

(1) 资本(或股本)溢价的核算。

(2) 其他资本公积的核算。

(3) 资本公积转增资本的核算。

◆ 留存收益

所有者权益按照来源不同,可以分为原始投入部分和经营中形成部分。留存收益就是企业通过经营获得利润后分配留存的部分。所有者权益包括盈余公积和未分配利润两部分。盈余公积的核算包括提取和使用两部分业务,而盈余公积的使用又可分为盈余公积补亏、转增资本和发放现金股利或利润。

◆ 所得税费用核算

所得税是根据企业应纳税所得额的一定比例上交的一种税金。企业每一期间的所得税费用是以资产、负债的计税基础为前提的,企业在取得资产、负债时,应当确定其计税基础。资产的计税基础是指企业收回资产账面价值过程中,计算应纳税所得额时按照税法规定可以从应税经济利益中抵扣的金额。负债的计税基础是指负债的账面价值减去未来期间计算应纳税所得额时按照税法规定可予抵扣的金额。

◆ 利润形成核算

利润是指企业在一定会计期间的经营成果。利润包括收入减去费用后的净额、直接计入当期利润的利得和损失等。利润金额取决于收入和费用、直接计入当期利润的利得和损失金额的计量。

利润总额的计算公式如下：

营业利润 ＝ 营业收入－营业成本－税金及附加－销售费用－管理费用－财务费用

　　　　　－信用减值损失－资产减值损失±公允价值变动收益(损失)±投资收益(损失)

　　　　　＋其他收益＋资产处置收益(损失)

利润总额 ＝ 营业利润＋营业外收入－营业外支出

净利润 ＝ 利润总额－所得税费用

# 项目 5-2　岗位工作任务训练要求与目的

**1. 训练要求**

学生通过对本项目的学习,应了解企业所有者权益的含义和内容,了解相应的法律规定;掌握实收资本(股本)、资本公积、盈余公积和未分配利润的核算方法和程序;掌握利润的构成内容及结转本年利润的会计处理。

**2. 训练目的**

学生通过本项目相关知识的具体操作实训,基本能熟练应用所学的所有者权益项目和利润的结转,并在实际工作中融会贯通。

# 项目 5-3　岗位工作任务训练

## 任务 1　所有者权益核算的实操训练

**任务 1-1　实收资本核算的训练**

1. 2018 年 10 月 1 日,A、B、C 三家公司共同出资创立了甲企业,其注册资本为 300 万元,A、B、C 三家公司出资比例依次为 20％、30％、50％。具体业务资料如下：

(1) 10 月 5 日,收到 A 公司交来的投资款 60 万元。（凭证 5-1）

(2) 10 月 12 日,收到 B 公司投资转入的原材料一批,对方提供的增值税专用发票列示材料价款为 800 000 元,增值税额为 136 000 元,已办妥移交手续并验收入库。（凭证 5-2 和凭证 5-3）

(3) 10 月 25 日,办妥 C 公司投入的专利技术相关手续,该技术作价 100 万元,并收到 C 公司支票 50 万元,已存入银行。（凭证 5-4 至凭证 5-8）

**要求：**

◇ 根据经济业务填制原始凭证。

◇ 根据原始凭证填制有关记账凭证。

◇ 根据记账凭证登记相关账簿。

**任务 1-2　股本核算的训练**

1. 甲企业为股份有限公司,2018 年 10 月经批准,增发普通股股票,每股面值为 2 元,认购价为 5 元。委托某证券公司代为发行,按发行收入的 1‰支付证券公司佣金,从发行收入中直接扣除。10 月 20 日,发行结束,共认购 3 000 000 股,收到发行机构扣除佣金后转来的发行款项存入银行(其他税费略)。(凭证 5-9 和凭证 5-10)

2. 甲企业于 2018 年 10 月 20 日以 5 000 股普通股(面值 30 元)换取 A 公司的一项专用设备,该设备原账面价值 280 000 元,已提折旧 50 000 元,双方认可的评估价值为 200 000 元。(凭证 5-11 至凭证 5-13)

3. 甲企业共有普通股股本 500 000 股,每股面值为 10 元,"资本公积——股本溢价"账户账面余额为 450 000 元,"盈余公积"为 1 200 000 元,"未分配利润"为 150 000 元。2015 年 10 月 25 日,以每股 15 元购回本公司的普通股 100 000 股,并予以注销。(凭证 5-14 至凭证 5-16)

**要求:**

◇ 根据经济业务填制原始凭证。

◇ 根据原始凭证填制有关记账凭证。

◇ 根据记账凭证登记相关账簿。

**任务 1-3　资本公积核算的训练**

1. 假设甲企业由甲、乙、丙三位股东各自出资 200 万元设立,设立时实收资本为 600 万元。3 年后该企业的留存收益为 300 万元,这时有丁投资者有意出资 360 万元而占企业股份的 25%,得到公司原有股东认可,2018 年 10 月 12 日收到丁转来的一张支票。(凭证 5-17 至凭证 5-19)

2. 甲企业 11 月份经批准发行股票 2 000 万股,股票发行事宜委托某证券公司办理,每股面值 2 元,发行价 5.8 元,发行费用按 3‰从发行收入中直接扣除。证券公司已将 2 000 万股全部发行完毕,收到股票发行款。(凭证 5-20 和凭证 5-21)

**任务 1-4　盈余公积核算的训练**

2015 年年末,甲企业发生下列有关盈余公积的经济业务:

1. 全年共实现净利润 200 万元,按要求计提法定盈余公积,按 8%的比例计提任意盈余公积。(注:假设 2018 年 1~11 月未提盈余公积)(凭证 5-22)

2. 上年未弥补完的 7 年前亏损 15 万元,经董事会研究以任意盈余公积弥补。(凭证 5-23)

3. 企业有四个法人投资者甲、乙、丙、丁,其投资比例为 4∶3∶2∶1,现将资本公积 60 万元、盈余公积 140 万元按投资比例转增资本。(凭证 5-24 和凭证 5-25)

**要求:**

◇ 根据经济业务填制原始凭证。

◇ 根据原始凭证填制有关记账凭证。

◇ 根据记账凭证登记相关账簿。

### 任务 1-5　所有者权益核算的训练

甲企业 2018 年度的有关资料如下：

1. 年初，未分配利润为 800 万元，本年利润总额为 1 500 万元，适用的企业所得税税率为 25%。当年按税法规定的全年计税工资为 300 万元，甲企业全年实发工资 350 万元。经查，甲企业当年营业外支出中有 20 万元为税款滞纳罚金。除此之外，不存在其他纳税调整因素。（凭证 5-26）

2. 按税后利润的 10% 提取法定盈余公积。

3. 提取任意盈余公积 150 万元。

4. 向投资者宣告分配现金股利 600 万元。

5. 计算年末未分配利润。

**要求：**

◇ 计算填列甲企业利润分配明细表，并编制确认所得税费用、结转所得税和结转本年利润的会计分录。

◇ 根据原始凭证填制有关记账凭证。

◇ 根据记账凭证登记相关账簿。

**难点思考：**

1. 所有者权益核算内容有哪些？

2. 简述实收资本、资本公积、盈余公积以及未配利润之间的区别和联系。

**知识链接：**

http://61.145.231.44:8080/skills/solver/classView.do? fwcid＝block&feature＝blockItem&action＝browse&layoutType＝E&portalId＝E&scopeKey＝8264350&objectId＝8264350&blockKey＝8325490&key＝8325937&type＝portalMenu&classKey＝8264350

（专业教学资源库——实收资本的核算）

## 任务 2　利润形成与分配的实操训练

### 任务 2-1　所得税核算的训练

1. 甲企业于 2018 年 11 月 30 日购入一台价值 3 00 000 万元不需要安装的设备。该设备预计使用期限为 5 年，期末无残值。该企业会计上采用直线法计提折旧，而税法规定采用年数总和法计提折旧，该企业各年均实现会计利润 400 000 元。无其他纳税调整项目，所得税税率为 25%。计算 2018 年应交企业所得税。（凭证 5-27）

**要求：**

◇ 根据经济业务填制原始凭证。

◇ 根据原始凭证填制有关记账凭证。

◇ 根据记账凭证登记相关账簿。

2. 甲企业持有一项可供出售金融资产，成本为 600 万元，当年 12 月 31 日其公允价值为 800 万元，假定税法规定其计税基础不得变动，该企业适用的所得税税率为

25％。请进行所得税处理。(凭证 5-28)

**要求：**

◇ 根据经济业务填制原始凭证。

◇ 根据原始凭证填制有关记账凭证。

◇ 根据记账凭证登记相关账簿。

3. 甲企业 2018 年度实现利润总额为 5 000 万元。2015 年度实际发生业务招待费 100 万元，按税法规定允许抵扣的金额为 80 万元；国债利息收入为 5 万元；其他按税法规定不允许抵扣的金额为 30 万元，无其他调整事项，所得税税率为 25％。计算 2015 年度的所得税费用和应交所得税。(凭证 5-29)

**要求：**

◇ 根据经济业务填制原始凭证。

◇ 根据原始凭证填制有关记账凭证。

◇ 根据记账凭证登记相关账簿。

### 任务 2-2  税后利润分配的训练

甲企业是由甲、乙、丙公司共同出资设立的中外合资企业。2018 年年初，经注册会计师验证确认的各出资者出资情况见表 5-1。

表 5-1

**投资明细表**                                   单位：万元

| 出资者名称 | 出资比例 | 货币 | 固定资产 | 无形资产 |
|---|---|---|---|---|
| 甲公司 | 50％ |  | 200 | 300 |
| 乙公司 | 30％ | 300 |  |  |
| 丙公司 | 20％ | 200 |  |  |

2015 年度，甲企业实现利润 200 万元(免交所得税)，按 10％和 5％提取法定盈余公积和任意盈余公积，向投资者分配利润 80 万元。(凭证 5-30 至凭证 5-32)

**要求：**

◇ 根据经济业务填制原始凭证。

◇ 根据原始凭证填制有关记账凭证。

◇ 根据记账凭证登记相关账簿。

### 任务 2-3  年终转账的训练

1. 甲企业年终结账前有关损益类账户结账前的期末余额见表 5-2。(凭证 5-33)

表 5-2

**损益类账户结账前的期末余额**                          单位：元

| 收入科目 | 结账前期末贷方余额 | 费用科目 | 结账前期末借方余额 |
|---|---|---|---|
| 主营业务收入 | 475 000 | 主营业务成本 | 325 000 |
| 其他业务收入 | 100 000 | 其他业务成本 | 75 000 |

（续表）

| 收入科目 | 结账前期末贷方余额 | 费用科目 | 结账前期末借方余额 |
|---|---|---|---|
| 投资收益 | 7 500 | 税金及附加 | 18 000 |
| 营业外收入 | 20 750 | 销售费用 | 20 000 |
| | | 管理费用 | 60 000 |
| | | 财务费用 | 12 500 |
| | | 营业外支出 | 35 000 |

**要求：**

◇ 根据经济业务结转账务（填制原始凭证）。

◇ 根据原始凭证填制有关记账凭证。

◇ 根据记账凭证登记相关账簿。

### 任务 2-4 利润计算与核算的训练

1. 甲企业为增值税一般纳税人，适用的增值税税率为 16%，产品销售价款中均不含增值税额。甲企业适用的所得税税率为 25%。产品销售成本按经济业务逐项结转。

2018 年度，甲企业发生如下经济业务：

（1）向 B 公司销售产品一批，产品销售价款为 160 000 元，产品销售成本为 70 000元，产品已经发出，并开具了增值税专用发票，同时向银行办妥了托收手续。（凭证 5-34 至凭证 5-36）

（2）收到 B 公司因产品质量问题退回的产品一批，并验收入库。甲企业用银行存款支付了退货款，并按规定向 B 公司开具了红字增值税专用发票。

该退货系甲企业 2018 年 12 月 20 日，以提供现金折扣方式（折扣条件为"2/10，1/20，N/30"，折扣仅限于销售价款部分）出售给 B 公司的，产品销售价款为 20 000 元，产品销售成本为 11 000 元。销售款项于 12 月 29 日收到并存入银行。该项退货不属于资产负债表日后事项。（凭证 5-37 至凭证 5-40）

（3）委托 C 公司代销产品一批，并将该批产品交付 C 公司。代销合同规定甲企业按售价的 10% 向 C 公司支付手续费，该批产品的销售价款为 240 000 元，产品销售成本为 132 000 元。（凭证 5-41 和凭证 5-42）

（4）甲企业收到了 C 公司的代销清单。C 公司已将代销的产品全部售出，款项尚未支付给甲企业。甲企业在收到代销清单时向 C 公司开具了增值税专用发票，并按合同规定确认应向 C 公司支付的代销手续费。（凭证 5-43 和凭证 5-44）

（5）用银行存款支付管理费用 86 800 元，计提坏账准备 6 000 元。（凭证 5-45 和凭证 5-46）

（6）销售产品应交的城市维护建设税为 4 256 元，应交的教育费附加为 1 824 元。（凭证 5-47）

（7）计算应交所得税（假定甲企业不存在纳税调整因素）。（凭证 5-48）

（8）结转本年利润（甲企业年末一次性结转损益类科目）。（凭证 5-49）

要求：

◇ 根据经济业务填制原始凭证。

◇ 根据原始凭证填制有关记账凭证。

◇ 根据记账凭证登记相关账簿。

☞ **难点思考：**

1. 企业所得税的计算方法以及纳税调整项目有哪些？

2. 年度收入与支出项目如何结转以及利润分配的结转方法有哪些？

☞ **知识链接：**

http://www.chinaacc.com/new/635_649_201103/16ya1230218766.shtml

（中华会计网校——利润分配的核算及其账务处理）

# 项目 5-4    考证知识训练

**单项客观选择题**

1. 企业分次筹集资本时,公司全体股东的首次出资额不得低于注册资本的(    ),也不得低于法定的注册资本最低限额。

   A. 10%              B. 15%              C. 20%              D. 25%

2. 盈余公积用于弥补亏损、转增资本和发放股利后不得低于注册资本的(    )。

   A. 10%              B. 20%              C. 25%              D. 30%

3. 某企业年初所有者权益总额为 160 万元,当年以其中的资本公积转增资本 50 万元。当年实现净利润 300 万元,提取盈余公积 30 万元,向投资者分配利润 20 万元。该企业年末所有者权益总额为(    )万元。

   A. 360              B. 440              C. 410              D. 460

4. 某股份有限公司委托某证券机构发行股票 1 000 万股,每股面值 1 元,发行价为 5.2 元,共募集资金 5 200 万元。发行费用按 3% 从募集资金中扣除,该公司应计入资本公积(    )万元。

   A. 4 044            B. 5 044            C. 5 356            D. 4 200

5. 下列经济业务中,能引起所有者权益总额发生增减变化的是(    )。

   A. 提取盈余公积                    B. 以资本公积转增资本

   C. 以利润弥补以前年度亏损          D. 以盈余公积发放现金股利

6. 下列项目中,不属于留存收益的是(    )。

   A. 未分配利润                      B. 已宣告未发放的现金股利

   C. 法定盈余公积                    D. 任意盈余公积

7. 有限责任公司在增资扩股时,新投资者的出资额大于其在注册资本中所占份额的部分,记入(    )账户。

   A. "实收资本"      B. "资本公积"      C. "股本"          D. "盈余公积"

8. 如果上年年末企业未分配利润为 500 000 元,本年度实现净利润 2 700 000 元,提取法定盈余公积后,提取任意盈余公积 50 000 元,分配股利 2 000 000 元,则期末资产负债表上应列示"未分配利润"(    )元。

    A. 880 000       B. 650 000       C. 700 000       D. 750 000

9. 采用权益法核算长期股权投资时,对于被投资企业因可供出售金融资产公允价值变动影响资本公积增加,期末因该事项投资企业应按所拥有的表决权资本的比例计算应享有的份额,将其计入(    )。

    A. 营业外收入    B. 投资收益    C. 其他业务收入   D. 资本公积

10. 2007 年 1 月 1 日,某企业所有者权益情况如下:实收资本为 200 万元,资本公积为 17 万元,盈余公积为 38 万元,未分配利润为 32 万元。则该企业 2007 年 1 月 1 日留存收益为(    )万元。

    A. 32       B. 38       C. 70       D. 87

11. 下列各项中,不应记入"营业外收入"账户的是(    )。

    A. 出租固定资产取得的收入    B. 取得客户违反合同的罚款
    C. 出售无形资产取得的收入    D. 处置固定资产取得的收入

12. 某工业企业本月出售商品取得收入 20 000 元;出售固定资产变价收入 25 000 元;接受捐赠收入 10 000 元;提供工业劳务收入 1 600 元。则本月营业收入为(    )元。

    A. 60 000       B. 21 600       C. 20 000       D. 46 600

**多项客观选择题**

1. 下列事项中,能增加企业资本公积的是(    )。

    A. 溢价发行股票
    B. 溢价发行债券
    C. 接受现金捐赠
    D. 某项资产转为投资性房地产,其转换日公允价值大于账面价值的差额

2. 盈余公积减少可能是因为(    )。

    A. 用盈余公积转增资本    B. 用盈余公积对外捐赠
    C. 用盈余公积弥补亏损    D. 用盈余公积派发股利

3. 按照我国现行会计制度规定,下列项目中,能转增资本的是(    )。

    A. 资本(或股本)溢价    B. 未分配利润
    C. 法定盈余公积    D. 资本公积
    E. 住房公积金

4. 下列项目中,可以用来弥补以前年度亏损的是(    )。

    A. 法定盈余公积    B. 任意盈余公积
    C. 资本公积    D. 实收资本
    E. 用以后盈利年度的税前利润补亏

5. 下列事项中,能增加或减少企业所有者权益的是(    )。

A. 股东追加投资　　　　　　　　　　B. 按面值发行股票

C. 宣布发放现金股利　　　　　　　　D. 用资本公积转增资本

6. 企业吸收投资者出资时,下列会计科目的余额可能发生变化的有(　　)。

A. 盈余公积　　　B. 资本公积　　　C. 实收资本　　　D. 利润分配

7. 下列项目中,属于所有者权益项目的有(　　)。

A. 所有者投入的资本　　　　　　　B. 直接计入所有者权益的利得和损失

C. 应付职工薪酬　　　　　　　　　D. 留存收益

8. 股份公司经批准以收购本企业股票方式减资的,购回股票支付的价款超过面值总额部分,应依次减少(　　)。

A. 股本　　　　　　　　　　　　　B. 实收资本

C. 盈余公积　　　　　　　　　　　D. 利润分配——未分配利润

9. 下列各项中,应当计入企业利润总额的有(　　)。

A. 营业利润　　　B. 投资收益　　　C. 营业外收入　　　D. 营业外支出

10. 下列各项中,作为当期营业利润扣除项目的有(　　)。

A. 销售价款中包含的增值税　　　　B. 本期无形资产摊销额

C. 实际发生的广告费支出　　　　　D. 出售无形资产发生的净损失

**客观判断题**

1. 投资者投入企业的资金就是企业实收资本。　　　　　　　　　　　　(　　)

2. 债权人只享有到期收回本金和利息的权利,而无权参与企业的经营决策和收益分配,而所有者权益在很多情况下可以分享企业收益和参与企业经营管理。(　　)

3. 企业按规定用盈余公积弥补以前年度亏损,会使企业所有者权益总额减少。(　　)

4. 资本公积只有在所有者投入企业的资金超过注册资本份额时才有可能发生。(　　)

5. "利润分配——未分配利润"账户年终转账后一般应无余额。　　　　　(　　)

6. 企业以盈余公积向投资者分配现金股利,不会引起留存收益总额的变动。(　　)

7. 资本公积是投资者或其他人投入到企业、所有权归属于投资者并且投资额超过法定资本部分。　　　　　　　　　　　　　　　　　　　　　　　　　(　　)

8. 资本公积来源多样,它可以来源于投资者的额外投入,也可以来源于企业中某项资产的公允价值变动。　　　　　　　　　　　　　　　　　　　　　　(　　)

9. 所得税是企业的一项费用支出,而非利润分配。　　　　　　　　　　(　　)

10. 营业外收入、管理费用和销售费用都会影响企业的营业利润。　　　　(　　)

# 项目5　实训附件(可裁剪)

凭证 5-1

## 中国工商银行　进 账 单　（收账通知）　1

2018 年 10 月 5 日

| 出票人 | 全　称 | A 公司 | 收款人 | 全　称 | 甲企业 |
|---|---|---|---|---|---|
| | 账　号 | ××× | | 账　号 | ××× |
| | 开户银行 | 农行××支行 | | 开户银行 | 工行××支行 |

| 金额 | 人民币<br>（大写） | 陆拾万元整 | 亿 | 千 | 百 | 十 | 万 | 千 | 百 | 十 | 元 | 角 | 分 |
|---|---|---|---|---|---|---|---|---|---|---|---|---|---|
| | | | | | ¥ | 6 | 0 | 0 | 0 | 0 | 0 | 0 | 0 |

| 票据种类 | 支票 | 票据张数 | 1 张 |
|---|---|---|---|
| 票据号码 | | | |

复核　　　　　记账　　　　　收款人开户银行签章

此联是收款人开户银行交给收款人的收账通知

财务成果核算岗位实操训练

---

凭证 5-2

## 广东增值税专用发票

4400141170

No 03075389
4400141170
03075389

开票日期：2018 年 10 月 12 日

| 购货单位 | 名　　称：甲企业 | | | | 密码区 | （略） | | |
|---|---|---|---|---|---|---|---|---|
| | 纳税人识别号：12345678AB12345678 | | | | | | | |
| | 地址、电话：广东省珠海市香洲区翠香路 53 号 0756-2234567 | | | | | | | |
| | 开户行及账号：工行桥南办事处 6212263602031234 5678 | | | | | | | |
| 货物或应税劳务、服务名称 | 规格型号 | 单位 | 数量 | 单价 | 金　额 | 税率 | 税　额 |
| 钢材 | | 吨 | 160 | 5 000.00 | 800 000.00 | 16% | 128 000.00 |
| 合计 | | | | | ¥800 000.00 | | ¥128 000.00 |
| 税价合计(大写) | ⊗玖拾贰万捌仟元整 | | | | (小写)¥928 000.00 | | |
| 销货单位 | 名　　称：B 公司 | | | | 备注 | | |
| | 纳税人识别号：12345678CD12345678 | | | | | | |
| | 地址、电话：广东省海珠市香洲区路 53 号 0756-2234567 | | | | | | |
| | 开户行及账号：工行海珠分行 6212263602031234 5678 | | | | | | |

B 公司
12345678CD12345678
发票专用章

税总局[2014]10 号　南海华税实业公司

收款人：　　　　复核：　　　　　开票人：　　　　销货单位：（章）

第三联：发票联　购货方记账凭证

凭证 5-3

# 材料入库验收单

| 类别 | 原料及主要材料 |
|---|---|
| 发票编号 | |

| 编号 | |
|---|---|
| 来源 | |

验收日期:2018 年 10 月 12 日

| 品名 | 规格 | 单位 | 数量 | | 实际价格 | | | | 计划价 | |
|---|---|---|---|---|---|---|---|---|---|---|
| | | | 来料数 | 实际数 | 单价 | 总价 | 运杂费 | 合计 | 单价 | 总价 |
| 钢材 | | 吨 | | 160 | 5 000 | 800 000 | | 800 000 | | |
| | | | | | | | | | | |
| | | | | | | | | | | |
| 合　计 | | | | | | | | 800 000 | | |

供销主管:　　　　　　验收主管:　　　　　　采购:　　　　　　制单:

凭证 5-4

# 资产投资转移单

投出单位:C 公司

投入单位:甲有限公司　　　　　　2018 年 10 月 25 日　　　　　　转移单号:0003

| 转移原因 | 联营投资 | | |
|---|---|---|---|
| 名称 | 合同号 | 价值(元) | 期限(年) |
| ××专利技术 | 009583 | 1 000 000 | |
| | | | |
| 合　计 | | 1 000 000 | |

附件:关于××的资产评估报告

移交人(C 公司)签字(盖章):　　　　　　　　接受人(甲公司)签字(盖章):

凭证 5-5

# 资产评估报告书

×会评估字 [2018] 15 号

依据《国有资产评估管理办法》，对贵公司对外投资的专利权，按照现行市价进行评估，确认价值为 1 000 000 元。

评估员：张宏

中国注册资产评估师：陈晨

诚信会计师事务所（公章）

2018 年 10 月 25 日

凭证 5-6

# ××市技术贸易专用发票

付款单位：　　　　开票日期：2018 年 10 月 25 日　　　　　No2439

| 合同项目名称 | 转让专利权 | | | | 合同成交额 | | | | | | | | | |
|---|---|---|---|---|---|---|---|---|---|---|---|---|---|---|
| 合同类别 | 合同登记号 | 支付方式 | 技术交易额 | | 千 | 百 | 十 | 万 | 千 | 百 | 十 | 元 | 角 | 分 |
| | 009583 | 投资 | | ¥ | 1 | 0 | 0 | 0 | 0 | 0 | 0 | 0 | 0 | 0 |
| | | | | | | | | | | | | | | |
| 合计金额（大写） | 壹佰万元整 | | | ¥1 000 000.00 | | | | | | | | | | |

收款单位：　　　收款人：　　　复核人：　　　制票人：

凭证 5-7

中国工商银行　　　转账支票　　（　）

地 AB 名 02　00000000

出票日期（大写）　贰零壹捌年零壹拾月贰拾伍日　　　付款行名称：

收款人：甲企业　　　　　　　　　　　　　　　出票人账号：

| 人民币（大写） | 伍拾万元整 | 亿 | 千 | 百 | 十 | 万 | 千 | 百 | 十 | 元 | 角 | 分 |
|---|---|---|---|---|---|---|---|---|---|---|---|---|
| | | | | ¥ | 5 | 0 | 0 | 0 | 0 | 0 | 0 | 0 |

用途　投资款

上述款项请从

我账户内支付

出票人签章

本支票付款期限十天

复核　　　记账

凭证 5-8

## 中国工商银行　进　账　单　（收账通知）　3

2018 年 10 月 25 日

| 出票人 | 全称 | C 公司 | 收款人 | 全称 | 甲企业 |
|---|---|---|---|---|---|
| | 账号 | ×××× | | 账号 | ×××× |
| | 开户银行 | 中国工商银行××支行 | | 开户银行 | 工行××支行 |

| 金额 | 人民币（大写） | 伍拾万元整 | 亿 | 千 | 百 | 十 | 万 | 千 | 百 | 十 | 元 | 角 | 分 |
|---|---|---|---|---|---|---|---|---|---|---|---|---|---|
| | | | | | ¥ | 5 | 0 | 0 | 0 | 0 | 0 | 0 | 0 |

| 票据种类 | | 票据张数 | |
|---|---|---|---|
| 票据号码 | | | |

复核　　　　　　记账　　　　　　　　　收款人开户银行签章

---

凭证 5-9

## 增发普通股股票委托书

甲企业为股份有限公司，2018 年经批准，需增发普通股股票，每股面值 2 元，认购价为 5 元。
现委托××证券公司代为发行，按发行收入的 1‰ 支付证券公司佣金，从发行收入中直接扣除。
其他法律事宜略。
……

甲企业（公章）：　　　　　　　　　　××证券公司（公章）：
法人代表（签章）：　　　　　　　　　法人代表（签章）：
2018 年 10 月 10 日　　　　　　　　　2018 年 10 月 10 日

凭证 5-10

## 中国工商银行 进 账 单 （收账通知） 3

2018 年 10 月 20 日

| 出票人 | 全　　称 | ××证券公司 | | 收款人 | 全　　称 | 甲企业 | | | | | | | | | | | | |
|---|---|---|---|---|---|---|---|---|---|---|---|---|---|---|---|---|---|
| | 账　　号 | ×× | | | 账　　号 | ×× | | | | | | | | | | | | |
| | 开户银行 | ×× | | | 开户银行 | ×× | | | | | | | | | | | | |
| 金额 | 人民币（大写） | 壹仟叁佰伍拾万元整 | | | | | 亿 | 千 | 百 | 十 | 万 | 千 | 百 | 十 | 元 | 角 | 分 |
| | | | | | | | ¥ | 1 | 3 | 5 | 0 | 0 | 0 | 0 | 0 | 0 | 0 |
| 票据种类 | 支票 | 票据张数 | 1 张 | | | | | | | | | | | | | | |
| 票据号码 | | | | | | | | | | | | | | | | | |
| | | 复核　　　　　　记账 | | | | 收款人开户银行签章 | | | | | | | | | | | |

此联是收款人开户银行交给收款人的收账通知

凭证 5-11

## 非货币性资产交换协议

　　经协商,甲企业以 5 000 股普通股(面值 30 元)换取 A 公司的一项专用设备,该设备已经专业机构评估定价。

　　其他法律事宜略。

　　……

甲企业(公章)：　　　　　　　　A 公司(公章)：

法人代表(签章)：　　　　　　　法人代表(签章)：

2018 年 10 月 20 日　　　　　　2018 年 10 月 20 日

凭证 5-12

# 资产评估报告书

## ×会评估字[2018]86号

依据《国有资产评估管理办法》,对贵公司对外投资的设备,按照现行市价进行评估,确认价值为200 000元。

评估员:张宏

中国注册资产评估师:陈晨

诚信会计师事务所(公章)

2018 年 10 月 20 日

---

凭证 5-13

# 固定资产移交表

## 2018 年 10 月 20 日

No:2351

| 资产名称 | 购入时间 | 数量(台) | 预计使用年限(年) | 已使用年限(年) | 账面原价(元) | 已提折旧(元) | 评估价值(元) | 200 000 | 备注 |
|---|---|---|---|---|---|---|---|---|---|
| ××专用设备 | 2017.4 | 1 | 10 | 1.5 | 280 000 | 50 000 | 净值 | 230 000 | |
| | | | | | | | | | |

| 调出单位:A 公司 | 调入单位:甲企业 |
|---|---|
| 财务科长: | 财务科长: |
| 设备科长: | 设备科长: |
| 移交人签字:(乙公司)(章) | 接受人签字:(甲公司)(章) |

财务成果核算岗位实操训练

**凭证 5-14**

## 上海证券中央登记结算公司成交过户交割单

2018/10/25 　　　　　　　　买

| 公司名称 | 甲企业 | | 股东编号 | A3375874 | |
|---|---|---|---|---|---|
| 电脑编号 | 12345678 | | 申报编号 | 1234 | |
| 成交证券 | 6000039 | 申报时间 20181011 | 成交时间 | 20181025 | |
| 上次余额 | | 成本价格 | | 总金额 | |
| 本次成交 | 100 000 股 | | | | |
| 成交价格 | 15.00 元 | 过户费 | | （略） | |
| 成交数量 | 100 000 股 | 印花税 | | （略） | |
| 成交金额 | 1 500 000 元 | 应付金额 | | （略） | |
| 本次余额 | （略） | 附加费用 | | （略） | |
| 本次库存 | （略） | | | | |
| 本次盈亏 | | | | | |
| 实收金额 | 1 500 000 元 | | | | |

经办单位：××证券公司（章）　　　　　　　　客户签章：

---

**凭证 5-15**

## 股票回购计算表

2018 年 10 月 25 日　　　　　　金额单位：元

| 回购前 | | | | | | |
|---|---|---|---|---|---|---|
| 普通股股本 | 500 000 股 | 每股面值 | 20 | 资本公积 | 盈余公积 | 未分配利润 |
| | | | | | | |
| 本次回购 | 100 000 股 | 每股金额 | 15 | | | |
| 冲减股本 | | | | | | |
| 冲减资本公积 | | | | | | |
| 冲减盈余公积 | | | | | | |
| 冲减未分配利润 | | | | | | |

凭证 5-16

| 中国工商银行<br>转账支票存根（　）<br>$\dfrac{AB}{02}$ 00000000 | 本支票付款期限十天 | 中国工商银行　转账支票（　）　地名 $\dfrac{AB}{02}$ 00000000 |
|---|---|---|

中国工商银行
转账支票存根（　）

$\dfrac{AB}{02}$ 00000000

附加信息
_____
_____

出票日期　　年　月　日

收款人：
金　额：
用　途：

单位主管　　会计

本支票付款期限十天

中国工商银行　　转账支票（　）

地名 $\dfrac{AB}{02}$ 00000000

出票日期（大写）　　　年　月　日　　付款行名称：
收款人：　　　　　　　　　　　　　出票人账号：

| 人民币<br>（大写） | 亿 | 千 | 百 | 十 | 万 | 千 | 百 | 十 | 元 | 角 | 分 |
|---|---|---|---|---|---|---|---|---|---|---|---|

用途_____

以上款项请从
我账户内支付
出票人签章

复核　　　　　　　记账

---

凭证 5-17

# 投 资 协 议

　　经协商，甲有限责任公司同意丁投资者出资 360 万元，占企业股份的 25％，按所占股份享有所有者权益和承担相应的风险。
　　其他法律事宜略。
　　……

B 有限责任公司(公章)：　　　　　丁投资者(公章)：
法人代表(签章)：　　　　　　　　法人代表(签章)：
2018 年 10 月 8 日　　　　　　　　2018 年 10 月 8 日

凭证 5-18

| 中国工商银行 转账支票 （ ） | | | | | | | | | | | 地 AB<br>名 02 | | 00000000 |
|---|---|---|---|---|---|---|---|---|---|---|---|---|---|

出票日期(大写) 　　贰零壹捌年零壹拾月壹拾贰日　　　　付款行名称：

收款人：甲企业　　　　　　　　　　　　　　　　　出票人账号：

本支票付款期限十天

| 人民币<br>(大写) | 叁佰陆拾万元整 | 亿 | 千 | 百 | 十 | 万 | 千 | 百 | 十 | 元 | 角 | 分 |
|---|---|---|---|---|---|---|---|---|---|---|---|---|
| | | | ¥ | 3 | 6 | 0 | 0 | 0 | 0 | 0 | 0 | 0 |

用途　投资款

上述款项请从

我账户内支付

出票人签章

　　　　　　　　　　　　　　复核　　　　记账

凭证 5-19

## ××银行进账单 （回单） 1

年 月 日

| 出票人 | 全　称 | | 收款人 | 全　称 | | | | | | | | | | |
|---|---|---|---|---|---|---|---|---|---|---|---|---|---|---|
| | 账　号 | | | 账　号 | | | | | | | | | | |
| | 开户银行 | | | 开户银行 | | | | | | | | | | |
| 金额 | 人民币<br>（大写） | | | | 亿 | 千 | 百 | 十 | 万 | 千 | 百 | 十 | 元 | 角 | 分 |
| 票据种类 | | 票据张数 | | | | | | | | | | | | |
| 票据号码 | | | | | | | | | | | | | | |
| | | | | | | | | | | | | | | |

此联是开户银行交给持票人的回单

　　　　　复核　　　　　记账　　　　　　　　开户银行签章

凭证 5-20

# 发行普通股股票委托书

经批准,甲企业需发行普通股股票 2 000 万股,每股面值 2 元,发行价 5.8 元。

现委托××证券公司代为发行,按发行收入的 3‰ 支付证券公司佣金,从发行收入中直接扣除。

其他法律事宜略。

……

甲企业(公章):              ××证券公司(公章):

法人代表(签章):           法人代表(签章):

2018 年 11 月 2 日          2018 年 11 月 2 日

凭证 5-21

# 中国工商银行　信汇凭证　（收账通知）

委托日期:2018 年 11 月 20 日　　　　　　第 4 号

| 汇款人 | 全　称 | ××证券公司 | 收款人 | 全　称 | 甲企业 | | | | | | | | | | |
|---|---|---|---|---|---|---|---|---|---|---|---|---|---|---|---|
| | 账　号 | ×× | | 账　号 | ×× | | | | | | | | | | |
| | 汇出地点 | 省　市/县 | | 汇入地点 | 省　市/县 | | | | | | | | | | |
| 汇出行名称 | | | 汇入行名称 | | | | | | | | | | | | |

| 金额 | 人民币(大写) | 壹亿壹仟伍佰陆拾伍万贰仟元整 | 亿 | 千 | 百 | 十 | 万 | 千 | 百 | 十 | 元 | 角 | 分 |
|---|---|---|---|---|---|---|---|---|---|---|---|---|---|
| | | | 1 | 1 | 5 | 6 | 5 | 2 | 0 | 0 | 0 | 0 | 0 |

款项已收入收款人账户

支付密码

附加信息及用途:付发行款

汇入行签章　　　　　　复核:　　　记账:

凭证 5-22

## 盈余公积计提计算单

2018 年 12 月 31 日                              金额单位:元

| 全年税后净利润 | 法定盈余公积(10%) | 任意盈余公积(8%) | 合 计 |
|---|---|---|---|
| 2 000 000 | | | |
| | | | |
| 合 计 | | | |

部门负责人:              制表:              复核:

---

凭证 5-23

### 董事会决议

甲董字〔2018〕6 号

经董事会决议,本年度以任意盈余公积弥补以前年度亏损 15 万元。

甲企业(公章)

2015 年 12 月 31 日

---

凭证 5-24

### 董事会决议

甲董字〔2018〕7 号

经董事会决议,本年度以资本公积 60 万元、盈余公积 140 万元,按投资比例转增甲、乙、丙、丁四位法人投资者资本。

甲企业(公章)

2018 年 12 月 31 日

凭证 5-25

# 转增资本计算单

2018 年 12 月 31 日 金额单位:元

| 增资项目 | 金　额 | 甲(40%) | 乙(30%) | 丙(20%) | 丁(10%) |
|---|---|---|---|---|---|
| 资本公积 | | | | | |
| 盈余公积 | | | | | |
| …… | | | | | |
| 合　计 | | | | | |

部门负责人: 制表人:

---

凭证 5-26

# 利润分配明细表

2018 年 12 月 31 日

| 年初未分配利润 | | | | | |
|---|---|---|---|---|---|
| 本年度实现利润 | | | | | |
| 应纳所得税额 | | 本年度实现利润 | 纳税调整 | 应纳税所得额 | 所得税 |
| | | | | | |
| 当年净利润 | | | | | |
| 提取法定盈余公积 | | | | | |
| 提取任意盈余公积 | | | | | |
| 本年可供分配利润 | | | | | |
| 全年可供分配利润 | | | | | |
| 分配现金股利 | | | | | |
| 未分配利润 | | | | | |

部门负责人: 制表人:

凭证 5-27

# 企业所得税年度纳税申报表 （A 类）

| 行次 | 类别 | 项 目 | 金 额 |
|---|---|---|---|
| 1 | | 一、营业收入 | |
| 2 | | 　减：营业成本 | |
| 3 | | 　　税金及附加 | |
| 4 | | 　　销售费用 | |
| 5 | | 　　管理费用 | |
| 6 | | 　　财务费用 | |
| 7 | 利润总额计算 | 　　资产减值损失 | |
| 8 | | 　　信用减值损失 | |
| 9 | | 　加：其他收益 | |
| 10 | | 　　投资收益(损失以"－"号填列) | |
| 11 | | 　　公允价值变动收益(损失以"－"号填列) | |
| 12 | | 　　资产处置收益((损失以"－"号填列)) | |
| 13 | | 二、营业利润(1－2－3－4－5－6－7＋8＋9) | |
| 14 | | 　加：营业外收入 | |
| 15 | | 　减：营业外支出 | |
| 16 | | 三、利润总额(10＋11－12) | |
| 17 | | 　减：境外所得 | |
| 18 | | 　加：纳税调整增加额 | |
| 19 | | 　减：纳税调整减少额 | |
| 20 | | 　减：免税、减计收入及加计扣除 | |
| 21 | 应纳税所得额计算 | 　加：境外应税所得抵减境内亏损 | |
| 22 | | 四、纳税调整后所得(13－14＋15－16－17＋18) | |
| 23 | | 　减：所得减免 | |
| 24 | | 　减：抵扣应纳税所得额 | |
| 25 | | 　减：弥补以前年度亏损 | |
| 26 | | 五、应纳税所得额(19－20－21－22) | |
| 27 | | 　税率(25%) | |
| 28 | | 六、应纳税所得额(23×24) | |
| 29 | | 　减：减免所得税额 | |
| 30 | | 　减：抵免所得税额 | |
| 31 | | 七、应纳税额(25－26－27) | |
| 32 | 应纳税额计算 | 　加：境外所得应纳所得税额 | |
| 33 | | 　减：境外所得抵免所得税额 | |
| 34 | | 八、实际应纳所得税额(28＋29－30) | |
| 35 | | 　减：本年累计实际已预缴的所得税额 | |
| 36 | | 九、本年应补(退)所得税额(31－32) | |
| 37 | | 　其中：总机构分摊本年应补(退)所得税额 | |
| 38 | | 　　财政集中分配本年应补(退)所得税额 | |
| 39 | | 　　主机构主体生产经营部门分摊本年应补(退)所得税额 | |
| 40 | 附列资料 | 以前年度多缴的所得税额在本年抵减额 | |
| 41 | | 以前年度应缴未缴在本年入库所得额 | |

申报业户(章)：　　　　　财务负责人(签章)：　　　　　申报日期：　　　年　月　日

凭证 5-28

# 企业所得税年度纳税申报表 （A 类）

| 行次 | 类别 | 项 目 | 金 额 |
|---|---|---|---|
| 1 | 利润总额计算 | 一、营业收入 | |
| 2 | | 减：营业成本 | |
| 3 | | 税金及附加 | |
| 4 | | 销售费用 | |
| 5 | | 管理费用 | |
| 6 | | 财务费用 | |
| 7 | | 资产减值损失 | |
| 8 | | 信用减值损失 | |
| 9 | | 加：其他收益 | |
| 10 | | 投资收益(损失以"－"号填列) | |
| 11 | | 公允价值变动收益(损失以"－"号填列) | |
| 12 | | 资产处置收益((损失以"－"号填列)) | |
| 13 | | 二、营业利润(1－2－3－4－5－6－7+8+9) | |
| 14 | 应纳税所得额计算 | 加：营业外收入 | |
| 15 | | 减：营业外支出 | |
| 16 | | 三、利润总额(10+11－12) | |
| 17 | | 减：境外所得 | |
| 18 | | 加：纳税调整增加额 | |
| 19 | | 减：纳税调整减少额 | |
| 20 | | 减：免税、减计收入及加计扣除 | |
| 21 | | 加：境外应税所得抵减境内亏损 | |
| 22 | | 四、纳税调整后所得(13－14+15－16－17+18) | |
| 23 | | 减：所得减免 | |
| 24 | 应纳税额计算 | 减：抵扣应纳税所得额 | |
| 25 | | 减：弥补以前年度亏损 | |
| 26 | | 五、应纳税所得额(19－20－21－22) | |
| 27 | | 税率(25%) | |
| 28 | | 六、应纳税所得额(23×24) | |
| 29 | | 减：减免所得税额 | |
| 30 | | 减：抵免所得税额 | |
| 31 | | 七、应纳税额(25－26－27) | |
| 32 | | 加：境外所得应纳所得税额 | |
| 33 | | 减：境外所得抵免所得税额 | |
| 34 | | 八、实际应纳所得额(28+29－30) | |
| 35 | | 减：本年累计实际已预缴的所得税额 | |
| 36 | | 九、本年应补(退)所得税额(31－32) | |
| 37 | | 其中：总机构分摊本年应补(退)所得税额 | |
| 38 | | 财政集中分配本年应补(退)所得税额 | |
| 39 | | 主机构主体生产经营部门分摊本年应补(退)所得税额 | |
| 40 | 附列资料 | 以前年度多缴的所得税额在本年抵减额 | |
| 41 | | 以前年度应缴未缴在本年入库所得额 | |

申报业户(章)：　　　　　财务负责人(签章)：　　　　申报日期：　　　　年　月　日

凭证 5-29

# 企业所得税年度纳税申报表 （A 类）

| 行次 | 类别 | 项　目 | 金　额 |
|---|---|---|---|
| 1 | 利润总额计算 | 一、营业收入 | |
| 2 | | 减：营业成本 | |
| 3 | | 税金及附加 | |
| 4 | | 销售费用 | |
| 5 | | 管理费用 | |
| 6 | | 财务费用 | |
| 7 | | 资产减值损失 | |
| 8 | | 信用减值损失 | |
| 9 | | 加：其他收益 | |
| 10 | | 投资收益（损失以"—"号填列） | |
| 11 | | 公允价值变动收益（损失以"—"号填列） | |
| 12 | | 资产处置收益（（损失以"—"号填列）） | |
| 13 | | 二、营业利润(1—2—3—4—5—6—7+8+9) | |
| 14 | 应纳税所得额计算 | 加：营业外收入 | |
| 15 | | 减：营业外支出 | |
| 16 | | 三、利润总额(10+11—12) | |
| 17 | | 减：境外所得 | |
| 18 | | 加：纳税调整增加额 | |
| 19 | | 减：纳税调整减少额 | |
| 20 | | 减：免税、减计收入及加计扣除 | |
| 21 | | 加：境外应税所得抵减境内亏损 | |
| 22 | | 四、纳税调整后所得(13—14+15—16—17+18) | |
| 23 | | 减：所得减免 | |
| 24 | 应纳税额计算 | 减：抵扣应纳税所得额 | |
| 25 | | 减：弥补以前年度亏损 | |
| 26 | | 五、应纳税所得额(19—20—21—22) | |
| 27 | | 税率(25%) | |
| 28 | | 六、应纳税所得额(23×24) | |
| 29 | | 减：减免所得税额 | |
| 30 | | 减：抵免所得税额 | |
| 31 | | 七、应纳税额(25—26—27) | |
| 32 | | 加：境外所得应纳所得税额 | |
| 33 | | 减：境外所得抵免所得税额 | |
| 34 | | 八、实际应纳所得税额(28+29—30) | |
| 35 | | 减：本年累计实际已预缴的所得税额 | |
| 36 | | 九、本年应补(退)所得税额(31—32) | |
| 37 | | 其中：总机构分摊本年应补(退)所得税额 | |
| 38 | | 财政集中分配本年应补(退)所得税额 | |
| 39 | | 主机构主体生产经营部门分摊本年应补(退)所得税额 | |
| 40 | 附列资料 | 以前年度多缴的所得税额在本年抵减额 | |
| 41 | | 以前年度应缴未缴在本年入库所得额 | |

申报业户(章)：　　　　财务负责人(签章)：　　　申报日期：　　　　年　月　日

凭证 5-30

## 税后利润计算表

2018 年 12 月 31 日　　　　　　　　　　　　单位:元

| 项　目 | 金　额 | 备　注 |
|---|---|---|
| 税前利润 | 2 000 000 | |
| 减:应交所得税 | 0 | |
| 税后利润 | 2 000 000 | |

主管:　　　　　　　　制表:　　　　　　　　复核:

凭证 5-31

## 利润分配计算表

2018 年

| 一、税后利润 | | |
|---|---|---|
| 二、分配项目 | 分配比例 | 分配金额 |
| 　1. 提取法定盈余公积金 | 10% | |
| 　2. 提取任意盈余公积金 | 5% | |
| 　3. 向投资者分配利润 | | |
| 其中: | 投资比例 | — |
| 　甲公司 | 50% | |
| 　乙公司 | 30% | |
| 　丙公司 | 20% | |
| 分　配　合　计 | | |

凭证 5-32

## 利润分配各明细账户的本年发生额

2018 年 12 月 31 日　　　　　　　　　　　　单位:元

| 账户名称 | 借　方 | 贷　方 |
|---|---|---|
| 　提取法定盈余公积 | — | |
| 　提取任意盈余公积 | — | |
| 　应付利润 | — | |
| 　未分配利润 | | |
| 合　计 | | |

会计主管:　　　　　　　　制表:

凭证 5-33

# 内部转账单

No                        年    月    日

| 摘　要 | 转账项目 | 金　额 |
|---|---|---|
| 结转到"本年利润"账户 | 主营业务收入 | |
| 结转到"本年利润"账户 | 其他业务收入 | |
| 结转到"本年利润"账户 | 投资收益 | |
| 结转到"本年利润"账户 | 营业外收入 | |
| 结转到"本年利润"账户 | 主营业务成本 | |
| 结转到"本年利润"账户 | 其他业务成本 | |
| 结转到"本年利润"账户 | 税金及附加 | |
| 结转到"本年利润"账户 | 销售费用 | |
| 结转到"本年利润"账户 | 管理费用 | |
| 结转到"本年利润"账户 | 财务费用 | |
| 结转到"本年利润"账户 | 营业外支出 | |
| 合　计 | | |

根据账簿资料,将收入、收益、费用、支出等的项目和金额填入表内。

凭证 5-34

# 材料出仓单

××年×月×日                第×号

| 编号 | 材料 | 名称 | 单位 | 规格 | 数量 | 单价 | 金额 ||||||||
|---|---|---|---|---|---|---|---|---|---|---|---|---|---|---|
| | | | | | | | 十 | 万 | 千 | 百 | 十 | 元 | 角 | 分 |
| | | | | | | | | | | | | | | |
| | | | | | | | | | | | | | | |
| | | | | | | | | | | | | | | |
| | | | | | | | | | | | | | | |
| 合　计 | | | | | | | | | | | | | | |

记账:                保管:                制单:

第三联:财务 附件 张

凭证 5-35

## 广东增值税专用发票

4400141170

记账

广东
全国增值税发票监制章
国家税务总局监制

No 03075390
4400141170
3075390

开票日期： 年 月 日

| 购货单位 | 名　　称： |  |  |  |  |  | 密码区 |  |  |  |
|---|---|---|---|---|---|---|---|---|---|---|
|  | 纳税人识别号： |  |  |  |  |  |  |  |  |  |
|  | 地　址、电话： |  |  |  |  |  |  |  |  |  |
|  | 开户行及账号： |  |  |  |  |  |  |  |  |  |

| 货物或应税劳务、服务名称 | 规格型号 | 单 位 | 数 量 | 单价 | 金 额 | 税率 | 税 额 |
|---|---|---|---|---|---|---|---|
|  |  |  |  |  |  |  |  |
|  |  |  |  |  |  |  |  |

| 税价合计(大写) |  | (小写) |
|---|---|---|

| 销货单位 | 名　　称： |  |  |  |
|---|---|---|---|---|
|  | 纳税人识别号： |  | 备注 |  |
|  | 地　址、电话： |  |  |  |
|  | 开户行及账号： |  |  |  |

收款人：　　　　　复核：　　　　　开票人：　　　　　销货单位：(章)

---

凭证 5-36

## 托 收 凭 证 （受理回单）

委托日期：2018 年 12 月 6 日　　　　　1

| 业务类型 | 委托收款(□邮划、□电划)托收承付(□邮划、□电划) | | | | | | | | | | | | | | |
|---|---|---|---|---|---|---|---|---|---|---|---|---|---|---|---|
| 付款人 | 全 称 | 乙企业 | | | | 收款人 | 全 称 | 甲企业 | | | | | | | |
|  | 账 号 | 6000398 | | | |  | 账 号 | 12345678900 | | | | | | | |
|  | 地 址 | 省 市/县 开户行 农行新港办事处 | | | |  | 地 址 | 省 市/县 开户行 工行桥南办事处 | | | | | | | |

| 金额 | 人民币(大写) | 壹拾陆万元整 | 亿 | 千 | 百 | 十 | 万 | 千 | 百 | 十 | 元 | 角 | 分 |
|---|---|---|---|---|---|---|---|---|---|---|---|---|---|
|  |  |  |  |  | ¥ | 1 | 6 | 0 | 0 | 0 | 0 | 0 | 0 |

| 款项内容 | 销货款 | 托收凭据名称 |  | 附寄单证张数 | 2 |
|---|---|---|---|---|---|

| 商品发运情况 |  | 铁路 |  | 合同名称号码 | 第 0984 号 |
|---|---|---|---|---|---|

| 备注：验货付款 | 款项收妥日期： | 收款人开户分行签章 |
|---|---|---|

复核　　　记账　　　　年 月 日　　　　　　　　　年 月 日

凭证 5-37

# 材料入库验收单

| 类别 | 原料及主要材料 |
|---|---|
| 发票编号 | |

| 编号 | |
|---|---|
| 来源 | |

验收日期： 年 月 日

| 品名 | 规格 | 单位 | 数 量 | | 实 际 价 格 | | | | 计 划 价 | |
|---|---|---|---|---|---|---|---|---|---|---|
| | | | 来料数 | 实际数 | 单价 | 总价 | 运杂费 | 合计 | 单价 | 总价 |
| | | | | | | | | | | |
| | | | | | | | | | | |
| | | | | | | | | | | |
| 合计 | | | | | | | | | | |

供销主管： 验收主管： 采购： 制单：

---

凭证 5-38

中国工商银行
转账支票存根（ ）
AB
02 00000000

西安西钞证券有限责任公司·2005年印刷

附加信息
_____
_____

出票日期 年 月 日

| 收款人： | |
| 金 额： | |
| 用 途： | |

单位主管 会计

本支票付款期限十天

⑤⑤ 中国工商银行 转账支票（ ） 地 AB
名 02 00000000

出票日期(大写) 年 月 日 付款行名称：
收款人： 出票人账号：

| 人民币(大写) | 亿 | 千 | 百 | 十 | 万 | 千 | 百 | 十 | 元 | 角 | 分 |
|---|---|---|---|---|---|---|---|---|---|---|---|
| | | | | | | | | | | | |

用途_____
以上款项请从
我账户内支付
出票人签章

复核 记账

凭证 5-39

## 广东增值税专用发票

**4400141170**

No 03075391
4400141170
03075391

开票日期：　　年　月　日

税总局〔2014〕10 号　海南华森实业公司

| 购货单位 | 名　　称： | | | | | 密码区 | | | 第一联：记账联　购货方记账凭证 |
|---|---|---|---|---|---|---|---|---|---|
| | 纳税人识别号： | | | | | | | | |
| | 地址、电话： | | | | | | | | |
| | 开户行及账号： | | | | | | | | |

| 货物或应税劳务、服务名称 | 规格型号 | 单　位 | 数　量 | 单价 | 金　额 | 税率 | 税　额 | |
|---|---|---|---|---|---|---|---|---|
| | | | | | | | | |
| | | | | | | | | |

| 税价合计(大写) | | | (小写) | |
|---|---|---|---|---|

| 销货单位 | 名　　称： | | | 备注 | |
|---|---|---|---|---|---|
| | 纳税人识别号： | | | | |
| | 地址、电话： | | | | |
| | 开户行及账号： | | | | |

收款人：　　　　　复核：　　　　　　开票人：　　　　　销货单位：(章)

---

凭证 5-40

## 企业进货退出及索取折让证明单　　No.0600158

| 销货单位 | 全　　称 | 甲企业 | | | | 第三联　购货单位留存 |
|---|---|---|---|---|---|---|
| | 税务登记号 | No 678657408 | | | | |

| 进货退出 | 货物名称 | 单　价 | 数　量 | 货　款 | 税　额 | |
|---|---|---|---|---|---|---|
| | ×产品 | × | × | 20 000 | 3 400 | |

| 索取折让 | 货物名称 | 货　款 | 税　额 | 要　求 | | |
|---|---|---|---|---|---|---|
| | | | | 折让金额 | 折让税额 | |
| | | | | | | |

| 退货或索取折让理由 | 经办人：单位签章：　2018 年 12 月 21 日　公章 | | 税务征收机关签章 | 经办人：　2018 年 12 月 21 日　公章 | |
|---|---|---|---|---|---|

| 购货单位 | 全　　称 | B公司 |
|---|---|---|
| | 税务登记号 | No 453122805 |

**凭证 5-41**

# 代 销 协 议

经协商,甲企业委托 C 公司代销商品一批,产品销售成本为 132 000 元,该批产品的销售价款为 240 000元。甲企业按售价的 10％向 C 公司支付手续费。

其他法律事宜略。

......

甲企业(公章)　　　　　　　　　C 公司(公章)

法人代表(签章)　　　　　　　　法人代表(签章)

2018 年 12 月 21 日　　　　　　2018 年 12 月 21 日

✂- - - - - - - - - - - - - - - - - - - - - - - - - - - - - - - - -✂

**凭证 5-42**

# 材料出仓单

年　月　日　　　　　　　　　　　第　号

| 编号 | 材料 | 名称 | 单位 | 规格 | 数量 | 单价 | 金额 | | | | | | | |
|---|---|---|---|---|---|---|---|---|---|---|---|---|---|---|
| | | | | | | | 十万 | 万 | 千 | 百 | 十 | 元 | 角 | 分 |
| | | | | | | | | | | | | | | |
| | | | | | | | | | | | | | | |
| | | | | | | | | | | | | | | |
| 合　计 | | | | | | | | | | | | | | |

记账：　　　　　　　　保管：　　　　　　　　制票：

✂- - - - - - - - - - - - - - - - - - - - - - - - - - - - - - - - -✂

**凭证 5-43**

# C 公司代销清单

2018 年 12 月 25 日

| 委托单位 | 商品名称 | 计量单位 | 委托数量 | 已销售数量 | 单价 | 销售金额 | 增值税 | 合计 |
|---|---|---|---|---|---|---|---|---|
| 甲企业 | ×× | 件 | | | | 240 000 | 40 800 | 280 800 |
| | | | | | | | | |
| 合　计 | | | | | | 240 000 | 40 800 | 280 800 |
| 手续费 | (大写)贰万肆仟元整 | | | | | | | 24 000 |
| 实际结算金额 | (大写)贰拾伍万陆仟捌佰元整 | | | | | | ￥256 800 | |

凭证 5-44

广东增值税专用发票

 4400141170

No 03075392
4400141170
03075392

开票日期：　　年　月　日

| 购货单位 | 名　　称： | | | | | 密码区 | | | |
|---|---|---|---|---|---|---|---|---|---|
| | 纳税人识别号： | | | | | | | | |
| | 地址、电话： | | | | | | | | |
| | 开户行及账号： | | | | | | | | |

| 货物或应税劳务、服务名称 | 规格型号 | 单位 | 数量 | 单价 | 金额 | 税率 | 税额 |
|---|---|---|---|---|---|---|---|
| | | | | | | | |
| | | | | | | | |

| 税价合计（大写） | | （小写） |
|---|---|---|

| 销货单位 | 名　　称： | | 备注 |
|---|---|---|---|
| | 纳税人识别号： | | |
| | 地址、电话： | | |
| | 开户行及账号： | | |

收款人：　　　　　复核：　　　　　　　开票人：　　　　　销货单位：（章）

税总局〔2014〕10 号　海南华森实业公司

第一联：记账联　购货方记账凭证

---

凭证 5-45

| 中国工商银行<br>转账支票存根（ ）<br>AB<br>02 00000000 | 本支票付款期限十天 | 中国工商银行　转账支票（ ）　地 AB<br>名 02 00000000 |
|---|---|---|

西安西物证券有限责任公司・2005 年印制

附加信息
_____
_____
_____

出票日期　年　月　日

| 收款人： |
|---|
| 金　额： |
| 用　途： |

单位主管　　会计

出票日期（大写）　　年　月　日　　付款行名称：
收款人：　　　　　　　　　　　出票人账号：

| 人民币<br>（大写） | 亿 | 千 | 百 | 十 | 万 | 千 | 百 | 十 | 元 | 角 | 分 |
|---|---|---|---|---|---|---|---|---|---|---|---|

用途_____

以上款项请从
我账户内支付
出票人签章

复核　　　　　　　　　　记账

凭证 5-46

# 坏账准备计提表

提取率：　　　　　　　　　　2018 年 12 月 31 日　　　　　　　　　单位：元

| 项　目 | 应收账款 | 坏账准备 |
|---|---|---|
| 月初结存金额 | | |
| 月末结存及提取数 | | |
| 加（减）计提前余额 | | |
| 本月应提坏账准备 | | 6 000 |

主管：　　　　　　　　复核：　　　　　　　　制表：

凭证 5-47

# 应交城市维护建设税、教育费附加计算表

2018 年 12 月 31 日

| 流转税项目 | 本期应纳流转税金额 | 城市维护建设税 | | 教育费附加 | |
|---|---|---|---|---|---|
| | | 税率 | 金额 | 税率 | 金额 |
| 增值税 | 60 800 | 7％ | 4 256 | 3％ | 1 824 |
| 消费税 | | 7％ | | 3％ | |
| 合计 | 60 800 | | 4 256 | | 1 824 |

财务主管：　　　　　　　　复核：　　　　　　　　制表：

凭证 5-48

# 企业所得税年度纳税申报表 （A 类）

| 行次 | 类别 | 项 目 | 金 额 |
|---|---|---|---|
| 1 | 利润总额计算 | 一、营业收入 | |
| 2 | | 减:营业成本 | |
| 3 | | 税金及附加 | |
| 4 | | 销售费用 | |
| 5 | | 管理费用 | |
| 6 | | 财务费用 | |
| 7 | | 资产减值损失 | |
| 8 | | 加:公允价值变动收益 | |
| 9 | | 投资收益 | |
| 10 | | 二、营业利润(1－2－3－4－5－6－7＋8＋9) | |
| 11 | | 加:营业外收入 | |
| 12 | | 减:营业外支出 | |
| 13 | | 三、利润总额(10＋11－12) | |
| 14 | 应纳税所得额计算 | 减:境外所得 | |
| 15 | | 加:纳税调整增加额 | |
| 16 | | 减:纳税调整减少额 | |
| 17 | | 减:免税、减计收入及加计扣除 | |
| 18 | | 加:境外应税所得抵减境内亏损 | |
| 19 | | 四、纳税调整后所得(13－14＋15－16－17＋18) | |
| 20 | | 减:所得减免 | |
| 21 | | 减:抵扣应纳税所得额 | |
| 22 | | 减:弥补以前年度亏损 | |
| 23 | | 五、应纳税所得额(19－20－21－22) | |
| 24 | 应纳税额计算 | 税率(25%) | |
| 25 | | 六、应纳税所得额(23×24) | |
| 26 | | 减:减免所得税额 | |
| 27 | | 减:抵免所得税额 | |
| 28 | | 七、应纳税额(25－26－27) | |
| 29 | | 加:境外所得应纳所得税额 | |
| 30 | | 减:境外所得抵免所得税额 | |
| 31 | | 八、实际应纳所得税额(28＋29－30) | |
| 32 | | 减:本年累计实际已预交的所得税额 | |
| 33 | | 九、本年应补(退)所得税额(31－32) | |
| 34 | | 其中:总机构分摊本年应补(退)所得税额 | |
| 35 | | 财政集中分配本年应补(退)所得税额 | |
| 36 | | 主机构主体生产经营部门分摊本年应补(退)所得税额 | |
| 37 | 附列资料 | 以前年度多交的所得税额在本年抵减额 | |
| 38 | | 以前年度应交未交在本年入库所得额 | |

申报业户(章)：　　　　　财务负责人(签章)：　　　　申报日期：　　　　年　月　日

凭证 5-49

# 内部转账单

2018 年 12 月 31 日

No

| 摘　要 | 转账项目 | 金　额 | |
|---|---|---|---|
| | | 借　方 | 贷　方 |
| 结转到"本年利润"账户 | 主营业务收入 | | |
| 结转到"本年利润"账户 | 主营业务成本 | | |
| 结转到"本年利润"账户 | 税金及附加 | | |
| 结转到"本年利润"账户 | 销售费用 | | |
| 结转到"本年利润"账户 | 管理费用 | | |
| 结转到"本年利润"账户 | 财务费用 | | |
| 结转到"本年利润"账户 | 资产减值准备 | | |
| 结转到"本年利润"账户 | 所得税费用 | | |
| 合　计 | | | |

根据账簿资料,将收入、收益、费用、支出等的项目和金额填入表内。

财务成果核算岗位实操训练

# 财务报表编制的训练

**职业能力目标：**

◆ 专业能力：学生使用企业财务信息资源并采取系统的行动熟练编制财务报表的步骤；学生应注重会计准则和会计制度的学习和应用；学生应熟练掌握资产负债表、利润表和现金流量表的编制和使用。

◆ 职业能力：鼓励以小组形式组织学生实训，有利于提高学生的团队工作计划和实施能力，并有利于提高学生的整体组织和管理能力；学生应扩展、延伸相应的知识和技能，并具备线上、线下收集相关信息的能力。

**典型工作任务：**

年末账务调整，收入费用的结转，资产负债表、利润表、现金流量表的编制。

名师精品·
高职高专会计系列
*Gaozhigaozhuan Kuaiji Xilie*

# 项目 6-1　岗位工作任务训练内容与难点

**1. 训练内容**

◆ 资产负债表的编制

◆ 利润表的编制

◆ 现金流量表的编制

**2. 训练难点**

◆ 资产负债表

按照我国企业会计制度的规定,资产负债表使用的是"资产＝负债＋所有者权益"的会计平衡公式,资产负债表各项目"期末余额"的数据来源于每月末结账后的总分类账和明细分类账期末余额,可通过以下几种方法填列:

(1) 直接根据总分类账户的余额填列。

(2) 根据几个总分类账户的余额计算填列。

(3) 根据有关明细分类账户的余额计算填列。

(4) 根据总分类账户和明细分类账户的余额分析计算填列。

(5) 根据有关账户余额与其备抵账户抵销后的净额填列。

◆ 利润表

按照我国企业会计制度的规定,利润表应采用多步式利润表结构。多步式利润表是通过对当期的收入、费用项目按性质加以归类,按利润形成的重要环节列示一些中间性指标,如营业利润、利润总额、净利润等。正表部分是利润表的主体和核心,按利润的形成过程顺序排列:构成营业利润的各项要素、构成利润总额或亏损总额的各项要素、构成净利润(或净亏损)的各项要素、每股收益的各项要素。

◆ 现金流量表

现金流量通常按企业经营业务的性质分为三类,即经营活动产生的现金流量、投资活动产生的现金流量和筹资活动产生的现金流量。现金流量表各项目的内容及填列方法:现金流量表基本部分(主表)中企业应当采用直接法列示经营活动产生的现金流量,现金流量表补充资料中按间接法计算经营活动的现金流量净额与基本部分中按直接法计算的结果进行核对。具体可采用现金流量台账法或工作底稿法。

# 项目 6-2　岗位工作任务训练要求与目的

**1. 训练要求**

学生通过对本项目的学习,要求掌握资产负债表的内容、结构和编制方法;利润表的内容、结构和编制方法;现金流量表的内容、结构和编制方法。

**2. 训练目的**

学生通过本项目相关知识的具体操作实训,能将所学的报表内容和编制方法理论联系实际,更好地运用到实际工作中去。

# 项目 6-3　岗位工作任务训练

## 任务 1　资产负债表的编制

**案例训练:**

1. 甲企业是一家生产制造型企业,为增值税一般纳税人,增值税税率为16%,所得税税率为25%,2018 年 11 月 30 日科目余额见表 6-1。

表 6-1

**科目余额表**　　　　　　　　　　　　　　单位:元

| 编号 | 科目名称 | 借方金额 | 编号 | 科目名称 | 贷方金额 |
|---|---|---|---|---|---|
| 1001 | 库存现金 | 6 320 | 2001 | 短期借款 | 760 000 |
| 1002 | 银行存款 | 3 591 000 | 2201 | 应付票据 | 830 000 |
| 1012 | 其他货币资金 | 236 000 | 2202 | 应付账款 | 1 311 800 |
| 1101 | 交易性金融资产 | 325 000 | 2211 | 应付职工薪酬 | 342 000 |
| 1121 | 应收票据 | 698 000 | 2221 | 应交税费 | 220 000 |
| 1122 | 应收账款 | 1 881 900 | 2231 | 应付利息 | 24 200 |
| 1231 | 坏账准备 | −5 741 | 2241 | 其他应付款 | 564 600 |
| 1123 | 预付账款 | 415 000 | 2501 | 长期借款 | 2 500 000 |
| 1131 | 应收股利 | 125 300 | | 其中:一年内到期的长期借款 | 1 500 000 |
| 1221 | 其他应收款 | 32 000 | 4001 | 实收资本 | 15 000 000 |
| 1403 | 原材料 | 1841 681 | 4002 | 资本公积 | 531 000 |
| 1404 | 低值易耗品 | 356 000 | 4101 | 盈余公积 | 403 200 |
| 1405 | 库存商品 | 3 800 000 | 4104 | 利润分配 | |
| 1511 | 长期股权投资 | 720 000 | | (未分配利润) | 450 660 |
| 1521 | 投资性房地产 | 1 700 000 | | | |
| 1522 | 投资性房地产累计折旧 | −175 000 | | | |
| 1601 | 固定资产 | 4 300 000 | | | |
| 1602 | 累计折旧 | −1 060 000 | | | |
| 1604 | 在建工程 | 3 500 000 | | | |
| 1701 | 无形资产 | 1 630 000 | | | |
| 1801 | 长期待摊费用 | 520 000 | | | |
| | 合　计 | 24 437 460 | | 合　计 | 24 437 460 |

**2018 年 12 月发生如下经济业务:**

(1) 12 月 1 日,购入生产用原材料一批,以银行存款支付材料价款 1 754 000 元,增值税额 280 640 元,材料已经验收入库。

(2) 12 月 1 日,收到银行通知,以银行存款支付到期的商业承兑汇票款 330 000 元。

(3) 12 月 2 号,从银行借入 3 年期借款 1 000 000 元,已存入本公司的账户。

(4) 12 月 2 号,销售商品一批,销售价款为 3 500 000 元,增值税额为 560 000 元,款项已收存银行。该批产品的实际成本为 2 450 000 元。

(5) 12 月 2 号,将到期的一张面值为 500 000 元的无息银行承兑汇票,连同解讫通知和进账单交银行办理转账,款项已收妥。

(6) 12 月 3 号,购入原材料一批,增值税专用发票上注明的材料价款为 300 000 元,增值税额为 48 000 元,款项尚未支付,原材料已经验收入库。

(7) 12 月 3 日,购入不需要安装的设备一台,价款 120 000 元,增值税额为 19 200 元,包装及保险费 3 000 元,全部款项以银行存款支付,设备已交付使用。

(8) 12 月 3 日,购入建厂房用工程物资一批,价税合计 510 000 元,以银行存款支付。

(9) 12 月 3 日,以银行存款支付广告费 130 000 元。

(10) 12 月 3 日,销售商品一批,销售价款为 900 000 元,增值税额为 144 000 元,收到商业承兑汇票一张 500 000 元,其余款项未收。该批产品的实际成本为 630 000 元。

(11) 12 月 3 日,以银行存款偿还到期的长期借款 1 500 000 元。

(12) 12 月 4 日,收到银行通知,前欠本公司的购货款 468 000 元已收入本公司账户。

(13) 12 月 4 日,公司出售不需用的原材料一批,售价为 160 000 元,增值税额为 25 600 元,该批原材料的实际成本为 147 000 元,款项已通过银行收妥。

(14) 12 月 4 日,被投资单位宣告发放现金股利,本公司可得现金股利 42 000 元,采用成本法核算。

(15) 12 月 4 日,一项房地产工程完工,已办理竣工手续,固定资产价值为 1 300 000 元,用于出租。

(16) 12 月 6 日,用银行存款归还短期借款 600 000 元。

(17) 12 月 15 日,税务局从银行账户扣减上月增值税 200 000 元,城市维护建设税 14 000 元,教育附加费 6 000 元。

(18) 12 月 15 日,以银行存款 1 500 000 元支付职工工资,其中:生产工人工资 720 000 元,车间管理人员工资 300 000 元,行政管理人员工资 180 000 元,在建工程人员工资 300 000 元。

(19) 12 月 15 日,提取职工福利费 210 000 元,其中:生产工人福利费 100 800 元,车间管理人员福利费 42 000 元,行政管理部门福利费 25 200 元,在建工程应负担的福利费 42 000 元。

(20) 12 月 15 日,基本生产领用原材料实际成本为 1 820 000 元,领用低值易耗品实际成本为 160 000 元。

(21) 12 月 20 日,计提应计入本期损益的短期借款利息 7 500 元,计提应计入在建工程的长期借款利息 225 000 元(不考虑利率差异)。

(22) 12 月 20 日,计提固定资产折旧 150 000 元,其中:计入制造费用 120 000 元,计入管理费用 30 000 元。

(23) 12 月 20 日,计提投资性房地产折旧 90 000 元。

(24) 12 月 20 日,摊销无形资产 150 000 元,摊销固定资产改良支出(已计入长期待摊费用)120 000 元。

(25) 12 月 20 日,提取坏账准备 420 元。

(26) 12 月 23 日,公司将账面成本为 125 000 元的交易性金融资产出售,售价 130 000元,全部存入本公司账户,未发生公允价值变动。

(27) 12 月 25 日,用银行存款支付前欠货款 975 000 元。

(28) 12 月 25 日,以银行存款支付职工医疗费 114 000 元,以现金支付职工医疗费 1 000 元。

(29) 12 月 28 日,计算本月应交纳的增值税并进行账务处理。

(30) 12 月 30 日,根据本月应交纳的增值税计提城市维护建设税(按照 7% 计算),教育附加(按照 3% 计算)及地方教育附加(2% 计算)

(31) 年末,交易性金融资产的公允价值为 180 000 元。

(32) 结转制造费用 462 000 元,结转本期完工产品成本 3 262 800 元(假设期初、期末无在产品)。

(33) 将各损益类账户的余额结转到"本年利润"账户。

(34) 考虑纳税调整项目后,计算应交所得税 144 551.40 元。

(35) 将"本年利润"账户的余额转入"利润分配"账户。

(36) 经董事会决议,按照 10% 提取法定盈余公积金 42 753.42 元。

(37) 将"利润分配"各明细账户的余额转入"未分配利润"明细账户。

**要求:**

◇ 上述业务编制会计分录。

◇ 根据会计分录编制试算平衡表,见表 6-2。

◇ 根据试算平衡表编制资产负债表(见表 6-3)、利润表(见表 6-4)和现金流量表(见表 6-5)。

表 6-2

试算平衡表

单位:元

| 科目名称 | 期初余额 | | 本期发生 | | 期末余额 | |
|---|---|---|---|---|---|---|
| | 借方 | 贷方 | 借方 | 贷方 | 借方 | 贷方 |
| 库存现金 | | | | | | |
| 银行存款 | | | | | | |
| 其他货币资金 | | | | | | |

(续表)

| 科目名称 | 期初余额 | | 本期发生 | | 期末余额 | |
|---|---|---|---|---|---|---|
| | 借方 | 贷方 | 借方 | 贷方 | 借方 | 贷方 |
| 交易性金融资产 | | | | | | |
| 应收票据 | | | | | | |
| 应收账款 | | | | | | |
| 坏账准备 | | | | | | |
| 预付账款 | | | | | | |
| 应收股利 | | | | | | |
| 其他应收款 | | | | | | |
| 原材料 | | | | | | |
| 生产成本 | | | | | | |
| 低值易耗品 | | | | | | |
| 库存商品 | | | | | | |
| 长期股权投资 | | | | | | |
| 投资性房地产 | | | | | | |
| 投资性房地产累计折旧 | | | | | | |
| 固定资产 | | | | | | |
| 累计折旧 | | | | | | |
| 在建工程 | | | | | | |
| 工程物资 | | | | | | |
| 无形资产 | | | | | | |
| 长期待摊费用 | | | | | | |
| 短期借款 | | | | | | |
| 应付票据 | | | | | | |
| 应付账款 | | | | | | |
| 应付职工薪酬 | | | | | | |
| 应交税费 | | | | | | |
| 应付利息 | | | | | | |
| 其他应付款 | | | | | | |
| 长期借款 | | | | | | |
| 其中:一年内到期的长期借款 | | | | | | |
| 实收资本 | | | | | | |
| 资本公积 | | | | | | |
| 盈余公积 | | | | | | |
| 本年利润 | | | | | | |

（续表）

| 科目名称 | 期初余额 | | 本期发生 | | 期末余额 | |
|---|---|---|---|---|---|---|
| | 借方 | 贷方 | 借方 | 贷方 | 借方 | 贷方 |
| 利润分配 | | | | | | |
| （未分配利润） | | | | | | |
| 制造费用 | | | | | | |
| 主营业务收入 | | | | | | |
| 主营业务成本 | | | | | | |
| 投资收益 | | | | | | |
| 其他业务收入 | | | | | | |
| 税金及附加 | | | | | | |
| 公允价值变动损益 | | | | | | |
| 销售费用 | | | | | | |
| 管理费用 | | | | | | |
| 财务费用 | | | | | | |
| 资产减值损失 | | | | | | |
| 其他业务成本 | | | | | | |
| 所得税费用 | | | | | | |
| 合　计 | | | | | | |

表 6-3

资产负债表

企业 01 表

编制单位：　　　　　　　　　　2018 年 12 月 31 日　　　　　　　　　　单位：元

| 资产 | 行次 | 期末余额 | 负债和所有者权益（或股东权益） | 行次 | 期末余额 |
|---|---|---|---|---|---|
| 流动资产： | 1 | | 流动负债： | 33 | |
| 货币资金 | 2 | | 短期借款 | 34 | |
| 交易性金融资产 | 3 | | 交易性金融负债 | 35 | |
| 应收票据及应收账款 | 4 | | 应付票据及应付账款 | 36 | |
| 预付款项 | 5 | | 预收款项 | 37 | |
| 其他应收款 | 6 | | 合同负债 | 38 | |
| 存货 | 7 | | 应付职工薪酬 | 39 | |
| 合同资产 | 8 | | 应交税费 | 40 | |
| 持有待售资产 | 9 | | 其他应付款 | 41 | |
| 一年内到期的非流动资产 | 10 | | 持有待售负债 | 42 | |
| 其他流动资产 | 11 | | 一年内到期的非流动负债 | 43 | |
| 流动资产合计 | 12 | | 其他流动负债 | 44 | |
| 非流动资产： | 13 | | 流动负债合计 | 45 | |

(续表)

| 资产 | 行次 | 期末余额 | 负债和所有者权益(或股东权益) | 行次 | 期末余额 |
|---|---|---|---|---|---|
| 债权投资 | 14 | | | 46 | |
| 其他债权投资 | 15 | | 非流动负债: | 47 | |
| 长期应收款 | 16 | | 长期借款 | 48 | |
| 长期股权投资 | 17 | | 应付债券 | 49 | |
| 投资性房地产 | 18 | | 长期应付款 | 50 | |
| 其他权益工具投资 | 19 | | 预计负债 | 51 | |
| 其他非流动金融资产 | 20 | | 递延收益 | 52 | |
| 固定资产 | 21 | | 递延所得税负债 | 53 | |
| 在建工程 | 22 | | 其他非流动负债 | 54 | |
| 生产性生物资产 | 23 | | 非流动负债合计 | 55 | |
| 油气资产 | 24 | | 负债合计 | 56 | |
| 无形资产 | 25 | | 所有者权益(或股东权益): | 57 | |
| 开发支出 | 26 | | 实收资本(或股本) | 58 | |
| 商誉 | 27 | | 其他权益工具 | 59 | |
| 长期待摊费用 | 28 | | 其中:优先股 | 60 | |
| 递延所得税资产 | 29 | | 永续债 | 61 | |
| 其他非流动资产 | 30 | | 资本公积 | 62 | |
| 非流动资产合计 | 31 | | 减:库存股 | 63 | |
| | | | 其他综合收益 | 64 | |
| | | | 盈余公积 | 65 | |
| | | | 未分配利润 | 66 | |
| | | | 所有者权益(或股东权益)合计 | 67 | |
| 资产总计 | 32 | | 负债和所有者权益(股东)总计 | 68 | |

☞ **难点思考:**

1. 直接根据总分类账户的余额填列的资产负债表项目有哪些?

2. 根据几个总分类账户余额计算填列的资产负债表项目有哪些?

3. 根据有关明细分类账户余额计算填列的资产负债表项目有哪些?

4. 根据总分类账户和明细分类账户的余额分析计算填列的资产负债表项目有哪些?

5. 根据有关账户余额与其备抵账户抵销后的净额填列的资产负债表项目有哪些?

☞ **知识链接:**

重分类指会计报表的重分类。它调表不调账,即不调整明细账和总账,只调整报表项目余额,它根据明细账户的期末余额而非总账余额(净值)而定,当资产类往来会计科目期末出现贷方余额时,这时不再是债权而是一种债务,应重新分类到负债类科目;反之,当负债类往来科目期末出现借方余额时,这时不再是一种债务而是一种债权,应重新分类到资产类科目中去。如果不这样进行重分类而直接以总账余额反映到会计报表当中,则不能反映资产负债的本来面目,甚至导致财务指标异常。同理,应付账款某一明细账户期末出现借方余额,这时应将它重分类到预付账款当中。因此,应收账款与预收账款、应付账款与预付账款、其他应收款与其他应付款为重分类的对应账户。

## 任务 2  利润表的编制

表 6-4

利润表

企业 02 表

编制单位:甲企业　　　　　　　　　　2018 年 12 月　　　　　　　　　　单位:元

| 项　　目 | 本期金额 | 上期金额 |
|---|---|---|
| 一、营业收入 | | |
| 　减:营业成本 | | |
| 　　税金及附加 | | |
| 　　销售费用 | | |
| 　　管理费用 | | |
| 　　研发费用 | | |
| 　　财务费用 | | |
| 　　　其中:利息费用 | | |
| 　　　　　利息收入 | | |
| 　　资产减值损失 | | |
| 　　信用减值损失 | | |
| 　加:其他收益 | | |
| 　　投资收益(损失以"－"号填列) | | |
| 　　　其中:对联营企业和合营企业的投资收益 | | |
| 　　公允价值变动收益(损失以"－"号填列) | | |
| 　　资产处置收益(损失以"－"号填列) | | |
| 二、营业利润(亏损以"－"号填列) | | |
| 　加:营业外收入 | | |
| 　减:营业外支出 | | |
| 　　　其中:非流动资产处置损失 | | |
| 三、利润总额(亏损总额以"－"号填列) | | |
| 　减:所得税费用 | | |
| 四、净利润(净亏损以"－"号填列) | | |
| 五、其他综合收益的税后净额 | | |
| 六、综合收益总额 | | |
| 七、每股收益: | | |
| 　(一)基本每股收益 | | |
| 　(二)稀释每股收益 | | |

☞ 难点思考：

影响营业利润、利润总额、净利润的指标有哪些？

☞ 知识链接：

资产负债表与利润表间的勾稽关系：根据资产负债表中短期投资、长期投资，复核、匡算利润表中"投资收益"的合理性。如关注是否存在资产负债表中没有投资项目而利润表中却列有投资收益，以及投资收益大大超过投资项目的本金等异常情况。

## 任务3　现金流量表的编制

表6-5

现金流量表

会企03表

编制单位：甲企业　　　　　　　　　　2015年12月31日　　　　　　　　　单位：元

| 项　目 | 行次 | 本年金额 | 上年金额 |
|---|---|---|---|
| 一、经营活动产生的现金流量： | 1 | | |
| 销售商品、提供劳务收到的现金 | 2 | | |
| 收到的税费返还 | 3 | | |
| 收到其他与经营活动有关的现金 | 4 | | |
| 经营活动现金流入小计 | 5 | | |
| 购买商品、接受劳务支付的现金 | 6 | | |
| 支付给职工以及为职工支付的现金 | 7 | | |
| 支付的各项税费 | 8 | | |
| 支付其他与经营活动有关的现金 | 9 | | |
| 经营活动现金流出小计 | 10 | | |
| 经营活动产生的现金流量净额 | 11 | | |
| 二、投资活动产生的现金流量： | 12 | | |
| 收回投资收到的现金 | 13 | | |
| 取得投资收益收到的现金 | 14 | | |
| 处置固定资产、无形资产和其他长期资产收回的现金净额 | 15 | | |
| 处置子公司及其他营业单位收到的现金净额 | 16 | | |
| 收到其他与投资活动有关的现金 | 17 | | |
| 投资活动现金流入小计 | 18 | | |
| 购建固定资产、无形资产和其他长期资产支付的现金 | 19 | | |
| 投资支付的现金 | 20 | | |
| 取得子公司及其他营业单位支付的现金净额 | 21 | | |
| 支付其他与投资活动有关的现金 | 22 | | |
| 投资活动现金流出小计 | 23 | | |
| 投资活动产生的现金流量净额 | 24 | | |

| 项　目 | 行次 | 本年金额 | 上年金额 |
|---|---|---|---|
| 三、筹资活动产生的现金流量： | 25 | | |
| 　　吸收投资收到的现金 | 26 | | |
| 　　取得借款收到的现金 | 27 | | |
| 　　收到其他与筹资活动有关的现金 | 28 | | |
| 　　筹资活动现金流入小计 | 29 | | |
| 　　偿还债务支付的现金 | 30⊖ | | |
| 　　分配股利、利润或偿付利息支付的现金 | 31 | | |
| 　　支付其他与筹资活动有关的现金 | 32 | | |
| 　　筹资活动现金流出小计 | 33 | | |
| 　　筹资活动产生的现金流量净额 | 34 | | |
| 四、汇率变动对现金及现金等价物的影响 | 35 | | |
| 五、现金及现金等价物净增加额 | 36 | | |
| 加：期初现金及现金等价物余额 | 37 | | |
| 六、期末现金及现金等价物余额 | 38 | | |
| | | | |
| 补充资料 | 行次 | | |
| 1. 将净利润调节为经营活动现金流量： | 39 | | |
| 　　净利润 | 40 | | |
| 　　加：资产减值准备 | 41 | | |
| 　　固定资产折旧、油气资产折耗、生产性生物资产折旧 | 42 | | |
| 　　无形资产摊销 | 43 | | |
| 　　长期待摊费用摊销 | 44 | | |
| 　　处置固定资产、无形资产和其他长期资产的损失（收益以"－"号填列） | 47 | | |
| 　　固定资产报废损失（收益以"－"号填列） | 48 | | |
| 　　公允价值变动损失（收益以"－"号填列） | 49 | | |
| 　　财务费用（收益以"－"号填列） | 50 | | |
| 　　投资损失（收益以"－"号填列） | 51 | | |
| 　　递延所得税资产减少（增加以"－"号填列） | 52 | | |
| 　　递延所得税负债增加（减少以"－"号填列） | 53 | | |
| 　　存货的减少（增加以"－"号填列） | 54 | | |
| 　　经营性应收项目的减少（增加以"－"号填列） | 55 | | |
| 　　经营性应付项目的增加（减少以"－"号填列） | 56 | | |
| 　　其他 | 57 | | |
| 　　经营活动产生的现金流量净额 | 58 | | |

（续表）

| 补充资料 | 行次 | | |
|---|---|---|---|
| 2. 不涉及现金收支的重大投资和筹资活动： | 59 | | |
| 　债务转为资本 | 60 | | |
| 　一年内到期的可转换公司债券 | 61 | | |
| 　融资租入固定资产 | 62 | | |
| 3. 现金及现金等价物净变动情况： | 63 | | |
| 　现金的期末余额 | 64 | | |
| 　减：现金的期初余额 | 65 | | |
| 　加：现金等价物的期末余额 | 66 | | |
| 　减：现金等价物的期初余额 | 67 | | |
| 　现金及现金等价物净增加额 | 68 | | |

☞ 难点思考：

　　现金流量表补充资料中"经营性应收项目的减少"和"经营性应付项目的增加"的是按照哪些科目计算而来的？

☞ 知识链接：

　　支付的其他与筹资活动有关的现金：如发生筹资费用所支付的现金、融资租赁所支付的现金、减少注册资本所支付的现金（收购本公司股票，退还联营单位的联营投资等）、企业以分期付款方式购建固定资产，除首期付款支付的现金以外的其他各期所支付的现金等。

# 项目6-4　考证知识训练

## 单项客观选择题

1. 财务报表是由（　　　）组成的。

　　A. 资产负债表、利润表、利润表分配表和现金流量表

　　B. 资产负债表、利润表、现金流量表和所有者权益变动表

　　C. 会计报表附注　　　　　　　　D. B 和 C

　　E. A 和 C

2. 能根据相应的总分类账户的期末余额直接填列的资产负债表项目是（　　　）。

　　A. "应付票据及应付账款"　　　　B. "应收票据及应收账款"

　　C. "长期借款"　　　　　　　　　D. "实收资本"

3. 会计报表的编制要求包括（　　　）。

　　A. 数字真实、内容完整　　　　　B. 计算准确、及时报送

　　C. 便于理解　　　　　　　　　　D. A 和 B

4. 下列项目中,属于资产负债表中流动负债项目的是(　　)。
   A. "长期借款"　　　B. "预计负债"　　　C. "应付股利"　　　D. "应付债券"

5. 对固定资产多提折旧,将使企业的资产负债表中的(　　)。
   A. 资产净值减少　　　　　　　　B. 资产净值增加
   C. 负债增加　　　　　　　　　　D. 负债减少

6. 年末资产负债表中的"未分配利润"项目,其填列依据是(　　)。
   A. "利润分配"账户的年末余额　　　　B. "应付利润"账户的年末余额
   C. "本年利润"账户的借方余额　　　　D. "盈余公积"账户的年末余额

7. 下列资产负债表项目中,能根据总账科目余额直接填列的是(　　)。
   A. 应收票据　　　B. 无形资产　　　C. 短期借款　　　D. 应付票据

8. "应付账款"明细科目的借方余额应填列在资产负债表中的(　　)项目。
   A. 应付账款　　　B. 应收账款　　　C. 预收账款　　　D. 预付账款

9. 下列资产负债表项目中,不属于流动负债的是(　　)。
   A. "预付款项"　　　　　　　　　B. "应交税费"
   C. "预收款项"　　　　　　　　　D. "交易性金融负债"

10. 下列资产负债表项目,可直接根据有关总账余额填列的是(　　)。
    A. 货币资金　　　B. 资本公积　　　C. 存货　　　D. 应收账款

11. 能够提供有关资金流动性和偿债能力的资料,有助于预计企业履行支付承诺能力的报表是(　　)。
    A. 资产负债表　　　　　　　　　B. 利润表
    C. 所有者权益变动表　　　　　　D. 现金流量表

12. 下列与企业(一般纳税人)损益无关的税金是(　　)。
    A. 所得税　　　B. 消费税　　　C. 印花税　　　D. 增值税

13. 出租无形资产使用权取得的收益,在利润表中应列入(　　)项目。
    A. "营业收入"　　　　　　　　　B. "公允价值变动收益"
    C. "投资收益"　　　　　　　　　D. "营业外收入"

14. 利润表的各项目基本上是根据有关账户的(　　)填列的。
    A. 本期实际发生额　　　　　　　B. 本期借方发生额
    C. 期末余额　　　　　　　　　　D. 期初余额

15. 利润表中,只需要根据有关账户的借方发生额填列的项目是(　　)。
    A. "营业成本"　　　　　　　　　B. "税金及附加"
    C. "营业收入"　　　　　　　　　D. "营业利润"

16. 利润表中,需要根据多个总账账户的发生额汇总填列的项目是(　　)。
    A. "营业收入"　　　　　　　　　B. "管理费用"
    C. "税金及附加"　　　　　　　　D. "投资收益"

17. 企业利润表中的"税金及附加"项目不包括的税金为(　　)。
    A. 消费税　　　　　　　　　　　B. 印花税
    C. 增值税　　　　　　　　　　　D. 城市维护建设税

18. 下列各项,不影响企业营业利润的是(    )。
    A. 商品销售收入　　B. 劳务收入　　　　C. 罚款收入　　　　D. 房屋出租收入

19. 编制现金流量表时,企业因资金短缺,变卖旧设备收到的现金属于(    )。
    A. 经营活动的现金流量　　　　　　　　B. 收回投资活动的现金流量
    C. 筹资活动的现金流量　　　　　　　　D. 非正常活动的现金流量

20. 采用间接法计算经营活动的现金流量净额时,应从净利润中扣除的项目是(    )。
    A. 处置固定资产的收益　　　　　　　　B. 计提的固定资产折旧
    C. 无形资产摊销　　　　　　　　　　　D. 计提的坏账准备

21. 下列事项中,引起期末现金流量净额变动的项目是(    )。
    A. 将现金存入银行　　　　　　　　　　B. 用现金等价物清偿债务
    C. 用存货抵偿债务　　　　　　　　　　D. 用银行存款购入 3 个月到期的债券

22. 下列项目中,属于投资活动产生的现金流出是(    )。
    A. 购买固定资产所支付的现金　　　　　B. 分配股利所支付的现金
    C. 支付的所得税款　　　　　　　　　　D. 融资租赁所支付的现金

23. 下列项目中,没有减少现金流量的是(    )。
    A. 交纳增值税款　　　　　　　　　　　B. 计提固定资产折旧
    C. 偿付利息　　　　　　　　　　　　　D. 支付职工工资

24. 下列项目中,减少现金流量的是(    )。
    A. 无形资产摊销　　　　　　　　　　　B. 计提固定资产折旧
    C. 偿付利息　　　　　　　　　　　　　D. 计提坏账准备

25. 下列经济业务所产生的现金流量中,属于"经营活动产生的现金流量"的是(    )
    所产生的现金流量。
    A. 变卖固定资产　　　　　　　　　　　B. 取得债券利息收入
    C. 支付经营租赁费用　　　　　　　　　D. 支付融资租赁费用

26. 下列经济业务所产生的现金流量中,不属于"经营活动产生的现金流量"的是(    )。
    A. 支付所得税　　　B. 购买设备款　　　C. 支付广告费　　　D. 支付印花税

27. 下列业务中,不影响现金流量的是(    )。
    A. 无形资产摊销　　　　　　　　　　　B. 商业汇票贴现
    C. 收回以前年度核销的坏账　　　　　　D. 收到现金股利

28. 对一般企业而言,下列项目可视为现金及现金等价物的是(    )。
    A. 委托贷款　　　　　　　　　　　　　B. 可提前支取的定期存款
    C. 商业承兑汇票　　　　　　　　　　　D. 持有期 1 个月的股票

29. 企业应当采用直接法列示(    )产生的现金流量。
    A. 投资活动　　　　B. 经营活动　　　　C. 筹资活动　　　D. 上述三种活动

30. 企业购买股票所支付价款中包含的已宣告但尚未领取的现金股利,在现金流量表
    中应计入的项目是(    )。
    A. 投资所支付的现金
    B. 支付的其他与经营活动有关的现金

C. 支付的其他与投资活动有关的现金

D. 分配股利、利润或偿付利息所支付的现金

### 多项客观选择题

1. 根据企业会计制度的规定,财务报表至少应当包括( )。

A. 资产负债表　　　　　　　　　B. 利润表

C. 现金流量表　　　　　　　　　D. 所有者权益(股东权益)变动表

E. 附注

2. 《企业会计准则第 30 号——财务报表列报》规定了企业财务报表列报的一般要求,按照不同类型企业,对其财务报表列报的结构和内容等作出了规定,其规定适用于( )。

A. 个别财务报表　　　　　　　　B. 合并财务报表

C. 中期财务报表　　　　　　　　D. 年度财务报表

3. 下列账户余额,在编制资产负债表时应列入"存货"项目金额的有( )。

A. 在途物资　　　　　　　　　　B. 工程物资

C. 消耗性生物资产　　　　　　　D. 委托加工物资

E. 生产成本

4. 资产负债表中"应付职工薪酬"项目,反映企业应付职工各种薪酬的结余,包括( )等。

A. 工资　　　　B. 职工福利　　　C. 社会保险费　　　D. 住房公积金

E. 辞退福利　　　F. 股份支付(奖励形式)

5. 资产负债表中"应收票据及应收账款"项目的期末数应根据( )。

A. "应收账款"账户的期末余额

B. "应收票据"账户的期末余额

C. "坏账准备"账户中有关坏账准备期末余额

D. "预付账款"账户所属明细账户的期末借方余额

E. "应付账款"账户所属明细账户的期末借方余额

6. 资产负债表中"货币资金"项目应根据( )账户的期末余额填列。

A. "应收账款"　　　　　　　　　B. "库存现金"

C. "银行存款"　　　　　　　　　D. "其他货币资金"

E. "应收利息"

7. 企业利润表中的"税金及附加"项目包括( )。

A. 消费税　　　　　　　　　　　B. 资源税

C. 城市维护建设税　　　　　　　D. 增值税

E. 印花税

8. 本月发生的下列各项支出或损失中,影响企业本月净利润的有( )。

A. 计提坏账准备　　　　　　　　B. 处理固定资产盘亏损失

C. 支付固定资产安装费　　　　　D. 预交所得税

E. 支付投资人现金股利

9. 下列各项中,影响利润表中营业利润的有(　　)。

    A. 营业外收入　　　　　　　　　　B. 管理费用

    C. 投资收益　　　　　　　　　　　D. 公允价值变动收益

    E. 资产减值损失　　　　　　　　　F. 所得税费用

10. 企业利润表中"营业收入"项目包括(　　)。

    A. 主营业务收入　　　　　　　　　B. 其他业务收入

    C. 公允价值变动收益　　　　　　　D. 投资收益

11. 现金等价物应同时具备的条件是(　　)。

    A. 期限短　　　　　　　　　　　　B. 流动性强

    C. 易于转换为已知金额的现金　　　D. 无价值变动风险

    E. 价值变动风险很小

12. 现金流量表中的现金包括(　　)。

    A. 库存现金　　　　　　　　　　　B. 银行存款

    C. 其他货币资金　　　　　　　　　D. 保证金存款

13. 下列不产生现金流量的业务有(　　)。

    A. 现金购买3个月内到期的国库券　　B. 收回以前年度已核销的坏账

    C. 以固定资产抵债　　　　　　　　D. 存货的盘亏

    E. 应付票据转为短期借款

14. 下列各项中,产生现金流量的业务有(　　)。

    A. 现金购买3个月内到期的国库券　　B. 收回以前年度已核销的坏账

    C. 支付应付账款　　　　　　　　　D. 非货币性资产交换支付的补价

    E. 现金购买普通股股票

15. 在现金流量表中,销售商品提供劳务收到的现金包括(　　)。

    A. 本期销售商品提供劳务收到的现金(包括价款和税费)

    B. 前期销售商品提供劳务本期收到的现金(包括价款和税费)

    C. 本期预收的款项

    D. 扣减本期销售本期退回而支付的现金

    E. 扣减前期销售本期退回而支付的现金

    F. 扣减本期预付的账款

16. 在现金流量表中,购买商品接受劳务支付的现金包括(　　)。

    A. 本期购买商品接受劳务支付的现金(包括价款和税费)

    B. 前期购买商品接受劳务本期支付的现金(包括价款和税费)

    C. 本期预付的款项

    D. 扣减本期发生的购货退回而收到的现金

17. 下列交易或事项产生的现金流量中,属于投资活动产生的现金流量的有(　　)。

    A. 为购建固定资产支付的增值税进项税额

    B. 为购建固定资产支付的已资本化的利息费用

    C. 因火灾造成固定资产损失而收到的保险赔款

D. 分期付款购入固定资产的最后一次付款

18. 下列交易或事项产生的现金流量中,属于筹资活动产生的现金流量的有(　　)。
    A. 融资租赁固定资产支付的租金
    B. 经营租赁固定资产支付的租金
    C. 为购建固定资产支付的已资本化的利息费用
    D. 为购建固定资产支付的已费用化的利息费用
    E. 分配股利支付的现金

19. 在现金流量表中,支付的其他与经营活动有关的现金包括(　　)。
    A. 罚款支出
    B. 购买股票时支付的已宣告但尚未领取的现金股利
    C. 支付的差旅费
    D. 支付的业务招待费
    E. 发行股票时由企业直接支付的审计、咨询等费用
    F. 经营租赁支付

20. 在现金流量表补充资料中将净利润调整为经营活动的现金流量时,需要调整的项目有(　　)。
    A. 固定资产折旧　　　　　　　　B. 无形资产摊销
    C. 投资损益　　　　　　　　　　D. 公允价值变动损益
    E. 经营性应付项目的增减变动　　F. 经营性应收项目的增减变动

**客观判断题**

1. 资产负债表的编制依据为"资产＝负债＋所有者权益"。　　　　　　　　　　(　　)

2. "预收款项"项目,应根据"应收账款"和"预收账款"账户明细账户贷方余额计数填列。　　　　　　　　　　　　　　　　　　　　　　　　　　　　(　　)

3. 如"预付账款"账户所属有关明细账户期末有贷方余额的,应在资产负债表"应付票据及应付账款"项目内填列。　　　　　　　　　　　　　　　　　　(　　)

4. 资产负债表中的"存货"项目,应根据"在途物资""工程物资""委托加工物资""生产成本"等账户的期末余额合计填列。　　　　　　　　　　　　　　(　　)

5. "交易性金融资产"项目,包括为交易目的所持有的债券投资、股票投资、基金投资、权证投资等和直接指定为以公允价值计量且其变动计入当期损益的金融资产。　　　　　　　　　　　　　　　　　　　　　　　　　　(　　)

6. 我国利润表的格式采用多步式。　　　　　　　　　　　　　　　　(　　)

7. 企业各项资产发生的损失均在利润表中的"营业外支出"项目集中反映。　(　　)

8. 利润表中"税金及附加"项目,反映企业经营业务应负担的增值税、土地增值税、消费税、城市维护建设税等。　　　　　　　　　　　　　　　　(　　)

9. 利润表中的"公允价值变动收益"项目,反映企业交易性金融资产、交易性金融负债,以及采用公允价值模式计量的投资性房地产等公允价值变动形成的应计入当期损益的利得或损失。　　　　　　　　　　　　　　　(　　)

10. 在我国,现金流量表正表和补充资料都按直接法编制。 （　　）

11. 现金与现金等价物之间的此增彼减,不会影响现金流量净额。 （　　）

12. 现金流量表正表中的"经营活动产生的现金流量净额"与附表中的"经营活动产生的现金流量净额"是相等的。 （　　）

13. 在现金流量表中,如果本期有购货退回的,其实际收到的现金应当在销售商品收到的现金中反映。 （　　）

14. 现金流量表中的"支付给职工以及为职工支付的现金"项目,反映企业实际支付给所有职工以及为所有职工支付的现金。 （　　）

15. 为购建固定资产而发生的借款利息资本化的部分,以及融资租入固定资产支付的租赁费,在投资活动产生的现金流量中反映。 （　　）

## 计算题

1. C 公司 12 月 31 日的"库存商品"账户余额为 30 万元,"发出商品"账户余额为 20 万元,"在途物资"账户余额为 15 万元,"周转材料"账户余额为 5 万元,"工程物资"账户余额为 10 万元。则资产负债表中"存货"项目的金额应为多少万元?

2. "应收账款"总账账户期末借方余额为 300 万元,所属两个明细账户余额为:"应收账款——A 公司"期末借方余额 350 万元,"应收账款——B 公司"期末贷方余额 50 万元;"预收账款"总账账户期末贷方余额为 100 万元,所属明细账户余额为"预收账款——A 公司"期末贷方余额 100 万元。则"资产负债表"中"应收票据及应收账款"项目的数额是多少万元(假定不考虑应收票据)?

3. 2018 年度 A 公司应支付给职工的费用如下:工资 100 万元,职工福利 10 万元,社会保险费 16 万元,住房公积金 8 万元,辞退福利 6 万元,计算应付职工薪酬。

4. 甲企业本年 1 月 1 日至 12 月 31 日损益类账户累计发生额如下:

主营业务收入 200 万元(贷方),主营业务成本 80 万元(借方),其他业务收入 80 万元(贷方),其他业务成本 50 万元(借方),税金及附加 24 万元(借方),销售费用 26 万元(借方),管理费用 14 万元(借方),财务费用 10 万元(借方),投资收益 50 万元(贷方),营业外收入 10 万元(贷方),营业外支出 8 万元(借方),所得税费用 32 万元(借方)。

**要求:**

◇ 计算该公司本年度的营业利润、利润总额和净利润。

5. A 企业本年销售商品及提供劳务的收入为 500 万元,应收票据的期初余额为 50 万元,期末余额为 40 万元;应收账款的期初余额为 100 万元,期末余额为 120 万元;预收账款的期初余额为 80 万元,期末余额为 100 万元;收回以前年度核销的坏账损失为 20 万元。假定不考虑增值税及其他因素,该公司本年度现金流量表中的"销售商品、提供劳务收到的现金"项目金额应为多少万元?

6. KB 公司出售了一项固定资产,实际售价得 200 万元,款项已收到。该固定资产原价为 180 万元,已提折旧 10 万元,另发生清理费用 1 万元,用银行存款支付。由于该项业务,C 公司现金流量表中"处置固定资产、无形资产和其他长期资产而收到的现金净额"项目的金额应为多少万元?

7. H公司本期支付离退休人员工资50万元,支付在建工程人员工资20万元;支付广告费60万元,支付财产保险费10万元;支付业务招待费2万元;支付合同违约金3万元;支付借款利息10万元;支付购买股票款40万元。上述支出中,现金流量表"支付的其他与经营活动有关的现金"项目列示的金额应为多少万元?

8. X公司本年发生下列业务:处置交易性金融资产(股票),账面成本为200万元,实际售价为240万元;处置交易性金融资产(债券),账面成本为200万元,实际售价为180万元;收回持有至到期投资本金和利息,面值为100万元,年利率为10%,3年期,到期一次还本付息。该公司现金流量表中"收回投资收到的现金"项目列示的金额应为多少万元?

# 主要参考资料

1. 中华人民共和国财政部. 企业会计准则(2006)[M]. 北京:经济科学出版社,2006.
2. 中华人民共和国财政部. 企业会计准则(2006)[M]. 北京:中国财政经济出版社,2006.
3. 中华人民共和国财政部. 企业会计准则——应用指南[M]. 北京:中国财政经济出版社,2006.
4. 财政部会计司编写组. 企业会计准则讲解(2006)[M]. 北京:人民出版社,2007.
5. 于小镭. 新企业会计准则实务指南与讲解[M]. 北京:机械工业出版社,2007.
6. 财政部会计资格评价中心. 初级会计实务[M]. 北京:中国财政经济出版社,2007.
7. 财政部会计资格评价中心. 中级会计实务[M]. 北京:经济科学出版社,2007.
8. 杨智慧. 财务会计核算与报告实操[M]. 2版. 北京:高等教育出版社,2013.
9. 孔德兰. 企业财务会计[M]. 北京:高等教育出版社,2013.
10. 康世硕,李红杰. 财务会计[M]. 西安:西北工业大学出版社,2010.
11. 刘永泽,陈立军. 中级财务会计[M]. 大连:东北财经大学出版社,2007.
12. 谢红越. 财务会计实训[M]. 长沙:中南大学出版社,2007.
13. 中国注册会计师协会. 会计[M]. 北京:中国财政经济出版社,2006.
14. http://www.chinaacc.com/tiku/qz-2-2/(初级会计实务考试题库——在线全真模拟考试).
15. http://www.chinaacc.com/tiku/(中华会计网校——初级会计实务在线题目、手机题库).